美術教育学
私の実践技法

The Art of My Teaching in Art Education

Art Education Studies
Series No.4

美術教育学叢書⋯⋯⋯❹
美術教育学叢書企画編集委員会
直江俊雄：責任編集

美術科教育学会
Japanese Association of Art Education
JAAEd

学術研究出版

目次
Table of Contents

はじめに……………………………………006
直江俊雄
Introduction
NAOE Toshio

第I部＝特別寄稿
Section I Special Contribution

地域の色から始まる探究学習
新たなクロスカリキュラムの方向性………………………………………012
秋田喜代美
Inquiry-Based Learning That Starts from the Local Colors
A New Direction for Cross-curricular Learning
AKITA Kiyomi

第II部＝私たちの実践技法
Section II Our Art of Teachings

芸術的行為としての教育実践………………………………028
直江俊雄
The Artistry of Teaching
NAOE Toshio

創造的な居場所としての造形絵画教室の構想と,活動過程の理解に向けて………………038
栗山 誠
The Concept of a Creative Art Class where Children Can Be Themselves:
Towards an Understanding of the Activity Process
KURIYAMA Makoto

鑑賞と授業が苦手な私が実践研究者になるまで………………………………048
小口あや
How I Became a Practicing Researcher When I Was Not Good at Art Appreciation and Teaching
KOGUCHI Aya

ネットワークで創り出す教育実践研究………………………………060
藤井康子
Research on Educational Practices Created by Networks
FUJII Yasuko

子供たちとクリエイティブジャンプ！
今とこれからを創造する中学校美術……………………………………072
更科結希
Creative Jumping with Children!
Junior High School Art That Creates Now and Future
SARASHINA Yuki

生徒の協働を生み出す映像メディア表現
高等学校教育の現場から……………………………………………084
片桐 彩
Visual Media Expression That Generates Student Collaboration
From the Field of the Senior High School Education
KATAGIRI Aya

教育実践チームをデザインする
肢体不自由特別支援学校の授業プロセス可視化を通して………………………094
森田 亮
Designing Teams for Teaching
Through Visualization of Classroom Processes in Special Needs Schools for the Physically Challenged
MORITA Ryo

美術教育実践の技法としてのアートプロジェクト
「もうひとつの世界」をつくる試みとして………………………………108
市川寛也
Art-Based Project as a Method of Art Teaching
A Trial to Create an "Alternative World"
ICHIKAWA Hiroya

教員養成を通して考えること
大学生の授業理解／主体性……………………………………………122
相田隆司
Thinking Through Teacher Training
University Students' Class Comprehension/Proactivity
AIDA Takashi

疑問の解が紡いだ美術教育研究………………………………………130
内田裕子
Art Education Research Spun by the Solution of Questions
UCHIDA Yuko

図画工作・美術の授業実践の特性とその愉しみ
研究的実践者への誘い…………………………………………………140
山田芳明
Characteristics and Pleasures of Classroom Teaching in Art
An Invitation to Educational Practitioners with a Research View
YAMADA Yoshiaki

振り返ったら研究の道が見えた………………………………………150
三澤一実
Looking Back and Seeing a Path for Research
MISAWA Kazumi

第III部＝海外教育者インタビュー
聞き手: 直江俊雄
Section III Interviews with Educators Abroad
Interviewer: NAOE Toshio

織物職人の心をもつ美術教師……………………………………*162*
サミア・エルシェイク
Art Teacher with a Heart of a Weaver
ELSHEIKH, Samia

芸術家と教育者としての省察……………………………………*174*
グレン・クーツ
An Artist and Educator's Reflections
COUTTS, Glen

執筆者一覧………………………………*188*
Notes on Contributors

はじめに

直江俊雄
NAOE Toshio

1……… 教育実践の価値を探る

　本書は,美術教育研究者が自ら教育現場に立ち,学習者たちの成長を願って日々続けている教育実践の探究を綴ったものである。

　『美術教育学　私の実践技法』のタイトルに用いた「技法」の語は,美術の表現技法や,教師による授業の効果的な指導法などを連想させるかもしれない。しかし,その本意は,英文タイトル The Art of My Teaching in Art Education にも示したように,私の美術教育実践におけるArt(芸術としての技法),すなわち教育実践における芸術的行為の本質はどこにあるのか,という問いかけにある。

　前号の美術教育学叢書第3号『美術教育学　私の研究技法』(2022)では,美術教育研究の体験記を集め,読者の研究と論文執筆を応援することを目指した。前号にも,実践的な側面をもつ研究例が収録されている。いわゆる「実践研究」とそれ以外の研究を二分するのではなく,美術教育研究の多様な広がりの中にそれらを位置づけるという立場である。

　今回上梓した第4号は,実践研究論文を書くための教科書ではない。しかし,単なる実践記録ではなく,そこに研究者としての視点をもって振り返ることから,美術教育実践の価値を見出すことを目指している。真摯な教育実践は,新たな研究への萌芽となり,研究的な視点はまた,日々の実践を変えていく。その往還のもつ意義を,各著者の実践例から考えていきたい。

2……… 実践と研究を巡って

　前述の通り,本書は実践研究論文の指南書ではないが,美術教育において積み重ねられてきた,教育実践に基づく研究確立へ向けての奮闘の数々が,本書に収録された各論の底流となり土台となっていることは間違いない。その全てに言及することはできないが,美術科教育学会ならびに本叢書に関わりの近いところから若干触れさせていただくことで,先達および同時代の研究者たちへの敬意を表したい。

　「美術科教育学会20年史」(1999)において大橋晧也が述べたように[1],教育現場における実践を反映した研究の推進と,誰にでも開かれた研究発表の場を求めて発足したのが本学会であ

り、教育実践との関わりは、美術科教育学会のアイデンティティの一つであると言える。そのため本学会においては、教育実践に関する研究や主張が多様に繰り広げられてきた。中でも最も頻繁に引用される言説の一つが、金子一夫による一連の著作である。美術教育の実践研究論文が「美しい言葉の多用」であると指摘し、論文形式の具体的な改善策[2]や授業方法論[3]を示した研究をはじめ、本学会代表理事時代に「学会通信」に数度にわたって掲載した、教育実践と研究に関わる啓発的な主張[4]などを含む数々の成果は、美術教育の実践研究に携わる際の基本的文献として定着している。

　もう一点、言及しておきたいのが、美術教育学叢書第0号『美術科教育における授業研究のすすめ方』(2017)である。同書は、美術科教育学会授業研究部会によって編纂され、当時まだ構想段階にあった美術教育学叢書に先駆ける「第0号」として、本学会の会員に配布された。同書の序章を執筆した新井哲夫は、「授業研究」の中に「実践研究」(臨床的研究)と「理論研究」(基礎的研究)を位置づける等、諸概念を整理した上で、美術科独自の授業研究の確立に向けた提言を行った[5]。第1章では立川泰史が美術科における授業の特色を幅広い視点から総括して美術科授業論の基盤となる議論を提供する一方[6]、刑部育子が美術科教育専門外の立場から、美術科における学習観の特色について、環境や関係性、アイデンティティ、学習者の驚きや発見、予想外の授業展開への許容力、文化の創造などを指摘した点が興味深い[7]。第2章では大泉義一が授業研究の体系化と「仮説生成型研究」の概念を示し、第3章における研究例の基礎となる理論的枠組みを提示している[8]。第3章は6件の授業実態把握を目的とした研究、2件の題材開発・指導改善を目的とした研究、2件の理論的研究から構成され、臨床と基礎のいずれの側面からも貴重な研究例が収録されている。

3………本書の構成

　美術教育学叢書第0号における先駆的な取り組みを礎として、2018年に叢書第1号『美術教育学の現在から』、2019年に叢書第2号『美術教育学の歴史から』、2022年に叢書第3号『美術教育学　私の研究技法』が刊行された。そのいずれの書でも、教育実践は主要な課題として様々な形で論じられてきたが、この叢書第4号『美術教育学　私の実践技法』では、美術の教育実践そのものの価値について、実践的研究者の語るストーリーの形で光を当てる。

　本書の企画は、責任編集者の直江による刊行趣旨と執筆者候補案を、美術教育学叢書企画編集委員会(第3号・第4号担当)の宇田秀士、大泉義一、佐藤賢司、山木朝彦とで検討しながら進めた。その後、各著者の原稿に対する校閲を同委員会と別途委嘱した編集協力者とで行い、責任編集者と各著者とのやり取りを通して本書の完成に至った。

　本書は3つのセクションから構成されている。「第I部:特別寄稿」は、美術科教育学会リサーチフォーラム(2021年7月オンライン開催、企画・司会:大泉義一)における秋田喜代美学習院大学

教授の講演を,著者の承諾を得て掲載させていただくものである[9]。同講演では美術科でも重要な学習内容である「色」を出発点として,教科や学校の枠を越えた教育実践の成果を語られており,本書全体のテーマについて大きな示唆をもたらすものである。例えば,第Ⅱ部の冒頭で直江が引用する「芸術による教育」論は,芸術のもつ作用を教科の枠を越えて広く教育の基礎とするという主張であり,響き合う面があるのではないかと感じる。

「第Ⅱ部:私たちの実践技法」では,直江による導入章「芸術的行為としての教育実践」において,「芸術を教育の基礎とするべきである」という『芸術による教育』(ハーバート・リード,原著1943)の主張[10]から展開した,芸術と教育の過程に共通するサイクルのモデルを提唱し,本書における教育実践例のいくつかを参照しながら論を進める。

その後に配置された各章は,美術教育の研究者として,また教育実践者として実績を示している各著者による,それぞれの教育実践論である。各著者には,自身の教育実践のハイライトやそれを作り上げる過程,これまでの教育実践歴,未来に向けての展望などを含んだ内容の執筆を依頼した。前号の「私たちの研究技法」に引き続き,「私たちの」実践技法としたことには,各章の研究者・教育者としての人間的な側面を伝え,読者にもまた,自身の研究と実践の歴史を育てていく夢を抱いてもらいたい,という願いを込めている。

なお,この各章の編集が終盤にさしかかってから直江の章を書いたため,第Ⅱ部の各著者は,事前に直江による芸術と教育に共通する過程サイクルのアイデアを参照したわけではない。一方,直江の方は,各著者の教育実践から大いに影響を受けながらこの章をまとめた。読者には,それぞれの見方で,芸術と教育との関わりというテーマについて考えていく契機としていただければ幸いである。

「第Ⅲ部:海外美術教育者インタビュー」は,2名の研究者それぞれと直江との対話形式で構成した。エジプトのサミア・エルシェイク氏とスコットランド(英国)出身でフィンランドの大学でも教えたグレン・クーツ氏は,共に国際美術教育学会(InSEA)で中心的な役割を果たしてきた教育者である。それぞれの地域における独自の取り組みとともに,世界と未来の美術教育に向けた視点,そして,美術教育実践のもつ普遍的な価値などについて話題を提供する対談となったと思う。

第Ⅰ部から第Ⅲ部の各章の紹介については,煩雑さを避けるため,第3号と同じ形式で,一文で要約した一覧表を掲載するので,ご参照いただければ幸いである。

4………謝辞

秋田喜代美先生には,美術科教育学会リサーチフォーラムにおけるご講演内容を,本書に特別寄稿として掲載していただき,美術教育実践への大きな示唆を与えていただきました。心より感謝申し上げます。

各章の著者には,それぞれの貴重な経験を開示し,私たちの美術教育実践の価値を,あらためて見出す独自の論点を提示していただきました。

　編集協力者の新井哲夫,石﨑和宏,金子一夫,福本謹一の各氏には,第3号に引き続き,的確な校閲助言をいただきました。

　デザイナーの西岡勉氏には,第3号に引き続き,表紙と本文のレイアウトデザインにより,本書の趣旨にふさわしい書籍に仕上げていただきました。

　学術研究出版の湯川勝史郎常務取締役ならびに編集担当の瀬川幹人氏には,特に編集が長引いた今号についても,忍耐強く対応していただきました。

　本書の出版にご尽力いただいた全ての皆様に,心より御礼を申し上げます。

［註］

1) 大橋晧也「学会化の提案」美術科教育学会20年史編纂委員会『美術科教育学会20年史』1999, pp. 16-17.
〈https://www.artedu.jp/file/424〉, 2024年11月3日閲覧.
2) 金子一夫「美術教育の実践研究論文の問題点とその改善」『茨城大学教育実践研究』19号, 2000, pp. 109-123.
3) 金子一夫「美術教育学における授業方法論の考察」『茨城大学教育学部紀要(教育科学)』50号, 2001, pp. 51-70.
4) 金子一夫「実践研究の条件」『美術科教育学会通信』74号, 2010, pp. 16-17.
〈https://www.artedu.jp/file/76〉, 2024年12月7日閲覧.
金子一夫「実践研究の条件(続)」『美術科教育学会通信』75号, 2010, pp. 1-2.
〈https://www.artedu.jp/file/77〉, 2024年12月7日閲覧.
金子一夫「美術専門能力・美術教育実践能力・美術教育研究能力」『美術科教育学会通信』78号, 2011, pp. 1-2.
〈https://www.artedu.jp/file/80〉, 2024年12月7日閲覧.
5) 新井哲夫「なぜ今,授業研究が求められるのか?」美術教育学叢書第0号『美術科教育における授業研究のすすめ方』美術科教育学会授業研究部会, 2017, pp. 1-7.
6) 立川泰史「授業の構造」美術教育学叢書第0号,前掲 註5), pp. 9-16.
立川泰史「美術科教育における授業の特色」美術教育学叢書第0号,前掲 註5), pp. 17-27.
7) 刑部育子「学習論からみた美術科教育における授業研究の可能性」美術教育学叢書第0号,前掲 註5), pp. 29-33.
8) 大泉義一「美術科教育における授業研究の現状と課題」美術教育学叢書第0号,前掲 註5), pp. 35-45.
大泉義一「求められる授業研究の目的と方法」美術教育学叢書第0号,前掲 註5), pp. 47-53.
9) 同リサーチフォーラムの開催報告は,以下に掲載されている。
大泉義一「令和3年度事業部活動報告　第1回リサーチフォーラム『オンライン・レクチャーシリーズ』秋田喜代美氏による講演と対話『地域の色から始まる探究学習:新たなクロスカリキュラムの方向性』」『美術科教育学会通信』110号, 2022, p. 41.
〈https://www.artedu.jp/file/490〉, 2024年11月17日閲覧.
10) ハーバート・リード(Herbert Read), 宮脇理,岩崎清,直江俊雄訳『芸術による教育』フィルムアート社, 2001, p. 18.

著者	題名	一言概要
第Ⅰ部　特別寄稿		
秋田喜代美	地域の色から始まる探究学習 新たなクロスカリキュラムの方向性	美術科教育学会リサーチフォーラム講演より,色を出発点として教科や学校の枠を越える教育実践を語る。
第Ⅱ部　私たちの実践技法		
直江俊雄	芸術的行為としての教育実践	第Ⅱ部の導入として,芸術と教育の過程に共通するサイクル,CHESS-AEを提唱する。
栗山　誠	創造的な居場所としての造形絵画教室の構想と,活動過程の理解に向けて	子どもたちが夢中になって心を輝かせる姿から,視覚的文脈と物語的文脈という研究の視点を導き出す。
小口あや	鑑賞と授業が苦手な私が実践研究者になるまで	美術教育学叢書史上,最も平易で率直な言葉で,小学校教師,研究者,大学教員としての成長を振り返る。
藤井康子	ネットワークで創り出す教育実践研究	大分県の事例から,地域の小中学校と研究機関の連携により実践研究を進める過程とその意義を考察する。
更科結希	子供たちとクリエイティブジャンプ！今とこれからを創造する中学校美術	生徒が新たな価値を生み出す瞬間,熟考し逡巡する場面など,教師の心を震わせる実践の喜びが伝わる。
片桐　彩	生徒の協働を生み出す映像メディア表現　高等学校教育の現場から	多様な高校での実践から,生徒の意欲を引き出す協働的な学習,国際交流,研究への発展などを語る。
森田　亮	教育実践チームをデザインする 肢体不自由特別支援学校の授業プロセス可視化を通して	建築デザインから教職へと進み,実践の中で人と人との関係性をデザインする授業設計への道筋を探る。
市川寛也	美術教育実践の技法としてのアートプロジェクト　「もうひとつの世界」をつくる試みとして	アートプロジェクト「放課後の学校クラブ」などの取り組みを軸に,社会における実践の意義を考える。
相田隆司	教員養成を通して考えること 大学生の授業理解／主体性	授業が教師の価値観と結びついていることを,教職課程の学生に体験的に理解させるための工夫の数々。
内田裕子	疑問の解が紡いだ美術教育研究	「若い時に抱いた疑問は生涯を賭して解決する問題になる」との,幼児期から研究者へと至る人生観。
山田芳明	図画工作・美術の授業実践の特性とその愉しみ　研究的実践者への誘い	手放し技,題材のタネ,グリップとリリース,授業=ライブ,研究的実践者など,楽しく深い洞察が満載。
三澤一実	振り返ったら研究の道が見えた	「行動から研究へ」の道筋を自らの体験をもとに語り,「造形実験」の提唱へと至る。
第Ⅲ部　海外教育者インタビュー		
サミア・エルシェイク	織物職人の心をもつ美術教師	アメリカ留学,InSEAなどの国際的経験を背景に,エジプトにおける手織物の教育実践を語る。
グレン・クーツ	芸術家と教育者としての省察	コミュニティ・アーティストから教員へ,そしてInSEA会長としての国際的視点から教育実践を語る。

I

特別寄稿

地域の色から始まる探究学習
新たなクロスカリキュラムの方向性

秋田喜代美
AKITA Kiyomi

本章は,美術科教育学会リサーチフォーラム(2021年7月11日,オンライン開催)における講演をもとにまとめたものである。

1………はじめに

 色の探究は,どの地域でも,どの年齢の子どもたちにも魅力的な学習の機会を与えてくれます。それは教科で分ける教育を問い直し,ダイバーシティ(多様性),それからインクルージョン,インクルーシブであること(包摂性),またエステティック・シンキング(審美性)というような美しさへの教育とつながるのではないかと考えていました。そういう意味で現代的な話題ではないかと思いますし,先日,新聞でも,各学校で指定されれば10%まで教科の時間と何かを組み合わせることも可能,というような話も出ていました。中でも,地域の色とか,ふるさとで,幼小中高で出会う経験というのが,生涯にわたるその人の原風景であったり,見方,感性や美的感覚を形成していくのではないかと感じたりします。それは海外に行ったときに,同じ赤でも使われている色合いが違ったり,落ち着く色というのも少し違ったりする,そんな経験からも思うところです。皆さんもそういうご経験をおもちではないかと思います。
 今から20年ほど前になりますが,ハーバード・プロジェクト・ゼロでアート・フォー・スクールというプロジェクトにおいて,アート的な思考を育てる,全ての教科をアートとして,アートを通して行う,という主張がなされたことがあります[1]。そこで子どもたちに育てたいのは,推理する力や視点を変える力,そして自分で課題を解くだけではなく,ファインディングですね,何が課題かを探究していく力,そして比喩ですね,メタフォリックなものを作るということがこれからの教育に大事ではないか,学校はそういう力を育てる場であるべきだ,という主張がなされました。色を通して,自然の色,それから社会や文化が価値づけている色というものを捉える体験というのが,こうしたアート・フォー・スクールのような理念の一つの窓になるのではないかと,私は考えているところです。

2………園での幼児の色の経験

(1) 春の光の色

　アートということで、今日はほとんど学校の話を中心にさせていただきますが、今の時期はちょうど、どこの園でも色水遊びや船作りなどが盛んな時期で、子どもたちもまた、乳幼児期から色ということについての様々な経験というのをしています。
　これは私がスーパーバイザーをさせていただいている、「まちのこども園代々木公園」で子どもたちの語った言葉です[2]。

　　春の光の色

　　光に色はあると思う？
　　あるよ
　　きいろとかオレンジ
　　たいようはしろっぽいきいろをしてる
　　いろんないろ
　　みえないいろ
　　キラキラしてるいろ

　　光の色は変わるのかな？
　　さむいときはしろのいろをしているきがする
　　ふゆはくらいでしょ　だからしろいろなんだとおもう
　　ふゆはつめたいきれいないろ

　　じゃあ冬から春になっていくとき光の色はどうなるの？
　　はるはおはながさくでしょ
　　ピンクとかきいろとかオレンジのはながね
　　あったかくなるからあったかいいろじゃない？

　　あったかい光のいろってどんな色？
　　あか！　ピンク！　オレンジ！　きいろ！　あかむらさき！　みどり！　きみどりも！
　　（まちの保育園・こども園編著『保育の質を高めるドキュメンテーション：園の物語りの探究』）

　それで、「みんなで絵の具で作ってみない？」って、3月になるころに子どもたちに働きかけてみること

で,子どもたちが春の光の色を作ってみる。そんな実践の一つです。子どもたちにとって色というものがイメージと結びついていることが,よくわかります。

(2) ひまわり

　去年の5歳児は,ひまわりを自分たちが育てているのですが,そのひまわりだけではなくて,ちょっと違う種類のひまわりも先生が買い与えて子どもたちに見せてあげます。そうすると,「これもひまわりなんだよね?」ってしゅうたくんが言います[3]。

> 　きのうみたひまわりみたいに,まんなかがおおきくない。
> 　はなびらがいーっぱいついてるしなんかわしゃわしゃしてる。
> 　まんなかをよくみるとちっちゃいおはながはいってるよ。
> 　はなびらはほそい。
> 　(まちのこども園代々木公園「ひまわり よくみる,よくかんがえる」)

とか,よく見ながら,黄色でもオレンジっぽいとか,通常のひまわりと少し違うものを見始めたりします。プロジェクトが終わるときに,各クラス全員で,コラージュで自分たちのひまわりを作ります。しゅうたくんは「ひまわりの色を作りたいんだ」って,虫眼鏡で見たり,マイクロスコープでひっくり返してみたり,ひまわりを水に浮かべて裏を見たり,そんないろんな経験をします。彼は大事なひまわりの絵を描いていきます。夢中になっているのがわかります。また,同じクラスの子で,かずともくんは,茎のところは元気になると思って,赤にしたんだって,ひまわりの力強さを表現したりしています。

　その後,子どもたちは,先生がさりげなくゴッホのひまわりの絵を置いておいたのを見たりするのですね。そうするとそこで,自分たちのものと繋げていきながら,これみんな描いたヒマワリでしょうとか,これはあの,「ぴんぽんひまわり」って自分たちが呼んでいるひまわりをゴッホが描いたんじゃないかとか,言ったりします。

　この園では,ひまわりの花を「咲いて終わり」ではなく,枯れても飾っておくことによって,命と色というものが関係していることを,子どもはなんとなく感じていたりします。色彩はそれ自体が何かを表現している,とゴッホは言うわけですが,子どもたちはそこを感じ取っているのではないかと思ったりします。

　代々木公園の中で子どもたちが木を描いています。子どもたちには木の全貌を見ることはできないはずです。しかし,それぞれの子が描いた木,全員5歳の子が描いているのですが,これは線画なので色はありませんが,いろんな物があり,二つと同じものはない。そのように子どもたちが色や形を感じ取り,そしてその中で深く出会っていくのではないかと思います。

3……… 地域の色・自分の色を見つけよう

(1) 取り組みの始まり

　小中学校の色から始まる探究が面白いな、と私が思うきっかけになったのは、2015年の4月に大分県立美術館が開館されたときに、美術館の「地域の色・自分の色実行委員会」の先生方にアドバイザーをしませんかと声をかけていただき、科研のお手伝いもさせていただいたということが始まりになります。姫島村というところの子どもたちがその島の色を、植物や岩、それからクルマエビが特産なので、いろいろなものから色を作り出していく。そしてそれで表現をすることによって自分の色を作る、というような活動がありました。それは2019年に本にもまとめさせていただきました[4]。

　地域の色・自分の色を見つけていくということはどこでもできるということで、姫島村という海の方ではなく、山の方で地域の植物から染料と出会う子どもたちの半年間を動画で収めたものを作ったりしました。その動画がYouTubeで配信されるようになりましたので、ご覧ください(動画「自分の色を見つけよう　地域の色・自分の色を見つける試み」ダイジェスト版を上映)[5]。

　今のものを見ていただいても、例えば地域の緑がそれぞれの地域によって違いますし、また育てる部分では生活科的なものもあれば理科的な部分もあります。藍ということから社会や歴史的な産業や文化につながって考えていくところも生まれるでしょう。当然、染色には図工的な部分もあれば、時には家庭科的な側面にもつながるのではないかと思います。新学習指導要領で、生活や社会の中の形や色に豊かに関わる資質能力を育成すると言っているわけですが、そうした経験の一つとして考えてみようということです。

(2) ふるさとのたからもの
①絵本教材の作成

　今日は、この中で私が去年、学ばせていただいた「ふるさとのたからもの　色で、さがしてみよう」という別府市で行われた「地獄めぐり」を中心にした授業の実践を紹介します。子どもたちが色をどう探究するか、また、先生も研究会のメンバーから校長先生やいろんな方がその探究をしていく。山崎朱美先生のクラスの実践を単元として、総合の時間と図工を組み合わせて実施したものです。また、これは学校を基盤としたカリキュラム・マネジメントの一例にもなるのではないかと思います。今月、こども環境学会でポスター発表して優秀賞をいただいたものです。色という視点から地獄めぐりとか、いろいろなものを考えていくことで、物語化やビジュアル化して考えてみよう、と去年行われ、今年もまたその学校の3年生で実践され、さらに面白いということで、今度は同じ市の別の小学校と幼稚園でも色水遊び等から一緒に始まっています。

　何か手がかりがあった方が学校で取り組むのによいだろうということで、実際に「ふるさとのたからもの」という絵本教材を作っています[6]。子どものつくった作品も中に入っており、それからこれを作るにあたってはいろいろな理系の先生や専門家や地域が協力をしました。大分県別府の地獄めぐり

図1: 教材絵本「ふるさとのたからもの」表紙
〈https://museum.o-iro.jp/museum/kyouzai/ふるさとのたからもの〉

にどれくらいの方が行かれたことがあるかと思うのですが、ちょっと観光気分で見ていただいたらと思います。子どもが地獄めぐりを経験して、戸外にようやくコロナの中でも行けて、そして子どもがどういうふうに地獄の色を捉えるのか、またその温泉がどこから来るのか。実は別府に住んでいても、家に温泉が来ているので当たり前になって、温泉にわざわざ入りに行ったことがないというような子どもたちが、あらためて探究をしていきます。

　また、火山やお宮の色はどこから来ているのかとか、別府石という石が火山から生まれているとか、様々な昔話があるとか、そういうことも作品の中では描かれている本になります。今、実際の本をちょっと見ていただいた方がわかりやすいと思います。これも子どもたちが地獄めぐりをしたあと描いた絵から作った表紙になっています（図1）。この、願いとか今お話した子どもの目線で、地獄めぐりでどんな色に出会えるかなという、これを一つの手がかりにするのであって、これを教え込んだり説明したりするというようなものではないので詳しくは書いていませんが、季節によって色が変わることであったり、地獄めぐりに行ったことのない方にも、見えてくると思います。

②授業実践の流れ
　そして面白いのは、こうしたところにフラミンゴがいるとか、もともとではないのですがワニがいるとか、子どもたちはいろんなことに気づいていきます。そして、そこで子どもたちが発した、色についての言葉を記してありまして、またこの地獄の色を子どもたちはどんなふうに表現したのかも書いてあります。そして湯煙はどこから来たのか、というようなことが、脈々と、こう色が変わってくるのですが、温泉はこの伽藍

岳というところから来てるんだよとか、地域の子どもへの案内や、その火山の神様、お宮で使われている色がどんな色なのか、それはなぜなのかというようなこと。別府石の、この赤みがかかっている石が、元京都大学の熱化学研究施設のところにも使われているとか、いろんな歴史を子どもたちが感じ取っていくような話や、昔こんなふうに温泉がつながっていたんだよ、と海と地獄がどういうふうになっていたのか。

　その後、こんなにいろんな色があるので、子どもたちが火山の石に隠れているいろんな色を、顔料を作って見つけていこう、というような活動を実際にしてみる。そしてその絵の具を使って塗り絵をしてみよう、石を砕いて絵の具にしよう、また地域のいろいろな花の色などについても、身の回りの草花、他にどんな色が隠れているのだろうか、というようなことを子どもたちが経験し、そして自分たちで綺麗なものを描いて地域の宝物を見つけてみよう、というような形で、色とそれからそこから見る地域ということがつながるような小冊子を研究会で作りました。

　そしてこれを使って実際に、どういうふう実践がなされたのかということを、子どもたちの経験と先生が、まさに何も教科書にあるわけではありませんので、それを山崎先生や研究会のメンバー、私も毎月1回は一緒に、コロナですのでオンラインで相談をしながら考えさせていただきました。そういう実践を、8時間扱いで組み立てられているものになりますので、ご報告を通して、先生方と考えたいと思います。

　まず、全体の流れとしては、色ということで、まずは地域に行ってみる、そしてそれがどこから来るの、というようなところからさらに、その色というのが、特にショッキングで地獄池というところが酸化鉄というもので赤くなっているようなことに気づいていき、そこから「血の池」の色はどういうふうにできているのだろう、実は古墳でも高貴な人の墓には赤色が使われているという歴史的なことにつながっていったりもしている。そしてまた、身近な花はどうなっているのだろうとか、いうことが実際に行われています。そのときの子どもの様子というようなものについて、山崎先生が実践されると同時に研究会のメンバーが授業観察記録というものを取って何人かのお子さんの経験というものを記録してみる。それによってその子が地域の色とどう出会ったか、というようなことがわかります。

③子どもたちの言葉から

　Cちゃんが、「海じごく、色、みず色のきれいな色ですごかった。おんせんたまごのにおいがしていいにおい。血のいけじごく、色、赤の血のような色をしていた」と言っていますが、見学の道すがら「入浴剤を入れたんじゃないの？」って言う。ご自分の家の経験からきているのだと思います。それに対してDちゃんが「じごくは、てんねんきねんぶつ」だから「しぜんにできてる」んだって、「においは、おいしそうなおんせんたまごのにおい」と言って、子どもたちはやっぱり直感的にくさい臭い、温泉卵の匂い、みたいなことを言いながらも、天然記念物だからと反論をしたりしている。

　そこにちゃんと、先生が教えたわけではないのですが、その池のところに「天然記念物」と書かれていたところから子どもたちが、色についてより関心をもって進んで行っていることがわかります。「煙がすごい」「水色と煙の相性がいい」とか、「海地獄で海を見ました」とか、バナナがそこにあって「ほっとする臭いでした」とか、「音は聞こえません」というような言葉から、色を見るだけではなく、音やにおい

や,子どもたちは本当に五感を働かせて見ています。例えばTさんが「赤色,ねずみ色,水色,オレンジ色,いっぱい色がありました」と言うように,色を見ていくことによって,その場にある多様性に気づいたりしています。

　この強烈な色合いですけれども,血のようでしたとか,それから「おに石ぼうずじごくのようでした」とか,「ぼうずあたま,そのまわりには少しこい円がありました」とか,子どもたちはなんとかそれを表現したい,自分の見たその複雑なものをどう表現したらいいのだろうか,と考えます。子どもの中からは,「一ばんこころにのこったのは足ゆでした」,というような発言があったりもします。自由にただ行って観光のように見てきなさい,というような見学とは少し違ういろんな経験を,教師も子どもも,視点があることによって,このような表現が生まれてきている,ということがわかると思います。

④子どもたちの絵から

　さきの絵本に掲載されているものになりますが,この海地獄をどう描くかというようなところの子どもの捉えも,いろんな色合いや工夫しながらその濃さを表現しようとしています。石や湯気やそういうものを描き出そうとしているということもわかると思います。この血の池地獄なども描かれたものだけではなく,描く過程を見ていくことによって,その子がどんなふうにそこに取り組んだのかというようなことも見えてくると思います。けれども,おに石ぼうずじごくという足湯というようなところでも,実際に人も描かれているものから多様な形の絵があるということがおわかりいただけると思います。色だけではなくてそこにいる生き物,例えばその地獄にワニがいたというようなところが,子どもの意識に残るところもあるわけです(図2)。

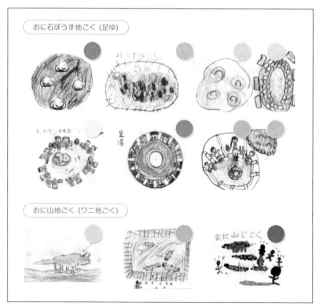

図2:「ふるさとのたからもの」p.16(部分)

それぞれの子が主体的に選択して自分の描きたい地獄を描いているわけですが、それを描いた後、今度はこの海地獄と血の池地獄の色が違うわけですね、コントラストがはっきりしていますから。それはどこから来るのだろうかという、これは色を記述するというだけではなくて、その違いがどこにあるのかということを考えることになって、マグマによる地殻変動の際に成分が生成されたこと、海と血の池地獄の生成と色との関係に海地獄のところで気づく、いうようなことですが、Aちゃんは、「気になることが二つあります。一つ目は、他の地ごくにも成分が使われているのか？もう一つは、白池地獄、それから鬼山地ごく山地ごくには、どうして動物がいるか」、ワニとかフラミンゴがいたわけですが、いろいろ不思議で調べてみたいです、と子どもが書いています。
　またBちゃんも、わからないことがある、と疑問を出しています。海地獄には硫酸鉄が入っているけど、なんでそんなところに硫酸鉄とか、血の池のところに酸化鉄とか、自然か誰かが入れたのか不思議に思っていますと、自然のなせる技なのか、人がした技なのかというような問いを、子どもは色の奥にある、見えないところを問い始めていることがわかります。
　そして、実際に酸化鉄と硫酸鉄のことがわかったよって、どの子たちも書いているわけですが、こういう科学的な成分ということについて、どうしているのか知りたくなりましたとか、いろいろな不思議がわかりましたとか、子どもたちがもっとやってみたい、というところに色づいていったということが、わかったことの振り返りとして書かれています。

⑤植物のこすり染め
　今度は、少し内容は飛びますけれども、ちょうど育てている身近な草などにはどんな色が隠れているんだろうね、というようなところで、校庭や、近くの植物などを見ながらこすり染めをしていくということによって、子どもたちはその葉の違いについて気づいていきます。こすり染めをして、柔らかい葉っぱでは綺麗にできますが、柔らかすぎると潰れたりして気をつけながらこすり染めをしました。一番綺麗な色だったのが、もみじやヨモギでした。いろいろな紙でやるととても面白かったです。こするのに調整や葉っぱを置くバランスを考えてやることで綺麗にできました。また、春にもやってみたいです、というようなことです。これは冬の12月頃ですね。子どもたちが推理と言いますか、今後やってみようとか、その中でこすり染めをするだけではなく、どうすれば良く美しく色が出るのか、というようなことについても、気づいていっていることが見える。「色がほんとにみどり色できれいでした」とか、いろんな子どもたちの気づきというのがそこに現れてきます。
　実際に子どもたちが作ったこすり染め作品を見ていて面白いなと思ったのですけれども、これなどは「花びらとよもぎ」とかですね、それからこちらは確か「秋のいろいろな葉っぱ」というふうに、事実として何を使ったかを子どもたちが表現しながらこすり染めで、綺麗、美しい、を味わっています。それに対してこれなどは「風がふいてちってしまった」みたいなちょっとストーリーを描き始めたり、これも同じような素材ですけど「雪見うさぎ」というように、見立てというのでしょうか、空想の世界が動き始めたりしていることがわかります。
　こちらのように、「カメ」というふうになったり、それからこれは「黄金色の秋」というようになったり、綺

麗だなと思います。そうかと思えば子どもの中には「テキトーにつくった」とか「てきとうなもよう」というようにいろんな題名をつけながらも、本当に丁寧に色を味わっている。真剣に一時間夢中で取り組んだであろう、ということが見えてくるのではないかと思います)。

⑥酸化鉄で染めてみる

　時々草花の方に行きながらも、もう一度今度は酸化鉄で布を染めたらどんな色になるのかなという、実はベンガラとかそれから酸化鉄とかが、担任の先生にうかがうと、このクラスの子どもの実際の探究のキーワードになっていったそうです。そして、それについてどういうふうに染まるのかなあ、ということで、実際に染めをやってみました。そして、先生がこの子が作ったよっていうアイデンティティを大事にされているのが伝わるような、作品や、子どもとそれから何をどうしたのかっていうようなことを展示したギャラリーを作ります。これが廊下にあることで、このクラスの子だけではなくて学校の中のいろいろなところにも共有されていくということが生まれ始めるわけです。

　今度は石に酸化鉄で色を塗ることができるのかなという活動をするということになります。「今日は、ベンガラで石を塗れることがわかりました。色は赤むらさき」とか、「かわくと色がうすくなりました」と色の濃さ等も感じたり、「さいしょ先生がやっていた時は、ベンガラが落ちていましたが、にかわえきを入れるとベンガラが落ちないことが分かりました」と、試行錯誤をしながらこれを作っていくことによって、ベンガラが染物に使われたり、そのベンガラの色はどうやって作られ、塗れるようになるのかというようなこともわかっていく。たぶん私達は、日本画の材料もそうでしょうし、絵の具やクレヨンや何か色をつけるものについても、今は購入され、与えられて単に表現したり作ってみたりに終わっていることが多いように思いますが、こうして地域の色で地域のいろいろなものが、また顔料や絵の具が作られてそれが着色されたり、そういうことができるということを子どもたちが経験していくことが、まさに可能性を知っていくというところにつながっていくのだと思います。

　実際にこれは酸化鉄で自分たちが作ったもので、手を真っ赤にしながらも色を塗ったというようなところです。担任の先生にうかがいましたけれど、通常の教科の学習では、ときに集中が難しかったりするお子さんなども、率先してこういうことには探究したり取り組んだりする、それによって居場所ができたり、その子の主体性が生かされていく。ちょうどその探究の活動や対象とその子の相性が合う、というようなこともうかがって、このクロスカリキュラム的な探究が、子どもたちの心の安定を広げるという意味でも、教師が求めた特定のものに向かわせる、というのとは違って、子どもの選択や可能性の幅が広がっていくのかなと思います。

⑦土で絵の具ができるかな

　また、今度は酸化鉄で色を塗るのではなくて、これは図工では結構、実践があると思うのですが、土絵の具を、やはり地域の色ですので、作ってみる。作ると、濃いものと薄いものと、上澄みと下とでどう違うか、というようなことを子どもたちは書いていたりします。これは総合の時間でやっているわけですが、色が最初より薄くなったとか、最初の土の量より水と合わせた土の量の方が減っていましたとか子どもなりにいろいろな気づきというものがあります。どうして下に土がたまるのか、それが不思議なの

でいろいろ調べてみたいです。ということで、絵の具を作るというだけではなくて、これはもう科学的なことだと思いますが、土の沈殿と水との関係などにも、体験を通して子どもは気づいています。

さらに、絵の具で塗れるように伽藍岳の石というのをみんなで集めてきて、それを並べて砕いていくというような作業ですね。なかなか通常の授業ではなされないことだと思いますし、ベテランの山崎先生でもこれは初めての取り組みになりますが、こうしたことをその研究会の他のメンバーも支援したり、校長先生も認めてくださりながら、石を砕いてふるいにかけて、さらにこれを粉末にしたりしていく。この緻密な作業の中で実は、道具の使い方も子どもたちは学んだり、それからいろいろなやり方もこれで理解したりしていくのだと思います。

あおいちゃんという子は、この手触り、前にも何かやったことあるよとか、過去の経験をつなぎながら発言をしたり、それから石と粉になったものが置いてあったグループに色はどうかと尋ねると「白さが増した」、同じ白でも白さが増した、ということがあったり、比べたりというような形で、様々な検証をしようとしていることがわかります。

先生や大人の方たちが記録に書いています。「前時に土で絵の具が作れることを経験した子どもたちは、伽藍岳の石を砕き、顔料を作ることを楽しみに待っているようであった。その理由の一つに伽藍岳の石はいろいろな色を見せており、子どもたちは自分が作りたい色を見つけ出していた。」

「白色がきれいそうだから白い顔料を作りたい。」「黄色もいい。」「ピンクもきれい」と言って、自分たちの顔料を子どもたちは作っていくわけです。白い石は比較的簡単だというようなこと、飛び散らないようにしながらも何々色の顔料を作りたいという目的、土から絵の具ができて色が塗れたという感動、また顔料と砕いた粉末との色の違いというようなことについても、白さが増したとか、ピンクが薄くなったというように、色の変化や様々なことに子どもたちは気づいていきます。

⑧いろいろな色で描くわたしのきれいなもの

そしていよいよ最後になっていくのですが、いろいろな色で描く私のきれいなものを描いてみましょうというのが絵本教材の終わりのページにあるのですね。いろいろな色が周りにあって、隠れている色もあったと。砕いていったり、それから混ぜていったり、塗ったりすると色が変わっていくものもあって、いろんな綺麗なものがあったのではないだろうかと問いかけています。

そこで、このクラスの子がそのときに描いたものを見てみると、やはり初めて、地獄めぐりに行ったときのことが、インパクトが強かったのだなという、もしただの観光で見学に行っただけだったら感じなかったかもしれないことも、こうして見えています。それから少し見ただけではなくて、こんなふうに分けて工夫して書いてみたりもしています。他にも綺麗なものとしては自然もあるなとか、虹や何かも綺麗だなとか、こんなふうに緑があったなと描き足している子もあれば、この一連の単元のことを思い出して自分のやった経験ですね。紙絵の具や土絵の具だとか、こういうことまで思い出しながらそれぞれが綺麗だったとか、宝物だなと思って描いた子どもたちも生まれています。この子など象徴的ですけど、伽藍岳の色を砕いた顔料、まさに自分だけしかない色を作ったことが楽しかった。また、池には友達や学級で行ったわけですが、そこに友達の姿が現れたり、「友情」って書いた子がいたり、それから足

湯に浸かったわけではないと思うのですが,「温泉」っていって気持ちよさそうな姿があったり,それから,いろんな綺麗な花もやったな,みたいな子どもたちのいわゆるポートフォリオかもしれませんが,その一つが表現となって表れているということがわかります。

⑨色への関心が深まっていくということ

　実際に1人の子(Aさん)がどういうふうにその中で経験を膨らませていったのかというようなことを書いたものから紹介しますと,例えば,もっといろいろな不思議があって調べてみたいですとか,また春にもやってみたいです,というように,子どもなりに具体的に次に何をしたいのかということが見えている。それから普通の子どもたちは「赤茶色」などという言葉をあまり使わないかもしれませんが,この血の池地獄とかそういうところで,いろんな色を工夫してきているからこそ,色に関する語彙がより豊かになってきているというような姿も見えるのではないかと思います。

　Aさんはしっかり書けるお子さんです。それに対して,いわゆる文字で書き言葉で書くのが必ずしも得意ではないお子さんでも,いろいろなところに関心を寄せていること,何がわからないのか,疑問に思ったのか,やはり色の背景が,化学成分が違うということに気づいたことは子どもたちにとっては関心があったのだと思います。また,対比がなされているのですね。硫酸鉄と酸化鉄とか,こすり染めをしたときに色が移りやすいものと移らない葉っぱというのがあって,面白い,それは何なのだろう,というふうに対比してみたりしています。また酸化鉄で染めたら,茶色で臭いはしなくて,ただ洗ったときは落ちにくくて洗い終わったときの色は赤茶色,というように,とても観察が細かくなってきていることもわかります。

　一人ひとりのこだわりというものが違いますが,それが次への問いを生み出しているのではないかと思います。色から始まる探究学習というのは,どこの地域でも,どの学年からでもできると思いますが,それは地球環境保全であったり,自然との共生であったり,それから生物多様性というのでしょうか,多様である,そして循環していく,しかし命あるものは有限であるというような感覚,そうしたものにつながっていく経験を行うものになると思います。

4………子どもは未来から来た

　まさに,いろいろな地域やいろいろな場の色というのは,やはりその土地ならではの色があり,そうした生態系の多様性を知り,そうした多様性の中で,また子どもの経験も,決められたことを決められたようにするのではなく,それぞれの人の描きたい表現や思いが表れていくことで一人一人が違う人間として重要な存在だというようなダイバーシティを保障する,そういう教育経験につながるのではないかと思います。

　SDGsとかESDとかを前面に出して声高に大人が主張したり,直接関係する資料を出したりという教育もあり得ますが,こうして入り口は色というようなところから様々な自然環境保全,命を大切にしていく経験につながっていく機会にもなります。もちろんこの1単元,今お話したもので全てがなされる

わけではありませんが、そうしたものにつながるのではないかと私は思っているところです。

　OECDがEducation2030という、これからの教育の新たなカリキュラムということで6冊本を出します。今、3冊まで出ているのですが、私が関わっているネットワークで今、翻訳をしているのですけれども、その中で言われている12の原理があります（表1）。あれもこれもではなく何か一つに、教科の中でも「焦点化」すると同時に、平板ではなくて、やはりRigorというのでしょうか、「挑戦的」であり、ちょっと高く求められるものに子どもが出会う、そして過去の経験とのつながりという「一貫性」というものがカリキュラムの中に作られること。また、教科を変えても学んだことがうまく「転移」ができ、それから今の事例というのはまさに「教科間」だと思いますが、教師の判断や学校の判断での「選択」ということが自由になされています。まさに本物の歴史、地域の歴史であったり、本物の地域の自然から見る科学であったり、そうした地域科学の「真正性」。それから重要なことは、カリキュラムの子どもに応じた柔軟性だと言われています。

　山崎先生のこの実践のように、当初の予定よりも柔軟に表現のところで組み、多分、国語と組んだりとかですね、いろんなものと組み合わせたりして、子どもの実態に合わせながらやっていく、そうしたことが学級もそうですし、学年を超えてつながっていくということが大事だと思います。今日、最初に幼児の色の経験の話をしましたが、小学校とか中学校とか幼稚園とかいう枠を超えて、学校種間をこう「つなげて」いくというようなデザイン原理というのが重要だろうと。そして学びのプロセスにおいては、「参画する」、どの子も夢中になって継続して取り組むっていうのはengagement、エンゲージリングっていうのが婚約指輪のことで、この後ずっとその人と関わり続ける意思を示すわけですが、その学びの対象にエンゲージしていく、まさに子どもが参画し続ける、そこに「子どもの主体性」、そしてそこには子どもだけではなく、「教師の主体性」ということが求められるのではないかと思います。

表1: カリキュラムの構成の12のデザイン原理
（OECD、きょうそうさんかくたんけんネット・カリキュラム訳「カリキュラムのり（再）デザイン OECD Education 2030 プロジェクトが提言する一連のテーマ別報告書　小冊子」2021より　https://www.edu-kstn.org/bookshelf）

教科内	1	焦点化　Focus
	2	挑戦的　Rigor
	3	一貫性　Coherence
教科を超えて	4	転移可能　Transferability
	5	教科間　Interdiciplinary
	6	選択　Choice
学校の枠を超えて	7	真正性　Authenticity
	8	柔軟性　Flexibility
	9	つながる　Alignment
学びの過程	10	参画　Engagement
	11	Student Agency
	12	Teacher Agency

これは私の好きな言葉です。イタリアのレッジオ・エミリアの国際幼児教育センターのドキュメンテーションセンターにも出ていたものですけれど、「Children come from the future. 子どもは未来からきたものである。」

　子どもが未来を支える、未来社会を作る人だというのはよく言われます。でもそうではなく、子どもはまさに私達の目の前で、これからの未来の可能性はどうあるのかを大人に示してくれる存在でもあります。それはその柔らかさや新たな学びの対象に出会っていく一人一人の可能性が、未来をつくっていくからだと思います。

　今日は一つの事例ですが、色をめぐる探究学習は、教師が最初に仕組んだものであったとしても、それが子どもの主体性を引き出す。そして今言われる、社会に開かれた教育課程として学校を基盤としたカリキュラムマネジメントによって教科横断的な試みの一つとして寄与していく可能性があると思っています。そしてそれは教師、学校への挑戦や連携を生み出すものにもなります。教科書やこれまで決められた単元に閉じている、というものではありません。子どもたちにとって故郷の宝物としての色を窓口にして発見する活動となり、またその子ども自身が、それによって自分の色を見つけて自信をもったり、故郷に誇りをもったりしていく、そして故郷に対しての未来を示すものになると考えられます。

　私は直接コロナで別府にうかがえていないのですけれど、これまで別府では、温泉はお年寄りや外の大人の観光客に向けたアピールをしていたわけですけれども、実は、地域の子どもたちがこうやって地獄めぐりや温泉というものを見直してくれる、そういうところが逆に人口が減ってくるところでも新たな可能性を見出してくれているというお話を聞き、まさにふるさとの宝物を見つける子どもたちこそ、地域の宝物になる。そんな姿が色を中心にして見えると思っているところです。

［参考情報］

「地域の色・自分の色」実行委員会,秋田喜代美（編著）『色から始まる探究学習－アートによる自分づくり・学級づくり・地域づくり』明石書店,2019.
本章で紹介した,大分県立美術館と連携した地域の色の探究学習の取り組みをまとめたもの。

「地域の色・自分の色」研究会,秋田喜代美監修「ふるさとのたからもの」2021.
〈http://museum.o-iro.jp/museum/wp-content/uploads/2021/12/ふるさとのたからものPDF.pdf〉
本章で紹介した,別府地獄めぐりによる地域の色の探究学習のための絵本教材。

［註］

1) DeCordova Museum and Sculpture Park, Harvard Project Zero, Underground Railway Theater, *Art Works for Schools: A Curriculum for Teaching Thinking In and Through the Arts*, 2002.
2) 東京大学大学院教育学研究科附属発達保育実践政策学センター,まちの保育園・こども園編著,秋田喜代美,松本理寿輝監修『保育の質を高めるドキュメンテーション:園の物語りの探究』中央法規,2021, p. 20-21.
3) まちのこども園代々木公園「ひまわり　よくみる、よくかんがえる」2021. ドキュメンテーションより。
4) 「地域の色・自分の色」実行委員会,秋田喜代美（編著）『色から始まる探究学習－アートによる自分づくり・学級づくり・地域づくり』明石書店,2019.
5) 秋田喜代美監修指導,大分県立美術館「地域の色・自分の色実行委員会」,照山龍治,木村典之,塩月孝子,大分県佐伯市立宇目緑小校,「地域の植物から染色等で色と出会う」,2018.(日本児童教育振興財団教育ビデオライブラリ0 6 9「自分の色を見つけよう　地域の色・自分の色を見つける試み」ダイジェスト版 2021.6.
〈https://www.youtube.com/watch?v=cVjfMtf0e90〉,2023年9月19日閲覧。）
6) 「地域の色・自分の色」研究会,秋田喜代美監修「ふるさとのたからもの」2021.
〈http://museum.o-iro.jp/museum/wp-content/uploads/2021/12/ふるさとのたからものPDF.pdf〉,2023年9月21日閲覧。

II
私たちの実践技法

芸術的行為としての教育実践

直江俊雄
NAOE Toshio

　ついには、私たちがこう言えるほど、芸術が私たちの生活を満たすべきなのです。芸術作品はもはや存在しません。芸術だけがあります、と。なぜなら、その時、芸術は、人の生き方そのものだからです。（ハーバート・リード『芸術による教育』）[1]

　「芸術を通しての教育」とは、簡単に言えば教育過程と芸術創造過程とを融合一致させようということである。それがラジカルな意味を持つのはなぜか。その教育＝芸術創造過程が、社会のエレメンタリな過程でなければならぬという主張を含むからである。（小野二郎「『芸術を通しての教育』に見るハーバート・リードの思想」）[2]

1………ある画学生の没入

　私が高等学校で教育実習をした時のことである。画学生をしていた大学の最終学年だった。次回担当する授業のための技法実験や作例づくりを、帰宅後や休日に大学のアトリエで一人行っていると、日が暮れたことも食事も忘れて没頭し、気づいたら、とんでもない時間が経っていて驚いた。日頃の様子と違い、人が変わったように制作（実は、授業準備）に打ち込んでいる私の姿を珍しがって、何人もの学生が見に来たので、自分がそんなに没入していたのかと初めて気づいたのだった。
　このときの私は、自分の作品制作では迷うばかりで進まないことの代替目標として、授業準備に没頭したのだろうか。そう思う一方で、これから教室で出会う生徒たちに、自分のもつ知識と技法と想像力を活かして考えた学習を提示し、彼らの反応をじかに受けながら、また次の回の授業に向けて準備に（あるいは、授業の「制作」に）取り組むという行為には、何か、それ自体が芸術的行為の本質に近づくような、教育実践者を引き付けてやまない魅力があるのではないか。大学で美術の教育法を教えるようになってから、しばしば、そう思うようになった。この授業実践という相互的な行為には、芸術が人に及ぼす社会的過程の作用を、もしかすると、直接的にその場で発生させる潜在力があるのかも知れない。

2⋯⋯⋯リード−小野−宮脇の芸術教育論から

　冒頭に掲げたハーバート・リードのような主張をしたのは,おそらく彼が初めてでも唯一でもないだろう。この主張が述べられている『芸術による教育』(原著1943年刊)は,「芸術を教育の基礎とするべきである」[3]という,あまりにも抽象的,理念的,かつ多義的なために,それに異を唱えることの難しい一つの命題を巡る,全11章からなる様々な仮説的論考の集合体である。その主張を言い換えると,芸術作品そのものよりもむしろ,優れた芸術作品を通して現れるような,いわば芸術的作用そのものが芸術の本質(そして生命の本質)であり,それが個人と社会を調和的に発展させていく教育の基礎となる,というものだ。

　自然界における法則,生物の構造や活動,人の心,芸術表現,教育の方法や制度,そして社会的関係に至るまで,異なる次元に通底する共通の原理として芸術の作用をとらえ,それが環境に応じて自然に成長する有機的な生命体のように,さまざまな次元に浸透していくというこの考え,もしくはイメージを,私は「有機的多層芸術論」と呼んでいる[4]。リードの美術批評家としての洞察と,様々な分野の研究成果などの総合を試みた,この壮大な主張には魅力がある。しかし,どのようにして,それら異なる多層構造の間に通底する芸術的な作用を実現していくのかという点については,その解明は道半ば,もしくは,希望的に解釈すれば,未来の教育者に託された課題であると言わざるを得ない。

　教育の過程と芸術創造過程との間の,いわば原理的な相同性[5]の探究を目指そうという,本章冒頭の小野二郎の主張については,宮脇理が詳しく解説している[6]。社会改革にまで踏み込む前に,まずは教育の過程に焦点を絞り込んだところは,この問題を考える一つの道筋を示したものである。しかしながらここでもまた,それでは芸術創造過程が教育の過程と実際にどのように重なるのか,という点については,抽象的にしか述べられていない。現実の行為と重ねて述べることは容易ではないし,述べないほうが含蓄をもつ場合もあるのかも知れない。しかしながら本章では,異論は承知の上で,あえて両過程を並べて考えることを試みてみたい[7]。

3⋯⋯⋯芸術の過程と研究の過程

　私は美術教育学叢書第3号『美術教育学　私の研究技法』において,美術教育研究の過程を芸術表現の過程になぞらえる試論を示した[8]。その発想には,やはりこの,小野−宮脇による指摘について折に触れて考えてきたことが影響している。芸術創造の過程が人間の行為や社会の基礎となるかどうかを考えるならば,小野が言う教育のみならず,それに関わる研究の過程にも芸術的な原理が働いているかどうか,私たち自身が目を向けてもよいのではないだろうか。

　ここで,叢書第3号で述べた主張を,新たに簡単な図に表しながら,まとめ直してみたい(図1)。

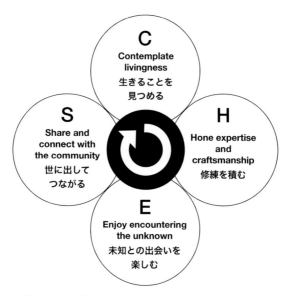

図1: 芸術と研究に共通する4つの過程 CHESS-AR（芸術と研究のCHESサイクル, CHES Sycle in Art and Research）

　出発は，「生きることを見つめる（Contemplate livingness）」であり，芸術表現や教育研究へと突き動かす核となる問いを抱くことである。これは，探究の過程すべてにおいて立ち返るべき原点であると同時に，その過程において常に問い直され，変化し成長していくものでもある。

　次に，専門性という社会的信頼の土台を築く段階として「修練を積む（Hone expertise and craftsmanship）」を設定した。芸術家にとっては職人の修業を思わせるような，やや古めかしい語を選んだが，当然ながら，芸術の多様な領域にはそれぞれの修練の形がある。例えば，一切ものづくりをしないようなコンセプチュアルな芸術であっても，過去の芸術概念を革新するための知識と洞察，戦略と方法論などの高度な修練を必要とする。研究の場合は，先行研究の調査，研究方法の修得，資料の収集分析など忍耐の必要な過程が必須であるので，通じるところがあると思う。

　そして，芸術と研究の両者に通じる醍醐味となるのが，「未知との出会いを楽しむ（Enjoy encountering the unknown）」である。修練によって身につけた力で，この探究全体の成果を見通す布石を打ちながらも，なお立ち現れる予測不可能性に対し，抗うとともに自らの世界を広げる鍵としても用いるという，心躍る創造的な応戦の過程である。

　最後に，作品や研究成果を，専門家の，ひいては広く一般のコミュニテイからの批判や評価を受けながら「世に出してつながる（Share and connect with the community）」という過程を設定した。前著では美術教育研究のミニ・リサーチブックを目指していたので，ここで特に，研究成果を世に出すための手続きについて，初学者のための助言を書き添えた[9]。

　今回，説明を単純化するために，これらの過程と図式を一方向に回転するサイクルのように描いた

が、実際には、行きつ戻りつの繰り返しが付き物であるし、芸術表現の過程では、時には修練を飛ばして、いきなり未知の世界の混沌の中で遊んだりする場合もあるだろう。また、常にコミュニティとの相互作用の中で制作過程が進行するために「世に出してつながる」のが最後の段階ではなく、すべての過程の常態であるような制作もありうるだろう。それらの動きを小さな渦や、過程をスキップする長尺の矢印などで表すと、より多様な実際の過程に近づくだろうが、図が煩雑になるので、ここでは控えることにする。

　この過程の図式は美術教育研究だけに特有のものとは限らず、多くの分野の研究過程においても、その創造的な側面に着目すれば、共通性が見られるのかも知れない。しかしながら今のところ、その点には踏み込まないことにする。

　このモデルを仮に、それぞれの過程の英語 (Contemplate, Hone, Enjoy, Share) の頭文字を取ったサイクルとして「芸術と研究のCHESサイクル (CHES Sycle in Art and Research, 略してCHESS-AR)」と名付けておこう。

4………芸術の過程と教育の過程

(1) 教育実践の双方向性

　話が一旦、教育研究の過程に立ち寄ったが、それでは本章の本題である教育の過程、より明確に述べれば教育実践の過程を考えた場合、どのようなことが言えるだろうか。

　図画工作や美術の授業で子どもたちが学習する場合、表現の学習としては基本的に、このCHESS-ARのサイクルに親和性があると考えてよいだろう。鑑賞の学習においても、研究の過程に近いものとしてとらえれば同様のことが言える。

　一方、学習者に芸術の創造的な過程を歩ませようと授業を企画運営していく教師[10]のたどる過程には、芸術表現と同様の特質を見ることができるのだろうか。このことを考える際には、教育実践の過程は教師の計画のもとに、学習者と教師の相互作用の中で進行することにも目を向ける必要がある。実際に起きることに即してモデル化を進めようとするほど複雑な図式にならざるを得ないが、具体性と簡潔性のバランスを考慮しながら、C-H-E-Sのそれぞれの過程において学習者と教師が典型的にたどる活動について考えてみたい (図2)。図1の「芸術と研究のCHESサイクル (CHESS-AR)」に対して、図2のモデルを「芸術と教育のCHESサイクル (CHES Sycle in Art and Education, 略してCHESS-AE)」と名付けることにする。

　ここでは、芸術表現の4つの過程に対応するように、教育実践における学習者と教師のそれぞれにおいて想定される活動の要点を数点に絞って取り上げ、計8つのエリアで表現した。それぞれの過程における学習者と教師は相互に影響を与えるものとして並列に置いて双方向の矢印で結び、図の中央に大きな矢印で「生きることを見つめる」から「世に出してつながる」までの一巡するサイクルを示すとともに、実際にはすべての過程で循環したり、同時進行したりすることがあることを、各過程の間に置いた小さな回転する矢印で表している。

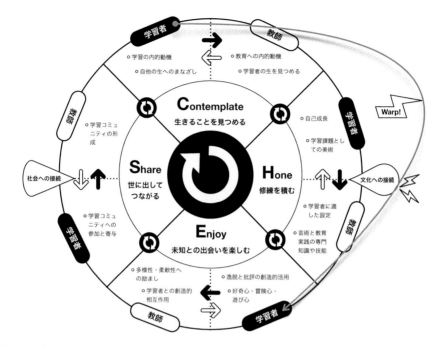

図2: 芸術と教育に共通する4つの過程 CHESS-AE（芸術と教育のCHESサイクル, CHES Sycle in Art and Education）

(2) 生きることを見つめる　Contemplate livingness

　学習者にとっては，通常，授業そのものは外的要因によって設定された強制力のあるものだ。それを本来の芸術的過程に近づけていくためには，学習の過程のどこかの時点（できれば早い時期）に，自分にとっての表現や探究の内的動機を抱けるようになることが，全ての過程を意味あるものにする核となる。それは，教師による授業の設定や学習者への働きかけによって効果的に誘発されることが望ましい。一方，学習者の側からも，図画工作や美術における学習には（さらには，本来，あらゆる学習において），自らの探究の核となる問いが必須であるということを，美術教育を受ける中で体験的に理解していくことが理想である。つまりは，それが図画工作や美術を本当の意味で「好き」になるということなのだろう。また，見つめる対象は自らの生きることだけではない。同じ場に居合わせて学習する他者や，学習の中で触れる芸術家たちへのまなざしも大切である。

　教師にとっての「生きることを見つめる」は，研究として行う教育実践（いわゆる実践研究）の場合と，それに限定されない日々の教育実践とでは，やや位置づけが異なるように思われる。叢書第3号で述べたように，研究として行う教育実践においては，この過程は原点となる問いを生み出す必須の条件である[11]。一方，研究に限定されず，職業として託された社会的・文化的・制度的要請のもとで必要とされる年間の学習計画を策定し実践する上では，教育者個人の価値観による探究目的は，一旦脇に置かなければならないこともあるだろう。

ただ,いずれの場合も,教師自身が日々の教育実践において力を発揮していくためには,個人として継続的に意義を見出していく内的な動機が重要であることは,言うまでもない。そして,学習者たちの生きる姿を見つめて実践への知恵を汲み出していく姿勢は,教育実践者として最も重要な特質の一つではないかと思う。どれほど芸術を愛していても,人の中にそれが育つことを愛せなければ,教育実践は実を結ばないだろう。

(3) 修練を積む　Hone expertise and craftsmanship

　修練を積むというと伝統工芸の修業のように感じられるが,このサイクルの中では,文化への接続を直接的に担う過程であると考えると,その意義をより広く位置づけられると思う。人間の活動やあらゆる教科の学習には創造性の働きがあるが,美術教育における創造性は,美術(ここでは美術,工芸,デザイン,映像など美術教育の教科で扱う多様な領域を含む広い意味)という文化領域において発揮されるものにその根拠をもつからだ。むろん,このCHESサイクル全体が芸術の過程を表現しているので,教育実践全体の基層に芸術があると仮定しているのだが,より具体的な学習の過程としては,ここがその接点となる。

　子どもたちの学習においては,修練の性質について,より柔軟にとらえた方がよいだろう。第一に,それは外的に与えられた達成課題であるよりは,自己成長の過程であるととらえたい。第二に,授業であれば,教師によって設定された学習課題に取り組むことになるが,初学者の学習では修練の障壁を低くしたり,またある程度の基礎ができた学習者には挑戦しがいのある課題を提示したりするなどの,教師の側からの適切な設定が不可欠ということである。

　本書の海外教育者インタビューに登場するサミア・エルシェイクは,織物の技法をエジプトの教育に蘇らせた教育者だが,機織りの技法に依拠する分野を教えながらも,教職課程の学生や彼らが教育実習で教える子どもたちに合わせて,どのようにその技法を「転換」させていくか,そして伝統技法を新しい方法で教えるにはどうしたらよいかという問いが,彼女の教育における中心的な実践技法を導いていることを指摘しておきたい。

　前項でも述べたように,芸術家であれば,時に意図的に修練を放棄して既存の表現を壊すことがあるが,学習の場面では,そうした跳躍をもたらすのは教師による適切な支援である。すなわち,次の過程である「未知との出会いを楽しむ」へのワープ(サイエンス・フィクションなどにおいて,時空を超えた移動をする架空の技術)をもたらすのは,教師の高度な教育実践力と,芸術的過程への深い理解にほかならない(図2右側:Warp!曲線)。ただし,そこにも完全に無関係な逸脱ではなく,美術という自由な領域との何らかの触発があるという意味で,図2では「文化との接続」との接点となる位置に稲妻マークを配してみた。

　教師の側に視点を合わせてみると,専門職として求められる芸術と教育実践の専門知識や技能について,教員養成の段階から,現職での日々の自己研鑽や実践に至るまでの過程を通して高めていくことが,その修練であるととらえることができる。教師が芸術についてどのようにとらえているかという

ことも、このサイクルを動かしていく大きな考え方の枠組みである。完成された芸術論を理路整然と述べる必要はない。だれにおいても自身の芸術観の形成には紆余曲折があるというのが真実だろう。

　本書掲載の小口あやによる「鑑賞と授業が苦手な私が実践研究者になるまで」では、教師が自分の芸術観をどのように形成していったか、そしてそれが教育実践の発展とどのように関わっているかを垣間見させてくれる。

(4) 未知との出会いを楽しむ　Enjoy encountering the unknown

　学習者の側から見れば、予測しない事態への遭遇を学習の妨げととらえるのではなく、逸脱から新しい価値を見いだす好機として活かそうとすることである。また自己内対話や他者との対話(批評)についても、同様に創造的に活用することが含まれる。より日常的にわかり易い言葉でこの状態を表現するために、学習者の側の好奇心、冒険心、遊び心が発揮されているかどうか、という項目を図に加えてみた。

　学習者がこうした創造的な精神をもって未知との出会いを楽しめるようになるためには、教師の側からの授業づくりにおける継続的な努力が欠かせない。学校文化の中では、不確定な逸脱を避けて教師の求める解答への最短の経路を探ろうとする態度や姿勢が容易に支配しがちである。具体的には、多様な表現を尊重する態度や柔軟な思考への励まし、それらを互いに認め合うような関係づくりなどへの、教師の態度が学習者に一つの文化として共有されていったとき、時には奇跡のような創造的開花が教室の中に起こり得る。

　これは、美術教育の実践をよく特徴づける点でもある。大泉らによる「第三教育言語」の一連の研究でも示唆されているように、学習者が示す予想外の反応について、美術教師はそれを逸脱として矯正しようとするよりも、しばしば積極的に評価して学習者の主体的な態度を引き出そうとすることは、よく見られる現象である[12]。

　また、学習者の応答によって授業そのものを柔軟に変えていくことを肯定的にとらえる美術教育者が多いのは、芸術表現の過程における創造的な出会いの経験が教育者の基本的な生き方となって、教育実践におけるそうした態度を誘発しているというのが、一つの妥当な説明ではないだろうか。

　この叢書第4号の各章の中の教育実践に、そうした例を求めることは難しくない。山田芳明の「図画工作・美術の授業実践の特性とその愉しみ　研究的実践者への誘い」では、それを「手放し技」と呼び、二度と同じことが起こらない「ライブ」としての授業を愉しむことを勧めている。更科結希の「子供たちとクリエイティブジャンプ!」では、まさに、学習者だけでなく、教師も発想のジャンプをして、自分の枠を越えようとするのである。

(5) 世に出してつながる　Share and connect with the community

　学習者の側から見た場合、表現の進行過程や完成した作品を学級等で共有する行為であり、そのことが互いに認め合う創造的な学習コミュニティそのものの形成に寄与するといえる。一方、教

師の側からは、学習者がそのように安心して表現を共有できる環境を形成することであり、その喜びと達成感が、次の教育活動への内的動機へとつながっていく。

　リードが『芸術による教育』の膨大な議論の末に、「自発性と、幸福な子どもらしい熱心さのある雰囲気を作り出すことが、優れた教育の主要な、そしておそらくは唯一の秘訣」「その雰囲気は、教師の創造物です」[13]等と、さりげない結論を述べたことは、あまり注目されていないのではないか。学習者と教師の人間的な関係の中に文化として醸成される創造的な環境こそが、芸術作品を超えた芸術であり、芸術の過程と教育の過程が重なる接点であるととらえなおすと、この平凡な結論のもつ意味も再評価されるかも知れない。

　本書収録の「創造的な居場所としての造形絵画教室の構想と、活動過程の理解に向けて」で栗山誠が明らかにしようとした「創造的な居場所」とは、そのような芸術活動の本質が満ちた空間であったと言えるだろう。

　また、ここから少し拡張して、美術の学習を学校や社会のコミュニティに広げていくという過程も考えられる。具体的には、地域社会の中に教材や学びの場を設定したり、学校外で学習の成果を発表したりすることもこれに該当する。これは、学習の質を高めるというだけではなく、芸術の存在意義を社会の中で問うという行為ととらえることもできる。

　本書にも、こうした志向を強くもつ教育実践の例が多く収録されている。海外教育者インタビューでグレン・クーツが語る芸術と教育との関わりもその一つであるが、むしろ、ほぼすべての章の教育実践で、こうした社会的つながりが重要な役割を果たしているということに、あらためて気付かされる。芸術を基盤にする活動が、参加者間のコミュニティ形成と社会におけるコミュニティとの関わりとの、2つのサイクルに作用する。それらはすなわち、様々な人間活動の基底を、芸術の過程と一致させていくという遠大な理念と呼応していると考えることは、できるのだろうか。

5………芸術的行為としての教育実践は、自画自賛か

　本章では、研究論文執筆の過程を芸術表現の過程と重ね合わせてみようとした前著、叢書第3号での私の思いつきを教育実践に拡張した。そして、はからずも私が学生の時から違和感と興味をもち続けた、いわゆる「芸術による教育」論の基調となるテーマに触れながら、美術教育実践の過程を根底から支える、芸術的な作用をもつ過程にも目を向けることになった。

　しかしながら、私たちの教育実践を「芸術的行為」であると自ら呼ぶことには、いくらか躊躇する気持ちが生じるというのが、正直なところではないだろうか。その一因を考えてみると、「芸術的」という言葉の中には、一般的には「芸術的と言えるほど、独創的で美しく優れている」、場合によっては「天才的な芸術家の為せる完璧で超絶的な技」というような、並外れた高評価の意味を含んでしまうからではないかとも思う。

　今回、小野-宮脇の主張に触発を得て、芸術のもつ「過程」に着目したことは、こうした芸術に関

わる神話的な扱いを、より現実的な教育実践の過程と重ね合わせて考える上で、一つの手がかりになるのではないかと考えている。

　リードは（『芸術による教育』に著された範囲では）、芸術とは何かという問いには、知覚を通して普遍的な美に通じる「形の原理」と、想像力を通して個人の多様性を生み出す「創作の原理」という、2つの精神的な活動の相互作用である、と主張したり、マインド・ピクチャーを例にして人類に共通するイメージの存在を示唆し、近代美術の多様性を学習者個人の特質の多様性と重ねてみたりするなど、心理的・社会的な「仕組み」としての芸術の作用を強調している。しかしながら、小野-宮脇が指摘する「過程」というような、時間軸を伴った特質の点からは、あまり言及されていないということが、あらためて浮かび上がってくるのではないだろうか。「この仕組みを欠落させた場合、文明は均衡を失い、社会的・精神的な混乱へと陥ってしまう」[14]というように「仕組み」としての芸術を主張するならば、その仕組みが作用する時間軸を伴った「過程」を構想することは、どこかの時点で必要なはずである。

　もう一つ、芸術的行為としての教育実践、言い換えるならば、芸術的過程を伴った教育実践は、図画工作や美術の授業に限られるのかという論点がある。この点は、創造性の育成が美術という教科に限られるのか、という議論と少し似ている。後者の問いについては、創造性は人間活動のあらゆる側面で重要なことであるから、様々な教科の特質に応じて、それぞれの創造性を追究すればよいことである（美術の場合はその比重が大きいとしても）。前者の問いについては、美術の教科に限られないことが『芸術による教育』の本来目指したものであり、むしろそれは「芸術を教育の基礎とするべきである」とする同書の主張が意味するところにもつながる可能性をもつ、ということが言えるだろう。

　例えば、芸術的行為としての理科の教育実践とは、どのようなものだろうか。それは理科の教師が開発すればよいのであるが、私の学習者としての経験からは、芸術的行為ではない理科の教育実践については指摘することができる。私が小学生だったころ、理科の授業で、実験や観察を記録し考察を記入するワークブックが配付された。当時のアニメの影響だと思うが、密かに科学者に憧れて自宅で科学実験ごっこなどをしていた私は、その冊子に自分たちが本当に行った実験結果を記入することを楽しみにしていた。しかし、理科室の実験器具を前にして教師が私たちに指示したことは、「ワークブックに、これから先生が言うことを、そのまま書きなさい」であった。

　その時に子ども心に感じた、決定的な違和感と失望をはっきりと覚えている。そこには、実験技法の修練を積むこともなければ、どんな結果が出るかわからない実験に失敗しながら取り組む楽しさも悔しさもなければ、それぞれのグループで出た結果を共有して議論するコミュニティもない。そして、生きることを見つめる科学的探究心も否定された。私の学習者としてのこの授業の経験は残念な例ではあったが、科学的探究には、本来、芸術的な過程と共通するものがあるはずである。

　そして、同じことが美術にも言える。芸術的行為ではない美術の教育実践もまた、ありうるのである。

［参考情報］

山木朝彦「芸術による教育とハーバート・リード研究の現在」ハーバート・リード,宮脇理,岩崎清,直江俊雄訳『芸術による教育』付録,フィルムアート社,2001, 2021.
ハーバート・リードと「芸術による教育」に関する主要な研究の流れを,海外と国内の両面からまとめている。2021年版の方に,より新しい情報が追加されている。

［註］

1）ハーバート・リード（Herbert Read）,宮脇理,岩崎清,直江俊雄訳『芸術による教育』フィルムアート社,2001, p. 300.
2）小野二郎「『芸術を通しての教育』に見るハーバート・リードの思想」,大橋晧也,宮脇理編『美術教育論ノート』開隆堂,1982, p. 73.
なお,『芸術による教育』『芸術を通しての教育』はいずれも,リードの原著 Education Through Art（1943）の書名を翻訳したものである。
3）リード,前掲 註1）, p. 18.
4）Toshio Naoe, "An Organic and Multilayered Conception of Art: Dialogues between Read and Art Educators," in Glen Coutts and Teresa Torres de Eça（eds）, Learning Through Art: Lessons for the 21st Centry? InSEA Publications, Portugal, 2019, pp. 92-104.
5）小野が「相同性」と述べたわけではないが,ここでは,下記の見解などを踏まえて,異なる次元の事象に同一の原理が作用しているととらえることを比喩的に「相同性」と表現した。
「相同:異種の生物の器官で,外観上の相違はあるが,発生的および体制的に同一であること。」（『広辞苑 第5版』電子版,岩波書店, 2005）
「相同物は,進化的・生物学的プロセスにおける,再現的かつ持続的な,（モジュール化された）構成物である」（鈴木大地「生物学における相同性と,哲学における同一性:古物と自然種は対立概念なのか」日本科学哲学会第47回（2014年度）大会ワークショップ〈http://pssj.info/program_ver1/program_data_ver1/47/ws/〉, 2024年9月13日閲覧。）
6）宮脇理「本書への接近—解題にかえて」,リード,前掲 註1）, pp. 354-373.
7）私はハーバート・リード研究の専門家ではなく,ここでリード研究を展開する意図は全くない。自身の教育実践論を展開するうえで,リード-小野-宮脇の主張を都合よく活用しているだけである。リード研究について包括的に知りたい場合は,山木朝彦による「芸術による教育とハーバート・リード研究の現在」（ハーバート・リード『芸術による教育』付録,フィルムアート社,2001, 2021）を参照することをお勧めする。
8）直江俊雄「美術教育者と研究技法」美術教育学叢書企画編集委員会編『美術教育学 私の研究技法』学術研究出版, 2022, pp. 8-24.
9）本章は学会誌投稿論文ではないので,前著で示した「投稿論文を世に出すためのチェックリスト試案」（直江,同, pp. 18-22.）には必ずしも従わず,自由に,より楽しんで書いている。
10）本章では,教育を行う専門家について,抽象的な役割として述べる時には「教育者」,実際に授業を実践する場での役割として述べる時には「教師」を用いる。なお,学習者については,児童,生徒,学生,受講者など場面によって多様な呼び方がありうるので「学習者」で統一する。
11）直江,前掲 註8）, pp. 9-10.
12）大泉義一「図画工作・美術科の授業研究 教師の発話に関する研究をめぐって」美術教育学叢書企画編集委員会編『美術教育学 私の研究技法』学術研究出版, 2022, pp. 126-136.
13）リード,前掲 註1）, p. 335.
14）同, p. 34.

創造的な居場所としての造形絵画教室の構想と，活動過程の理解に向けて

栗山 誠
KURIYAMA Makoto

1………私の教育実践の始まりと研究への思い

(1)造形絵画教室の子どもたちとの出会い

　午後2時過ぎ，学校や幼稚園を終えて，子どもたちが教室へやってくる時間である。絵の具を溶いたり画用紙を準備したりしていると，早めに来た子どもたちが「今日は何つくるの」と言って寄ってくる。そして，その日，幼稚園や学校であったこと，友達のことなどを話してくれる。小学生の中には疲れた顔で無言のまま教室に入ってくる子どもや，入るなりすぐにゲーム機を鞄から取り出し始める子どももいる。幼児期の子どもの中には母親に甘える姿や，友達と喧嘩をして泣きながら教室にやってくる子どももいる。筆者が美術教育者として子どもへの実践を始めたのは，幼児・児童を対象にした，こうした課外の造形絵画教室からであった。教室では，朝からの学校，幼稚園のスケジュールを終えた子どもたちが肩の力を抜いてより自分らしい姿で，自分の感情や興味に素直になっている様子が見られた。

　始めた当時は，学校週5日制，授業内容の合理化にともない，図工・美術科の時間がそれまでと比べて大きく削減されようとしていた頃で[1]，学校外の美術教育の重要性，可能性が注目されていた時期であった。そのような中で，筆者は美術教育学専攻の大学院を修了し，学校の外で子ども（特に幼児・小学生）が主体的に創造的な活動を楽しめる場を作りたいと思い，まずは幼稚園の空き教室を借りて教室を開いた。

(2)創造的な居場所としての造形絵画教室の着想
①創造的な空間とは

　始めた頃の教室では，幼児・低学年・高学年の各クラスに，筆者の方で毎回のねらいを定めて，活動のきっかけとなるテーマや材料を提案するという，学校の授業と同じようなスタイルで行っていた。また，一クラス12名程度の少人数で行い，様々な状況・状態の子どもを想定し，それぞれが自分なりに創作活動ができるよう，毎回複数の教材・材料を準備し対応していた。

　このようなスタイルで始めた教室の2年目が終わる頃，やり方を見直すきっかけとなる出来事があった。1年前から教室に通っていた小学校1年の女児は，これまで，よくカラーペンで細かい描写

で物語風に絵を描いたり,意欲的に制作に取り組んだりしていたのだが,ある時期から何も作らずに帰っていくことが続くようになった。ただ,何も作らないけれども,誰よりも一番長い時間,教室に居ることが多かったのである。そして,油粘土で何か作ってはすぐに壊したり,紙を刻んで集めていたり,窓の外をぼーっと眺めたりしていたのであった。また,学校の勉強や友達のこと,塾や母親に対するグチなどをよく話すことがあった。筆者は,次の準備をしながら横にいて話を聞いていたが,その時この子どもにとって,今,ここが,居心地のいい場所なのかもしれないと感じた。つまり,素材に感覚的に戯れていること,自分の素直な思いを聞いてくれる人がいること,様々な素材を自己の決定で自由に扱えること,いつでも創ることができ,壊すことも許される空間であること,時間に制約されないことなどが,この子どもを生かしていたのではないかと思われた。

　学校でもなく家庭でもないこの場所の意味は何なのだろうか,もしくは,学校と家庭の要素を併せ持つ場として何が必要なのか,学校の図工の補足的な役割で良いのか。そんなことを考え始めていた頃,毎週1度だけ会うこの女児との時間の中で,改めて創造的な空間の意味について考えさせられた。創造的な空間とは,今,女児と共有しているこの時,つまり,作らなくてもよい余地を残すほどに自由な空間,しかし作りたい時にはいつでも活動できる可能性のある空間を指すのではないだろうか。当時,この女児に限らず,子どもたちは,生活や学校の様々な場面で,何かを作り出しかたちにすることを焦らされ,疲れているようにも感じていた。時間がないので自分の感覚や感情に妥協した表現活動を日頃繰り返すことに慣れてきているようにも思える。本来,子どもたちには,自分のペースで素材に感覚的に関わり,自分なりの方法で試行錯誤できる時間と空間を評価の視線なしに保障する場が必要であると感じていた。

　そうして,毎回の一方的な教材や時間設定を見直し,子ども一人一人に寄り添うような柔軟な方法を模索した。また,これまでの幼稚園の貸し教室では,活動を行う上で時間や環境に制限があったので,自由に時間と空間を使えるよう,地域の貸店舗を借り切り,研究を兼ねた実践的なアトリエ教室,すなわち「居場所としての造形絵画教室」を開設することに踏み切った。

②主体的に活動できる環境／可能性のある空間

　筆者は当時,幼稚園で正課の時間に多人数を対象とした設定(一斉)保育をする機会があったが,そこでは子どもが同じテーマで活動していても,各々の思いやこだわりが異なり,的確な援助ができていないと感じていた。大半の子どもが楽しく活動する中で,受け身的になってしまう子どもが存在し,その対処法を模索していた。そこで,新しく始めた造形絵画教室では環境の工夫によって,すべての子どもが主体的に素材や描画材に関わり,自ら活動の方向を決定し,創作の中で「自分らしさ」を追求できるようにすることを目指した。

　例えば,物的環境の面では,a.子ども自ら必要に応じて自由に使用できる道具・材料棚の設置(図1),b.様々なイメージを発想し,制作物について探求できる資料・絵本部屋の設置(待機室を兼ねる)(図2),c.子ども一人一人の作品が常に飾ってある壁面(図3),d.自分のやり残した制作物やサンプルを置いておく場所の設置(図3),e.いつでも自由に描くことができる壁面「らくがき黒

板」の設置(図4)、f.好きな時に自由工作ができる「素材Box」の設置(図5)、などを配備した。こうした環境は、当時、小学校・幼稚園の研究会で見学した教室の様子やフランスのフレネ学校[2]に視察に行った時の環境を参考にした。教室環境に入ること自体が、それまでの自分を更新していく装置的な場所になればと考えた。

図1: 材料や素材が置いてある棚

図2: 資料・絵本の部屋

図3: 自分の作品が飾られる壁面。
その下に制作途中の作品が置けるテーブル

図4: 自由に描いたり貼ったりできる「落書き黒板」

図5: 素材Box

図6: 各自の計画に沿って活動する高学年クラスの様子

子ども達は決められた曜日の放課後にこの教室に来て、描いたり作ったりすることを楽しんだ。人的環境の面でいうと、筆者（と補助スタッフ）は、毎回、子どもの発達や興味・関心に基づいて教材・環境を提案し、それぞれの探究を広げていけるような言葉をかけたり必要な援助をしたりするなど、ファシリテーター的な役割を担っていた。子ども達はあらかじめ準備された材料の他、図1の棚に置いてある道具や素材を自ら選んで、自分なりのやり方を模索できるようにした。また自分で何か作りたいことや描きたいことがあれば、それを優先して取り組んでもよいルールを作り、一人一人の興味・関心からくる意欲を優先した。すると、それぞれの生活の中で見つけたことをテーマにして創作活動をしたり、友達の活動に興味を持ちながらそれを共に発展させるなど、様々な展開があった。高学年クラスではほとんどの子どもが、「今日はこれをする」と言って計画図を筆者に見せた後、自分なりの制作目標を持って、描いたり作ったりの活動をすることが多くなった（図6）。

③自分が認められる空間／安心して表現できる空間

　子ども達は、制作の過程を楽しみ、自分なりに納得がいく作品ができた時には早く持ち帰り、家の人に見てもらいたい、褒めてもらいたいようであった。ただ、中にはお気に入りの作品ができても、家の人に廃棄処分されるから置いておきたいという子どもも一定数いたので、教室の壁面にはその時期にできたすべての子どもの作品を掲示することにした（図3）。すると、子ども達は、毎回、教室に入るなり自分の作品を確認したり、友達や異年齢の子どもの作品から次への制作イメージを膨らませたりするなど、鑑賞を通した相互影響が見られた。また、やり残した途中の制作物を置くコーナーを作り、いつでも続きができるようにすることにより、前回の続きを行うことを楽しみにする子どもや、友達の制作過程を見ることが、次への意欲につながっている様子も見られた。

　このように、環境設定によってお互いの良さを認めたり、自分の作品を確認したりする機会を作ることにより、子ども達は、ここは「自分の場所」と安心して活動を楽しむことができたと思われる。

(3) 教室の限界と他者への理解を求めて

　このような教室を主宰する中で筆者がいつも感じていたことは、子どもが教室に入って来たときの表情と、活動を終えて帰っていく時の表情が明らかに違うということである。まるで生活時間から切り離された造形絵画教室という「基地」の中に入り、出ていくときにはエネルギーが充電され、前向きな気持ちに満ち溢れているようでもあった。安心して自己表現ができる環境の効果もあるが、それだけでなく、子どもの心情をプラスに変えていくと思われるアート自体の特性も要因として挙げられよう。筆者はその不思議さや凄さにいつも素朴に感動し、その重要性をもっと理解したい、そしてとにかくこの時間を子どもに保証していかなければならないと思わされた。また、子どもが落ち着き、元気よく帰っていく姿を見ると、夢中になって物に向き合い続け、何かを創造していく体験は、その時間だけでなく、その後の生活においても自信や期待感をもって意欲的に環境や人に関わっていく態度や自己肯定感を育てることにつながるという意味で生きる力となっていると思われた。

　しかし、充実感で目を輝かせる子どもが退室する時、教室に迎えに来た保護者は、「今日は何

作ったの?」「何を教えてもらったの」と子どもに聞くことが多く,常に何か見える成果や技能の習得を期待しているようであった。筆者は子どもがどのような活動をしていたのかを手紙や口頭で具体的に説明するのだが,一見,意味不明な活動痕跡のみを目の前にした保護者に対して,活動過程の子どもの気持ちの高まりや目の輝きの意味を十分に伝えることは難しいと感じていた。それは,その場に居合わせない者にとっては理解するのが難しいことである。このような経緯から,夢中になる造形活動の過程で,子どもが体験していることや,子どもの内部に起こる出来事を解明し,その面白さをそこに居合わせない他者と共有していく必要性があることを感じるようになった。結果や作品作りのみに注目しがちな美術表現の領域において,活動過程の子どもにとっての意味や重要性は,保護者だけでなく,保育者や教師にも十分理解されていないことが多いということも感じていた。それを伝え,共有することは,子どもの造形表現を支え,育てていく上で大切なことである。

　以上,環境面から,子どもが安心して主体的に造形表現ができる場について考え,実践してきたことを述べた。それは学校外の造形絵画教室の場が子どもの居場所となるための取り組みであった。そして,その中で子どもが夢中になるアート活動自体の意味を解明していく必要性に迫られ,筆者の中で新たな課題が生まれた経緯を述べた。この課題への取り組みについては次の第2節の後半で説明する。

2………私の研究と教育実践歴　これまでと現在

(1)「居場所」と「美術」への思い
　ここでは,なぜ,上記で述べてきたような教育実践をしたのか,「居場所」というワードに注目しながら,時代背景や筆者自身の体験のつながりを確認する。「居場所」という言葉は1980年代,学校に行かない子どもたちが目立ち始める頃にマスコミにしばしば登場するようになった[3]。当時は「学校以外の行き場」として,居場所という言葉が使われていたが,1992年,文部省関係が「学校も心の居場所となるように」[4]という視点を打ち出し,学校も含めて,心理的な側面から居場所論が語られるようになった。その後,少年事件やいじめによる自殺が多く社会で騒がれるようになり,その中で居場所という言葉は自分という存在の在処(トポス)を示そうとする,存在論的な次元で用いられていた[5]。

　筆者はちょうどこの居場所というワードが注目されてきた頃に,中学,高校,大学時代を過ごしたので,自分の問題としても関心を強く持っていた。1990年前後に大学で社会学を専攻し,創造的な「遊び」や学校制度の問題について研究をしていた一方で,絵や音楽の創作に時間を多く費やしたり,アルバイトで保育園の子どもと関わる機会を持ったりしていた。そこで経験した創作過程の「自分の時間」や「子どもの時間」は,受験競争を通して自分の身に染みついていた自己喪失感や能力主義的な思考から開放される時間であり,自分を取り戻す時間のようでもあった。このような時間を生活の中に確保することは,自分だけの問題ではなく,同じ社会にいる子どもたちが自己肯定感を保ちながら生きていく上で大事であると感じていた。

大学卒業後は幼児施設や幼稚園の講師をする中で,日常的に子どもの生活や遊びに寄り添いながら,その目線で時間や空間について考える機会を得た。またその頃に,V.ローエンフェルド[6]やJ.デューイ[7]などの思想に出会い,子どもの描画活動や造形的な遊びを人間の成長と結びつけて考察するようになった。そして,幼稚園に勤務しながら,大阪教育大学大学院で美術教育学を専攻し,「美術」と「教育」についてさらに深く学ぶことになったが,特に,花篤實先生[8]の研究室では,乳幼児の造形活動や物に関わる遊びについて,その発生や活動過程に注目していくことの重要性を学び,以降の自分の研究の視点となった。そこでは,生まれた時には白紙状態の子どもが,外界の刺激に反応したり,人や物に自ら働きかけたりしながら固有の「自分」を認識し,自分の世界を作っていく事例などを多く収集することができた。

　このような経緯から,筆者の中では「美術」の場と「居場所」の概念は,自分のありようを肯定し,世界とつながる場／時間として,つながっていたと思われる。今回テーマに取り上げた,幼児・小学生対象の造形絵画教室にこの「居場所」という言葉を使用したことも以下のように考えているからである。子どもは土や紙,絵の具などの物や環境に関わる中で,自分の感覚や感情に素直になり,素材と関係を持ちながら,言葉で表現できないような内的感情や思いを,色や形で視覚的に実現(外在化)していこうとする。その行為(身体)や目の前に現れる状況において,自分への新たな気づきがあったり,自己を拡張したりしていると考える。そういう意味で,創造的な活動の場は,子どもにとって,「自分らしく表現する喜び」を実感できる場であると同時に,自分の存在が確認できる場所,時間,つまり居場所でもあると思われる。

(2) 実践の中で認識された新たな課題を研究として深める
① 遊び活動への注目

　ここでもう一度,アート活動を終えた後の子どもが自信に満たされて家に帰っていく様子を思い返したい。作ったり描いたりすることに夢中になって楽しむ活動過程で,具体的にはどのようなことが子どもに体験されたのだろうか。子どもの中で何が起こっているのだろうか,それを解明することは,子どもにとってのアート活動の面白さ(＝リアリティ)を理解することでもあり,造形的な表現に消極的な子どもを励ましたり,支援したりする上でも有効である。また,活動過程の場にいない他者に,子どものリアリティを伝えることにも有効であると思われる。造形絵画教室で感じていたこの課題は,教室運営を辞めた後も,幼稚園の子ども対象の保育実践の中で探究してきた。

　しかし,どのような方法で活動過程における子どもの体験やその意味を捉え,記述説明できるのかが問題であった。筆者は幼稚園で造形の保育を定期的に行う機会があったが,単に楽しい活動の実践を積み重ねるだけでは,この問題を解決することは難しかった。そこで,造形に限定せずに,子どもの遊びや生活の様子を観察する中で見えてくることを探ることにした[9]。そうした観察の中でまず注目したことは,「遊びや造形を楽しんでいる子どもの活動は継続されている」という当然の事実である。この継続の要因を考察することが,活動過程の理解につながると考えた。例えば幼稚園

の園庭で遊んでいる子どもは,至るところで自発的に,興味・関心から何かを見つけて遊び始めるのだが,すぐに「やめた」と活動を終えることも多い。一方で砂場遊びなどでは1時間でも2時間でも没頭して遊び込むこともある。つまり,「心が動く」きっかけがあり,何か特定の遊びが始まったとしても,すぐに終わることもあれば,数時間継続する場合もあるのである。その違いを推測すると,継続する遊びの過程では,「心が動く」きっかけが連続的に訪れるということもできる。つまり,興味あることや関心のあることが生まれ続けたり変化したりして,「心が動き続けている」ということになる。では,何が子どもの心を動かし続けているのだろうか。造形的な活動の場面では,子どもはまず目の前のモノや環境に関わるが,その関わりに応じて変化する状況を認識あるいは知覚することにより,感情や感覚が刺激され,さらに活動を広げ進めると言える。自己の動作の結果が,次への行動の始まりになっているという継続の循環プロセスが,描いたり作ったりしながら次々に内容を展開させていく活動の過程にみられることである。そこでは,視覚的な要因と,イメージや情動に関する要因が,心を動かし続けていると考えることができた。

②活動過程の研究へ

　さて,一定の時間「活動が継続される」とき,そこには活動の流れを作る文脈が存在することに気づかされる。子どもが関わっている「今,ここ」の出来事は,必ずその前の事象から引き継がれ,後の活動につながっていくという,文脈がある。そこで,筆者は,楽しんで描き続ける幼児の描画過程を対象にした研究で,「視覚的文脈」と「物語的文脈」が絡み合いながら流れを作っていると仮定し,その二つの文脈を分析の枠組み（フレーム）として,活動を観察記録してきた[10]。少し説明すると,「視覚的文脈」とは,子どもが描画に関わる時,偶然あるいは意図的に描いた,線や形の痕跡や隙間（空間）が,次への描画行為に影響を及ぼすという流れであり,「物語的文脈」というのは,描く中で沸き起こるイメージや感情が次の行為に連鎖的に繋がっていくという文脈である。

　この二つのフレームを手掛かりにして,幼児期の様々なタイプの描画過程を記述する中で,子どもが感じる面白さ（リアリティ）とは何かを垣間見ることができたと思われる。つまり,例えば一枚の画用紙に絵を描く過程では,部分と全体の意識と関連して,画面上に新たな意味が生まれたり融合したりして,それが次々に変化し,子どもにとっての物語が展開される様子が捉えられた。それは描画後の作品に意味付けられる内容とは異なる内容が,描画過程では展開されていることが多かった。また幼児期の子どもは,動くイメージや時間の経過を,画用紙という物理的な制約にこだわらず,身振りや発声なども一緒になった表現で自由に展開させている様子も見られた[11]。まさに感情や感覚が動き続け,迫真性のあるリアリティの体験であるとも言える。以上のことは,幼児期の描画過程の研究であるが,物に関わる造形的な活動過程や他年齢にも重なるところがあると思われ,現在も,研究を続けている。

3……… まとめとして　私の実践技法と研究

　ものと関わり夢中になる子どもの目前に,次々と自分なりの意味が立ち現れたように,筆者自身の教育実践過程でも,日々子どもと関わる中で新たな気づきや課題が起こり,それに対処しようとしてさらに異なる意味や課題が発現するという繰り返しがあった。ただ,一貫していることといえば,子どもが安心して自己表現を楽しみ,自分の存在を感じながら世界を広げていく「場」(居場所)の模索と,アート活動の「時間」に何が起こっているのかの探究であった。子どもにとっての大切な「場」と「時間」を保障したいという思いが,実践や研究の動機となっていたと思われる。そうしたことは,筆者自身が体験の中で感じたことが元になっており,その関心事が,生涯を通して実現されてきた過程であるともいえる。

　さて,子どもの活動やそこで起こる出来事を全て理解することはできないが,子どもと時間・場を共有する実践者の立場でできることは何だろうか。それは,子どもが向く方向を子どもの高さで共に見る,子どものテンポ(時間)に合わせる,子どもと視線や表情を交わすことができる,長期間子どもと関わることができるなどである。そうすることにより,客観的データからは見えない,些細な子どもの言動の意味が理解できることがある。私の教育実践技法とは,そのような姿勢が根本にある。それは大学院時代に,乳幼児のあそびの発生やその過程を,子どもの内に流れる時間に合わせてみていく観察の技法から学んだものである。

　そのような方法で子どもの活動を見ていくと,一見何も問題ないと思われる日常活動や現象についても,本質が見えてくることがある。今回紹介した,描画を楽しみ描き続ける子どもの活動過程に焦点を当てた研究では,楽しむ活動は「継続している」ことや,「継続には文脈がある」ことなど,普段の遊びの中では当たり前と思う点に注目した時に,初めて,夢中になる子どもの経験について深く理解することにつながったといえる。

［参考情報］

Howard Gardner, *Artful Scribbles: the Significance of Children's Drawings*, Basic Books, 1980,（H.ガードナー『子どもの描画〜なぐり描きから芸術まで』星三和子訳,誠信書房,1996）
子どもが主体的に描きながらイメージを広げていく描画に注目した研究が紹介されている。

津守真『子どもの世界をどう見るか　行為とその意味』NHKブックス,1987．
子どもに寄り添いながら丁寧に描画過程を観察記録している。

茂呂雄二『なぜ人は書くのか』東京大学出版会,1988
書くこと,描くこと,語ること,身振りすることが一体となった表現や,子どもがどのようにシンボルを使用するのか,発生的な表現を考察する上で参考となる。

［註］

1) 1992年から隔週で学校週休2日制が実施されるところもあった。1998年の学習指導要領ではゆとり教育の流れの中で学校授業時間数が削減され、図画工作科の時間数は上学年に進むほど削減された。筆者が造形絵画教室を始めたのは1995年度からである。1999年に大阪市内に独自に教室を開いた。
2) フレネ教育はフランスの教師であったセレスタン・フレネ（Celestin Freinet, 1896 - 1966）が自身の勤める公立学校で始めた教育。子どもたちの生活や興味から出発した自由な表現による学習を重視しており、自分で計画を立て協働しながら学習を進めるという方法が特徴である。
3) 萩原健次郎「子ども・若者の居場所の条件」、田中治彦編著『居場所の構造』学陽書房,2001,p.51.
4) 萩原健次郎,前掲書,p.65.によると,文部省研究協力者会議は1992年3月に「登校拒否問題について」最終報告書をまとめ、そこで「心の居場所」と言う視点を打ち出した。
5) 萩原健次郎,前掲注3）, p.53.
6) Lowenfeld, V.,1947, *Creative and mental growth*.New York,Macmillan（『美術による人間形成』黎明書房,1995,竹内清・堀ノ内敏・武井勝雄 訳）
7) Dewy, J.,1988, *Experience and Education. In John Dewy the Late Works*, Vol.13, Carbondale: Southern Illinois University Press.（『経験と教育』講談社,2004,市村尚久 訳）など
8) 筆者は1993年から1995年に花篤實研究室に所属し,幼児期の触覚的活動と教材について研究をしていた。
9) 津守真は『人間現象としての保育研究』（1974,光生館）の中で,観察は,観察者の一方的な作業ではなく,観察者の心が惹きつけられるものに出会うまで,その場面に身を置いて待つことが必要という（pp.4-6.）。筆者もこの方針に切り替えて観察を行った。
10) 栗山誠「図式的表現期におけるこどもの画面構成プロセスの研究」風間書房,2017,pp.123-155.
11) 栗山誠「図式期における子どもの描画構成プロセスの研究−視覚的文脈と物語的文脈に注目して−」『美術教育学』第33号,2012,p.189．その他、栗山誠「図式期における子どもの描画過程にみられる「動きのイメージ」〜視覚的文脈と物語的文脈に注目して」『美術科教育学』第34号,2013,pp.177-189.

鑑賞と授業が苦手な私が実践研究者になるまで

小口あや
KOGUCHI Aya

1………私の教育実践ハイライト

　教育現場は,実践と研究の素材の宝庫である。筆者は小学校教師をしていた時に美術科教育学会に入り,発表をするようになった。自分の鑑賞実践で得たものが非常に大きく,自分の中だけで留めてしまうのは勿体無いことではないか,多くの実践者や研究者と共有した方が良いのではないか,と考えたからだ。本稿ではまず,その時のことから述べていきたい。

(1) 実践での発見

　小学校三年生の担任をしていた時のことだった。休日,筆者はのんびり漫画を読んでいた。傍らには,自作した鑑賞おもちゃがあった。児童が絵に親しめるように作った簡単なおもちゃで,既に遊び終わって教室から引き取ってきたばかりだった。
　この鑑賞おもちゃは,A4サイズの透明なプラスチック製カードケースで作成した。カードケースは三枚あり,それぞれに絵本『ぐりとぐら』の一場面,鳥獣人物戯画の一部分,長谷川等伯の「枯木猿猴図」のカラーコピーを挟んでいた。いずれも動物が出てくるという共通点があった。児童が遊び終わったことで,そのカードケースには吹き出し型のシールがたくさん貼られており,それぞれのシールには絵を見て児童が感じたことが,児童の手によって書かれていた(図1)。

　このおもちゃは,授業のためのものではなく,休み時間に遊ぶためのものとして筆者が作ったものだった。朝の会で遊び方を含め紹介すると,うれしいことに早速その日の休み時間には児童の何人かが三枚のカードケースの前に集まっていた。
　遊び方は簡単で,「①カードケースに挟まれた好きな絵を見る」「②絵を見て感じたことや思ったこと,考えたことをシールに書く」「③シールをカードケースの任意の場所に貼る」というものだった。「シールを貼る」という児童が大好きな活動を取り入れることで鑑賞活動に親しめれば,と考えて作成したものであった。
　今でもありありと思いだせる発見の瞬間は,読んでいた漫画から目を外し,遊び終わったその三枚のカードケースを何気なく見た時に来た。最初は「何かが引っかかる」程度だったが,その気付き

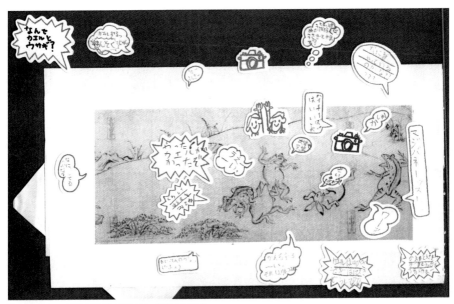

図1: 吹き出しシールが貼られた手製の鑑賞おもちゃ（鳥獣人物戯画）

は大切にした方がよいという気がした。自分はこれらのカードケースの何に引っかかったのか？先ほどの自分の感覚と思考を振り返りながら、カードケースを手に取り、改めて見つめた。

　気づいた瞬間、ものすごく驚いた。私が先ほど引っかかったのは、そのカードケースと筆者が知っているいくつかの漫画の共通点であり、美しく感じてしまうほどの法則性だった。

　カードケースに貼られたシールの記述は、二種類あった。一つは作品の中の登場人物が話している（あるいは作品の中で聞こえるとも言える）言葉で、シールは絵の中に貼られていた。もう一つは作品を見ている鑑賞者である児童の感想で、シールは絵の外側にあった。それら二種類のシールが、貼られている場所が分かれていることに気付いた。

　これと同様の表現が、他の漫画作品、例えば鳥山明『ドラゴンボール』や山岸凉子『ヤマトタケル』などにもあった[1]。図2は、その状況をここで示すために描いた筆者による漫画のコマである。登場人物が話した（作品世界で聞こえるとも言える）言葉はコマ内の吹き出しの中に、そのコマを見て作者が思ったこと（言葉）が作者による手書きでコマの外に書かれている。筆者がそれまでに目にした様々な漫画のコマには、このような表現があった。

図2: 漫画のコマの内外の言葉の例

　カードケースにしても漫画にしても,作品内で聞こえる,あるいは発せられる言葉や音は作品の中に示され,その作品を見ている者の思考は作品外に示されていた。これは,作品鑑賞時の何らかの法則であると考えられた。

(2)実践のための研究

　その後,この法則を授業実践に落とし込むため研究をしようと思い,このことに関連する文献を探した。すると,この二種類の言葉の存在については夏目房之介[2]が,その発話水準については内田樹[3]が,それぞれ自分の著書で述べていた。筆者にとっては,夏目房之介は漫画についての記事を新聞で連載していた「面白い人」であった。そして内田樹は,世の中の様々な現象をどのように捉えるとよいかということを哲学者の話を通して教えてくれる「頼りになる人」であった。筆者にとっての「面白い人」「頼りになる人」が応援してくれているように思えた。

　助言や励ましをくれる人は,他にもたくさんいた。というよりも,そういう人たちと一緒に作り上げた実践であり,研究であった。最初に助言をくれたのは,次の年に受け持った児童だった。次の年も三年生の担任だった。まず筆者が見つけた法則を本当に授業に反映させてもよいのかを確認したいと考えた。

　そこで,見つけた法則を生かして鑑賞のワークシートを試作した。作品の中で聞こえる言葉や音を作品の内側に,作品を見て鑑賞者が考えたことを作品の外側に分けて記述するようにした。内側に書いた作品中の言葉や音は,作品の内容を掴むことにつながると考えた。一方,外側に書いた作品を見て考えたことは,主に作品の表現を掴むことになると考えた。

　試作したワークシートを児童に見せて,「みんな(児童)が鑑賞を楽しめる教材を作りたいので,協力してくれませんか」と頼んだ。何人もの児童が,試作品のワークシートで休み時間に作品鑑賞をしてくれた。しかし,最初に作ったワークシートでは,期待する場所に期待する記述は得られなかった。そこで,そのワークシートで得られた記述を分析し,期待する結果が得られなかった理由を

探った。

　解決のための糸口となったのは，三浦つとむの「観念的自己分裂」の考え方だった[4]。これは，大学の美術教育の授業で学び，かすかに覚えていたものだった。それを思い出すと，慌てて再び大学時代の教科書を読み直した。それは大学時代の恩師が書いた教科書だった[5]。そこにはヒントとなる考え方がたくさん載っていた。恩師は，筆者が成長してからその価値がわかる贈り物をしてくれていたことに気付いた。

　修正したワークシートができると，児童にこれを使って鑑賞をしてもらえないかと再度頼んだ。児童は筆者の願いを受け止めて，よく付き合ってくれた。このワークシートはねらい通りの結果を得られた（前回失敗したのは，吹き出しの向きが原因だった）。さらに，児童は「この言葉はこの活動の後に考えた方がやりやすい」等，実際に使った者ならではの助言をくれた。ワークシートだけでなく，それを使った指導の方法についても考えていたのでありがたかった。最終的にできたワークシートとそれを使った指導の方法は，直接的にせよ間接的にせよ，児童や様々な立場の大人と共に作ったものになった。後日，協力してくれた児童の授業で，このワークシートを実際に使って感謝の気持ちと共に鑑賞の授業を行った。

　ワークシートはA4サイズ一枚の中に，一時間分の鑑賞の授業での活動とその順番を全て示した。活動の流れとしては，最初に作品の中で聞こえてくる音や言葉を想像し，中央の楕円形の吹き出しの中に書く。次に作品を見て気付いたことを，外側の四角い吹き出しの中に書く。吹き出しは小さいので，短い言葉でよいとした（図3）。そして最後に感想としてまとめを文章で書くようにした。

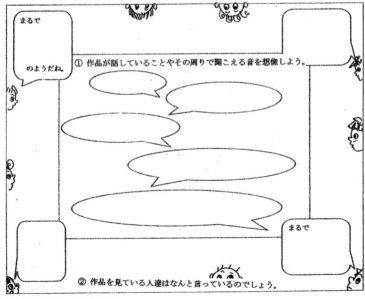

図3: 作成した鑑賞ワークシート（部分）

これは,当時,筆者やその他の教員が持っていた鑑賞指導に関する問題の解決策の一つとして提案できるものであった。筆者を含めて,鑑賞指導とはどのように行えばよいのか,何を学ばせればよいのかについて困っている小学校教員が多かったように思う。だから,ワークシートを作っている時,これは自分以外の教員が行う授業の助けになるという確信のようなものを感じていた。だから,このワークシートはこの法則に気づいた自分が何としても作らなければならないのだという使命感があった。

　授業実践によって,新たに分かったことも出てきた。作品世界に想像的に入り込んでいる児童のグループがあったのだが,途中からその会話を聞くと,その児童たちの話していることが理解できなかった。一方,作品の表現について話している児童のグループもあった。その児童たちの話していることは,途中から聞いても理解できた。これは,前者は感情移入的で主観が強く,後者は批評的で客観性が強かったからだと考えられた。児童の言動に着目することで,さらに解析することにつながっていったが,このようなことは初めてであった。「次は何が見えるのだろう」と,実践と研究を繰り返しながらわくわくしていた。実践のために研究をし,研究のためにも実践していた。筆者にとっては,両者は二つで一つだった。

　一通り終わってから,再び鑑賞のおもちゃを作った。これは,実践と研究の成果を使ってみたかったことの他に,協力してくれた児童へのお礼の意味もあった。授業とは別に,児童が普段の生活で美術を楽しむことができるものもつくりたかった。だから,おもちゃにして児童の前に出した。多くの児童が遊んでくれて,できたワークシートを製本して絵本のようにした。それが図4である。筆者の宝物の一つである。

図4: 二回目に作成した鑑賞おもちゃを製本したもの

(3) 実践を広げるための研究

　最初の法則の発見とそれを落とし込んだ実践，そしてその根拠となる他の様々な研究を関連付けてまず報告したのは，恩師である大学教員や小中高の現場で働く教員で構成された美術教育の小さな研究会だった。偶然見つけた鑑賞の法則やその後の実践で得たもの，研究をしてわかったことがあまりにも大きく，自分の中だけに留めてよいものとは思えなかったからである。

　研究会に集まった研究者や教員からは，広く深い知見の中から筆者に必要な助言をいただいた。研究者からは，考えを構築するための助言をいただいたことで，世界の広さと深さ，細やかさが見えてくるようになった。教員からは，実践経験から予想される問題とその解決策についての助言をいただいたことで，具体的で現実的な指導として考えることができた。先の実践は，途中からこれらの助言も踏まえて行われた。そのうちに，この鑑賞実践を他の学校や教員においても実現させるための研究となっていった。そして，さらにそれを筆者とは直接の接点を持たない時と場を過ごす人々に届けたいと思うようになり，学会誌に論文を投稿してみたいと思うようになった。

　論文に載せるための資料として，漫画作品[1]も必要になった。そこで，出版社（集英社，潮出版社）に連絡をし，許可を頂いた。潮出版社では直接対応してくれた担当の方が，許可の連絡と一緒に「（山岸）先生が，面白そうな論文ですねとおっしゃっていましたよ」と教えてくれた。昔から愛読していた作品の作家からもらえた言葉だったので，非常にうれしかった。

　こうして色々な人から応援してもらってできた論文の最後のページには，気持ちを込めて謝辞を書いた。一般的な言葉で書いただけではあったが，本当にありがたい気持ちでいっぱいだった。そして，生まれて初めて論文を学会に投稿し，査読が通り，学会誌に載った[6]。自分の書いた文章が，分厚い学会誌に載っているのを見て何とも不思議な気持ちになった。学会誌には，他にも色々な論文が掲載されていた。学会誌の分厚さに，美術教育の世界の広さや深さが現れているように感じた。そのうちの一部分が自分の論文だったのである。それが不思議であった。

2………苦手なものから得た実践と研究の土台

(1) 分からない美術

　小学校教員になりたいと考えるようになったきっかけは，小学校六年生の時の担任の先生との出会いである。この先生は，図工（美術）の素晴らしさを授業だけでなく，日々の様々な場面で教えてくれた。その後，中学校でも美術の先生に恵まれた。先生たちは，美術を教えることを通して私に人間や世界の豊かさを教えてくれた。

　その後，教育学部の美術選修に入った。小学校の（図工の）先生か中学校の美術の先生になろうと思ったのである。そこで，今でも忘れられない二つの課題に出会った。それは一年生で最初に出された課題で，指定された展覧会に行ってレポートを書くというものであった。

　示された展覧会はそれぞれ，茨城県近代美術館で開かれていた「20世紀絵画の新大陸:

ニューヨーク・スクール　ポロック,デ・クーニング…そして現在」(1997年),水戸芸術館現代美術ギャラリーで開かれていた「水戸アニュアル'97　しなやかな共生」(1997年)であった。そして,そこで出会ったのが抽象絵画とインスタレーションという表現方法であった。これらの表現を前に,私は頭を抱えてしまった。レポートに何を書けばよいのかまったく思いつかなかったのである。

　茨城県近代美術館で見た抽象絵画は,何が描かれているのかわからなかった。というか,何も描かれていないように見えた。ただ,ポロック(Jackson Pollock)もデ・クーニング(Willem de Kooning)も,大きなキャンバスを前に筆をたくさん動かしたようだというのは何となくわかった。だからきっとこの作品は素敵なのだろうと思うことにした。だが,その展覧会にはたくさん筆を動かしたとは思えない作品もあった。マーク・ロスコ(Mark Rothko)の作品などは,ただ色のついた四角形を並べただけのように見えた。これが困った。自分の中の美術の評価規準に,そういった作品に対応できる項目がなかったからである。他にもそういう作品がたくさん展示されていた。どう評価してよいかわからなかった。

　水戸芸術館で見たインスタレーションに至っては,美術として展示されている理由がわからなかった。美術館に行ってみると,白く細長い部屋の中央に,銀色のセロファンにくるまれた大量のキャンディが敷き詰められていた。鑑賞者は一人につき一つずつそのキャンディをもらうことができた。フェリックス・ゴンザレス=トレス(Felix Gonzalez-Torres)の作品であった。しかし,その作品はキャンバスに描かれているわけでも粘土で作られているわけでもなかった。しかも鑑賞者が作品に触ってよいし,さらにその一部を持って帰ってよいのである。これは,当時の私の中では美術の枠の中に入れることができないものであった。病室のように白く,奇妙な静寂が支配する部屋の中で,困惑するしかなかった。

　結局,どちらのレポートも,これらの作品は訳が分からないという気持ちを強く持ったまま,あやふやな感じで書いたと思う。レポートを書いている時だけでなく,その後もしばらくというかずっと分からないままであった。

　この大学時代の鑑賞体験から,鑑賞は苦手だとずっと思ってきた。小学校教員になってからも,相変わらず抽象絵画もインスタレーションもどのように捉えればよいのか,難しい問題として残っていた。しかも,大学で美術を学び続けた結果,美術作品には抽象絵画やインスタレーション以外にも難解なものがあり,さらに多様であることがわかってしまっていた。自分が好きだったり知っていたりする美術は,一部分でしかなかったことを思い知った。

　それなのに現在は鑑賞指導の研究をしている自分に驚きである。しかし,苦手であるからこそ苦手な人の気持ちも状況もわかるのだと考えるようにしている。しかも,鑑賞指導の研究をするようになってから,あの時,訳が分からないと思っていた抽象画をいつのまにか好きになっていた。フェリックス・ゴンザレス=トレスのキャンディのインスタレーションについても,様々な経験を重ねることで,あの時の静寂の意味も噛み締められるようになってきた。

　美術というものは,その時わからないことがあってもよいのだと考えるようになった。経験を積まなけれ

ばその価値が分からないこともある。美術はそういう面もあると思う。だから,美術作品の鑑賞指導は現在だけを見ていてはいけないと考えている。児童生徒がいずれ作品のことを分かる時,あるいはその作品を必要とする時が来た時に,よりよい鑑賞ができるような力をつけさせておくことが肝要なのではないかと考えている。

(2) 難しい授業

　苦手だったのは,鑑賞だけではなかった。授業をすることにも難しさを感じていた。無事に小学校教員になることができたが,一生懸命にやっても授業が満足にできることが少ないことが児童の様子から見て取れた。気持ちだけはあったのだが,どうしたらよいかわからなかった。もちろん授業以外のことも未熟で,色々なことが十分にできなかった。

　どうやって乗り切ったかと言うと,周囲の人たちの支援のおかげであった。常に先輩の教員に助けてもらっていたし,児童は下手な私の話を一生懸命に聞いてくれた。保護者からもあたたかい言葉をもらっていた。おそらく私が気がついていた以上に,様々な面でたくさんの教員,児童,保護者から助けてもらっていたはずである。

　そんな筆者でも,何年かすると授業をすることに慣れてきた。それに伴い,少し欲が出てきた。もっと根拠をもって指導したいと思うようになったのである。そこで絵画指導をする時に,大学の美術教育の授業で学んだことをもう一度振り返ってみた。教科書を引っ張り出してきて,読み直してみたのである。これが筆者の中で実践と研究がつながった最初の時であった。

　この時も,筆者が実践と研究をつなげられるように応援をしてくれた先輩の教員がたくさんいた。これも本当に幸せなことだった。何人もの先輩の教員が,やる気になった私に声をかけてくれ,励まし,とても親切に教えてくれた。あの教員たちのおかげで,美術教育に対してもう一歩深く踏み出すことができ,それが筆者にとって初めての美術科教育についての研究発表になった。学会に入ったのも,研究会に参加するようになったのもこれがきっかけであった。

　このころから,実践のために研究し論文を書くことで,一つの論を,事実をもとにしながら構築して示すことを学んだ。これは授業の組み立てと同じだと思った。おかげで,少しずつではあるが,毎回の授業の意味やそのための方法を,根拠をもって考えられるようになった。また,研究が進むにつれ,実践や研究成果をプレゼンテーションする機会も増えていった。プレゼンテーションの経験は,授業で児童にわかりやすく伝えるための工夫をする力になってきたと言える。児童にわかりやすく伝える工夫を,どのようにすればよいのかわかるようになってきた。授業のコツのようなものをつかむことができ,授業が大好きになった。自然に授業が充実し,研究と実践のつながりがより強くなっていった。

　その後さらにしばらくたってから,冒頭の法則の発見に至った。授業が下手な自分がこの法則を見つけたのは,何か意味があると感じた。授業が苦手な自分でもできるような指導方法を編み出せば,誰もが活用できる。だから,あの発見はそういう自分だからこそ託されたものだと思っていたし,だからこそ一生懸命に取り組むことができたのだと思う。

3………実践と研究をつないで教育現場へ

　小学三年生を対象に行った鑑賞実践とその研究の二年後に,図工の授業で協力してくれた児童を再び担当することになった。児童たちは五年生になっていた。最初の授業で,開発したワークシートと指導法で鑑賞の授業を行うと,驚くべきことが起こった。三年生の時の鑑賞であまり出てこなかった種類の意見が,五年生では数多く出てきたのである。

　それは,作品の色彩や構図等についての意見だった。三年生までは,作品世界に入り込んだような意見が多かった。作品世界に入り込んだ児童は,作品世界の文脈に則った意見を述べていた。しかし,五年生になった児童たちは,作品を作品として見た上での意見を述べ,より客観的に作品鑑賞をするようになってきていた。考えもしなかった児童の鑑賞傾向の変化に,「いつまで同じ場所にいるのか」と頬を殴られた気がした。

　慌ててまた大学時代の恩師が書いた教科書をめくってみると,多くの児童は小学校三年生終わり頃から四年生あたりで,描画の転換期を迎えることが確認できた[7]。五年生になって作品の目の付け所が変わったのは,これが関係していると思われた。児童は成長し,世界の見方を変えてきていた。これに合わせた鑑賞指導方法とワークシートを開発することにした。

　以前の指導方法とワークシート,鑑賞理論と比較してどこがどのように変わったのかを分析した。この頃の筆者には,研究と実践を関連付ける状況が作られていた。研究会に報告したり助言をもらったりしながら鑑賞指導の理論を構築した。それをもとに新しい指導方法とワークシートを作り,それで授業をした。授業は成功だった。そしてそのことをまとめ,学会誌を通して報告した[8]。

　大学に勤務するようになると,美術科教育現場での実践がたくさんはできなくなった。その時に声をかけてくれたのは,先の研究会の教員たちだった。ある人は中学校教員で,中学校全学年での調査と授業をさせていただいた。また,附属の小学校で一,三,四年生の調査を,附属の中学校では全学年分の調査をさせていただいた。これらの結果を,それまでの実践や研究と比較して分析をした。すると小学校一年生と三,四年生では,作品の見方が異なることがわかった。また,中学校二年生から,さらに作品の見方が変わることもわかった。加えて,勤務している大学生に対しても調査と授業をしてみると,中学校二年生とも違う見方をしていることが分かった。年齢ごとに次々と現れる鑑賞の仕方に,人間は世界の見方を変化させ最終的に増やしながら成長することを知った。それらの実践もそれぞれ研究論文にまとめ,学会誌で報告した[9][10]。

　ここまでの研究を,ひとまず冊子にまとめた(図5)[11]。教育現場から得た知見を教育現場に返したかった。冊子は,鑑賞することや授業をすることが苦手で困っていたかつての筆者のような教員に向けたものにした。そういう教員が,忙しい合間をぬって読めるようにイラストをたくさん使って,指導方法やその根拠,そのまま使えるワークシートを掲載した。

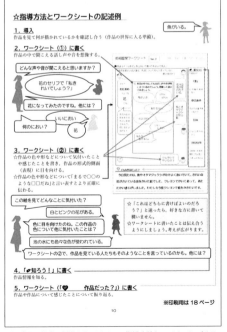

図5:『明日,鑑賞の授業をするあなたに〜指導方法とワークシート〜』より

実践の仕方も研究の仕方も様々あるが、筆者のやってきた実践と研究は、常に教育現場でつながっていた。そう考えれば、冒頭で述べたように、教育現場は実践と研究の宝庫になる。

　ただ、それを自覚するには、ある程度の実践と研究の経験が必要だと思う。だからこそ、ぜひ実践と研究を楽しんでほしい。楽しいことは長続きするからだ。そうやって実践と研究を楽しく誠実に続ければ、新しい世界の見方があなたの前に現れると思う。そうなったらぜひ、皆にその世界の見方を伝えてほしい。

　実践と研究をつなげられるようになったら、教員という仕事は段違いに面白くなる。実践と研究をつなげた授業が増えれば、子どもの頃の筆者のように美術の面白さを知る児童生徒も増えるだろう。そして、そういう授業を受けた児童生徒のうち何人かは、次の世代に美術の面白さを伝えてくれる存在になると思う。本稿は、このような思いを込めたものである。

［参考情報］

金子一夫『美術科教育の方法論と歴史〔新訂増補〕』中央公論美術出版、2003.
　実践を研究につなげ、研究を進める時に助けてくれる本である。教育現場に立つ人にぜひ手にとってほしい。

［註］

1) このようなコマの例として、鳥山明『ドラゴンボール13巻』集英社、1988年、p.154や山岸凉子『ヤマトタケル』潮出版社、2011、p.22を挙げる。これらは、後に筆者が書いた論文（註6）でも例に挙げた。
2) 夏目房之介『マンガはなぜ面白いのか　その表現と文法』NHKライブラリー、1997、pp.107-108.
3) 内田樹『街場のマンガ論』小学館、2010、pp.74-83.
4) 三浦つとむ『認識と言語の理論　第I部』勁草書房、1967、pp.22-31.
5) 金子一夫『美術科教育の方法論と歴史〔新訂増補〕』中央公論美術出版、2003.
6) 小口あや「児童の鑑賞行為に見られる内なる視点と外なる視点—感情移入的視点と批評的視点—」『美術教育学』第34号、2013、pp.191-203.
7) 金子、前掲 註5)、p.99.
8) 小口あや「児童の発達に伴う視点の上昇に基礎を置く鑑賞指導—内の視点的段階から批評的段階へ—」『美術教育学』第36号、2015、pp.165-178.
9) 小口あや「美術鑑賞における中学2年生からの自己の転換—観念的自己から現実的自己への転換—」『美術教育学』第40号、2019、pp.171-184.
10) 小口あや「美術鑑賞における小学校1年生と大学生の思考の軌跡—観念的思考と現実的思考の表れ—」『美術教育学』第41号、2020、pp.141-153.
11) 小口あや「明日、鑑賞の授業をするあなたに」2020.

この冊子は、平成31年度科学研究費助成事業（学術研究助成基金助成金）研究活動スタート支援「美術作品の内容と表現に関する思考の発達を基礎とした鑑賞教育方法と教材の開発研究」（課題番号19K20973）の成果の一部である。

本冊子を希望の場合は、小口の大学メールアドレス（aya.koguchi.art@vc.ibaraki.ac.jp）に、使用する方のご氏名・場所・目的等をご連絡いただいた後、商業利用でないことや出典元を明らかにしてご使用いただくことが確認できれば、PDFのデータを個別にお送りする。

ネットワークで創り出す教育実践研究

藤井康子
FUJII Yasuko

1………はじめに

　美術の体験を通して地域や身の回りのものの価値を理解する学習は子供の自尊感情や自己肯定感を育み,自分づくりへとつながり,未来の人づくり,地域づくりにもつながる。

　筆者は2016年より地域の学校と美術館,教育委員会等との共同研究に参画する機会をいただき[1],美術の体験を通して複数の教科をつなげ,子供の中で様々な学びがつながり広がっていく教育実践研究に取り組み始めた。異分野の研究者や専門家,他教科の教員等,価値観の異なる方々と議論を重ねて実践に取り組んでいる。

　学校現場と連携した研究では,学校の教育方針や子供の育ち,子供を取り巻く環境を踏まえた内容であるかどうかを重視している。これまでの経験から,学校の教育課題に即した研究テーマを汲み上げて取り組む必要性を実感してきた。ここでは例として2つの実践を取り上げ,研究を展開するためのネットワークの形成からテーマ設定,実践内容,そして実践でみられた子供の変容等を含めて紹介したい。

2………地域とともに教育研究に取り組む

　2015年4月に開館したOPAM(大分県立美術館)は,地域に根差して展開するアウトリーチ活動にも力を注いできた[2]。このOPAMと連携した教育実践では[3],異なる分野・専門性を有する研究者たちと学校現場,OPAM,実行委員会,教育委員会等が各々の専門性と独自性を発揮しながら連携し合うネットワーク,地域の教育資源を最大限に活かすフィールドが構築できる。それぞれの役割は以下のようになる。

・大学：学校と地域をつなぐ研究のハブとなり研究ネットワークを構築する。各学問領域と地域資源を活かした題材を開発し,現場教員とともに実践を行う。実践の学習効果についての検証（評価）を行う。
・学校：開発した授業又は単元の教育効果を高めるカリキュラム・マネジメントを行い,実践を通

して教育の内容や方法の改善を図る。研修の一環として授業を公開する。
・美術館や博物館等の文化施設：所蔵する作品や研究資料，教育普及活動に係る専門的な知識や技術を提供する。
・教育委員会：授業や研修の内容，学校の取り組みに対する指導や助言を行う。
・地元企業：授業や学校のニーズを捉えたキャリア教育への支援を行う。

　大学がハブとなり，美術を介して学際的な側面から他機関が有する機能をつなげることで"ひと・もの・こと"のつながりが生まれる。研究の継続と発展に向けた研究フィールドをつくることが大切である。

3………地域の土や岩石から広がる学び

(1)小学校での色をテーマとした探究学習

　ここでは，小学4年生を対象に行った単元「色（顔料）は固まるの？─土のクレヨンづくり─」について紹介する。子供たちは1学期の終わりにOPAMのアウトリーチ活動『ザ・ピグメント』[4]を経験し，美術の観点から以下のような自然の色に関する学びを体験した。まず，自然体験学習で訪れた渓谷で形や色などから「きれい

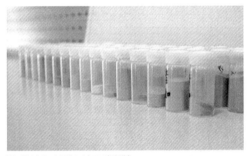

図1: 石から作ったピグメント（2019年製作）

だな」と思った石を1〜2個採取した。学校に戻り採取した石を観察した後，金槌で石を砕き，すり鉢等で細かく磨り潰してパウダー状にし（図1），膠やアラビアゴムと一緒に混ぜて数種類の絵の具を作り，各々の「ふるさと」を画用紙の上に自由に表現した。この美術の体験を探究の入り口として，子供の思いや素朴な疑問に基づく色をテーマとした探究学習を開発した。

①題材の成立過程

　探究学習に子供が主体的に取り組むためには，学びの必然性（＝子供の想い）をいかに生み出すかが重要になる。本実践では，2学期に総合的な学習の時間で実施した介護老人福祉施設の見学が探究への動機づけにつながった。施設でお世話になった方々に対し，手作りの贈り物で感謝の気持ちを伝えたいという思いが生まれ，学級担任は子供が贈り物について話し合う場面でOPAMのアウトリーチ活動の振り返りを取り入れた。「色の粉は固められるの？」という疑問や「色（顔料）をチョークのように固めたい」という子供たちの挑戦への意欲を取り上げ，自分たちの力で何が作れるかについて考えさせた。絵の具よりも使いやすくきれいに描けるものは何かを考えた結果，地域の土を素材としたクレヨン作りに挑戦することとなった。教師も経験したことがない，教科書

にはない土のクレヨンづくりを通した学びの創造に取り組んだ。

色の探究学習では,美術館のアウトリーチ活動や図画工作科の学習活動が探究の入り口となる。色に関する子供の素朴な疑問から構成する学びは各教科の指導範囲を超えたより専門的な内容に広がることも多い。異分野の研究者との連携が教科の枠を超えて子供たちの知的好奇心に応えていくことを可能にする。

②単元設計の方法

単元開発では,美術や科学の体験から子供自身が探究の問い(課題)を生み出し,色をテーマとして各教科の学習で学んだことを活用しながら取り組むようにする。そこで,作品づくりや物語の創作,作文を書く,実験レポートをまとめるなどのパフォーマンス課題に適した「逆向き設計」論を援用し,指導の内容と方法について検討した。「逆向き設計」論はウィギンス(G. Wiggins)とマクタイ(J. McTighe)が提唱したカリキュラム設計論であり,結果から遡って教育を設計する点,指導の前に評価方法を構想する点から「逆向き」と呼ばれる[5]。教科の「事実的知識」や「個別的スキル」は低次の知識・スキルに,様々な文脈で活用できる知識・スキルである「転移可能な概念」と「複雑なプロセス」がより高次の段階に位置付けられ,それらを使いこなすことによって得られる「原理や一般化」が「永続的理解」へと導くとされている[6]。そのため単元の設計においては,「本質的な問い」を明確に設定すること,どのようなパフォーマンス課題を設定するかが肝要である。岡崎は,美術教育においても,戦後初の学習指導要領(試案)における単元を再考し,表現・鑑賞・知識に関する学習を自在に組み合わせた「逆向き設計」による単元の作成,教科横断的な視点をもつカリキュラム・デザインに参画すべきであることを指摘している[7]。

本実践では,美術の体験を通して生まれた「色(顔料)を固めることができる?」という子供の疑問から「本質的な問い」を設定した。「土のクレヨンづくり」をパフォーマンス課題とし,それを評価するための「色の探究ルーブリック」[8]を考案した。土に関する知識と顔料づくりのスキルを基に「クレヨンづくりの実験」を行い,出来たクレヨンを使った絵画表現を行って「原理や一般化」につながる単元を設計した(図2)。

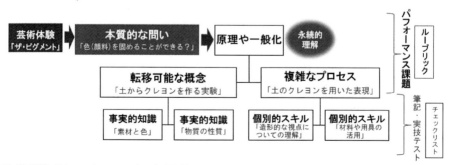

図2:「色(顔料)は固まるの?―土のクレヨンづくり―」の単元設計

③実践の内容

　総合的な学習の時間における地域のダムや渓谷などの自然に関する学びを軸とし,各教科における生物や産業の学びとの関連を図るカリキュラム・マネジメントに取り組んだ。図画工作科と総合的な学習の時間を用いて学級担任,指導主事,化学の研究者と共に教科等の融合的な学びを実践した[9]（表1）。

表1:「色（顔料）は固まるの?―土のクレヨンづくり―」単元の内容

> 第1次　色（顔料）をどうやって固める？：
> 　色を固めてクレヨンを作るために,素材や制作方法を考えたり調べたりする学習を行った。
> 第2次　何を使って色（顔料）をつくる？：
> 　学校の周辺で集めた土を乾燥させ,乳鉢で細かく磨り潰し,紗幕で漉して土のピグメントを作った。
> 第3次　色（顔料）を固めたらクレヨンができる？　クレヨンをつくる実験①：
> 　クレヨンの形や色の観点から,顔料と蜜蝋と油の配合比,温度の設定に課題を見い出した。
> 第4次　クレヨンをつくる実験②：
> 　1回目のクレヨンの色や描き心地,持ちやすさ等に関する改善点を出し合い,解決方法を考えて2回目の実験に取り組んだ。
> 第5次　物が溶けるってどういうこと？：
> 　2回の実験を通して得られた子供の疑問「物が溶けるってどういうこと？」を課題として取り上げ,デジタル顕微鏡を用いてクレヨンやマジック等の紙の付き方を観察して「本質的な問い」について考えさせた。
> 第6次　絵画表現（パフォーマンス課題）：
> 　土のクレヨンに水彩絵の具が弾かれる効果を生かした絵画表現に取り組んだ。単元全体を振り返り,子供の新たな疑問やこれから挑戦してみたいこと等を全体で共有した。

　1回目の実験で作ったクレヨンは子供が思い描いたような発色や光沢を出すことが出来なかったため,土の顔料と蜜蝋,油の比率に問題があるのではないだろうかと考えた。この結果を踏まえた2回目の実験では,グループで素材の割合や温度の調節方法等を話し合い,調べ学習も取り入れながら問題解決の方法を考えて取り組み,目標とした「持ちやすく発色の良いクレヨン」に近づけることが出来た（図3）。

土のピグメントの一例　　土のクレヨンの試し描き

1回目のクレヨンの一例　　　　2回目のクレヨン

図3: 土のピグメントとクレヨン

④自然の色に対する捉え方の変化

　図画工作科の観点からみた子供の成長の一例として、クレヨンを作る体験が黄土色や茶色といった自然の色の美しさへの気づきを促し色への感性を育んだことがあげられる。実践前の1学期に子供に実施した「色に関する生活実態調査」[10]では、対象児童の「好きな色」は男子は青が最も多く、次いで白、黄緑、緑、赤、黒と続いた。女子は水色が最も多く、次いで白、黄色が続いた。この結果は、日本色彩研究所が小学生に実施した嗜好色調査結果の「好きな色」と共通するところがある[11]。「嫌いな色」については男子はピンクが1位、黄土色が2位、女子は深緑や黄土色が1位、黒や茶色が2位となっており、男女ともに黄土色を嫌う傾向がある[12]。子供たちはクレヨンを作る過程において茶色にも沢山の種類があり、粒子の大きさによっても色が違って見えることに気づき、自然の色の豊かさを理解することにつながった。第4次の実験後の振り返り(自由記述)では約3割が手作りのクレヨンの色について肯定的な記述を行い、第6次の後ではほぼ全員が肯定的な見方に変わった。

　自然の色に対する捉え方の変化は理科の学びにも影響を与えた。第5次は「物が溶けるってどういうこと？」という子供の疑問から課題を設定し、化学の研究者と共にデジタル顕微鏡を用いて土のクレヨン、マジック、鉛筆、水彩絵の具で描いた画用紙の表面を約200倍に拡大して観察した。「これ何だろう？土？蝋？」と呟きながら観察を始め、「市販のクレヨンと土のクレヨンは紙の付き方や粒の大きさが違った」、「砂利が入っている」など理科の見方につながる様々な発見を行った。クレヨンは素材(土)が溶けたのではなく蜜蝋や油の中に分散して出来ているということに気づき、自然事象と子供の認識とのズレを意識化させることになった。授業後の振り返りの記述では、様々な観点から子供の探究心がみられた。「赤や黄色、明るい色のクレヨンを作ってみたい」等の色の観点が29%、「植物などでクレヨンを作ってみたい、絵の具を入れたらどうなるか」等の素材の観点が24%、「鉛筆の形や、持ちやすく少し曲がったクレヨンも作ってみたい」といった形の観点が14%、「家でもクレヨン作りに挑戦したい」や「作ったクレヨンで絵を描きたい」等のその他の観点が33%であった。土を顔料にしてクレヨンを作ったことで、土そのものの形や色を地域にある自然の形や色として意識させることができた。このように石の顔料作りから始まり土のクレヨン作りへと展開した学びの経験は子供の感性を育み、原理や一般化につながる永続的な理解へと導く視点を持つことにつながったと考える。

(2) 中学校での教科融合型学習

　ここでは、美術科と国語科を柱として理科、外国語科、総合的な学習の時間との融合を志向する「アートと言葉」をテーマとした教科融合型学習プログラムの開発[13]について紹介する。実行委員会、市の教育委員会、学校長、OPAMの支援を得て研究ネットワークをつくり[14]、教頭、教員(美術科、国語科、理科、外国語科)、共同研究者と共に教材を開発し、1年生から2年生にかけて同じ子供を対象とした2年間にわたる継続的な教育実践に取り組んだ。1年生では基礎的な知識・

技能の習得に取り組み、2年生ではそれらの活用へとつなげた。本研究では次の3つの観点を重視した。

一つ目は美術の観点から、OPAMと連携して地元にゆかりのある作家作品を扱った『移動美術館』を中学校の体育館で行い、本物の作品を前にした鑑賞活動を充実させた。高画質の画像でも分からない実物ならではの材質感、細部の表現、大きさ、作家の技量、作品から滲み出る雰囲気を直に感じ取り、本物にふれる価値を実感してもらうようにした。

二つ目は言葉の観点から、国語科と美術科で本物の作品を見ながら鑑賞文や批評文、新聞を書く学習を重視した。作家との直接的な交流や地元の新聞記者からの指導も取り入れ、専門的な仕事や職業人としての生き方についても学ぶ機会とした。外国語科における地域の紹介文を書く学習との連携も図り、多方面から言語力を育成することを目指した。

三つ目は理科の観点から、「大地の変化」や「光の性質」の学習の一環として地域の地形・地質の成り立ちを学ぶ体験学習と顔料作りの活動を一体的に扱い、鉱物の実物を用いて光や色に関する融合的な学びを展開した。

このように実物を用いた体験活動とインプット、アウトプットを繰り返し取り入れることで各教科の知識・技能の定着とそれらの活用を意識した。各教科の資質・能力とともに表現力や感性、郷土愛を育み、地域社会に開かれた教育課程の実現に向けて取り組んだ。

①実践の内容

2019年度に実施した2年生の学習プログラムの概要を紹介する（表2）。研究対象とした子供たちは中学入学後に学習意欲の低下がみられ、全国的な傾向ではあるが自己肯定感の低さが課題となっていた。そこで、学校現場での語彙力や表現力を高める学力向上の工夫・改善策の一つとして、「アートと言葉」の学習を1年生の2学期から教育課程に位置付けた。学力の向上に加え、美術の体験を通して子供の感性も育むことを目的とした。

②美術の学びは他教科にリアリティをもたらす

国語科の授業では、視覚による分析や説明だけでなく五感を活性化させた言語表現がみられた。外国語科の授業では、ふるさとの名所や名産の羅列ではなく自分の思いを表現しようとした作文が見られた。美術の体験は他教科の学びにリアリティを与え、教科書の中にはない実感をともなった学びの場を提供することが出来るであろう。

主要な学習の一つとなった美術科と理科の融合的な学び「ザ・ピグメント」の1年生の授業を例にあげると、美術科では学校や家の周辺で採取した石を砕いて作る顔料づくり体験を行い、理科では石から大地の形成過程や岩石の特徴、顔料の色の見え方について学ぶ学習を行った。授業後の振り返りの記述には否定的な感想は見られず、むしろ「美術と理科がつながったということをはじめて知った。粒子の世界や、身近な物理現象などの視点を考えたうえで、よく考えることができました」といった肯定的な内容がみられ、子供の中で2教科の見方・考え方が育まれる過程を捉えることが出来た。図4は2年生で行った「ザ・ピグメント」の学習を経て制作された『アートと言葉

表2:「アートと言葉」単元の内容　　※(　)内の教科は実践において主となる教科の順序を示した。

第1次　その絵…どんな絵？　作品鑑賞(美術科・国語科):
郷土作家を招聘し,構成的グループエンカウンターの概念に基づく"人間コピー"を応用して実物の作品の鑑賞を行った。一つの作品から複数の解釈やイメージが生まれる体験を通して書いた鑑賞文を発表し合い,作家との交流を行った。

第2次　地域の地質・地形を観察し,岩石の観察スケッチを描く(理科・美術科):
理科で地層を観察する体験学習を行い,岩石の観察スケッチを行い,顔料づくりに用いる岩石を採取した。岩石の色から成分を予想して調べ,データを基に地域の地質・地形についての学びをまとめた(図4)。

第3次　ふるさとの魅力を伝えるキャッチコピーを作ろう(国語科・理科):
前次の体験学習で観察した地層や風景,採取した岩石から連想される言葉を集め,それの特徴や魅力等が他者に伝わるようなキャッチコピーと魅力を伝える説明文を書いた。

第4次　ザ・ピグメント(美術科・理科):
日本の伝統色を参考にして採取した岩石の色を分類した。1年生で学んだ顔料を作る方法で岩石をパウダー状に加工し(粒子の大きさが異なる2種),膠と混ぜて作った絵の具で観察スケッチの上に着彩した。作った絵の具の色見本を作り,色の名前を考えて地域の色への認識を深めた(図4)。

第5次　ふるさとの魅力を発信するパンフレットを英語で作成しよう(外国語科・総合的な学習の時間):
既習文法を使ってふるさとの魅力を表現し,実際に他者に伝える学習を通してコミュニケーション力を養う学習を行った。

第6次　作品の鑑賞文を書く(国語科・美術科):
郷土作家の実物の作品を教室に運び,作品の前で鑑賞文を書く学習を行った。自分の感じたことや想像したこと等の根拠を明確にし,他者に伝わる文章を書く学習に取り組んだ。

第7次　地域の色の学びを『"美"事典』にまとめる(美術科・理科・国語科・外国語科・総合的な学習の時間):
1年間の学習成果を地域に向けて発信するため,『アートと言葉による"美"事典』(図5)と『アートと言葉による"美"事典～作文・作品集～』(図6)に整理する学習を行った。

第8次　その絵…どんな絵？Ⅱ　作品鑑賞(美術科・国語科):
OPAMの所蔵作品の中から子供たちが実物を見たいと思った作品を2点選出し,教室に作品を運んで実物の作品を前に鑑賞を行った。学芸員による作品の解説もふまえ,作品から感じたことや考えたこと等から紹介文を書いて発表する学習を行った。

第9次　ふるさとの"美"をテーマにデザイン画を描く(美術科):
形や色,構図を工夫し,ふるさとの魅力を発信するためのデザイン画の表現を行った。完成作品の中から『"美"事典』の表紙を飾る作品2点を子供たちの投票により選出した。

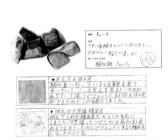

図4: "美"事典の内容の一例　　図5: "美"事典の表紙　　図6: 作文・作品集の表紙

による津久見"美"事典』(図5)を構成する岩石の成分,色見本,色名,理科と美術科のスケッチの一例である。グレーやベージュ,ブラウン系の多様な色のバリエーションも地域にある色として認識したことが岩石の性質や地形・地質の理解へとつながっており,新たな視点から地域の資源の素晴らしさに気づかせることができた。パフォーマンス課題として設定した『"美"事典』と『"美"事典～作文・作品集～』(図6)は,子供自身が表現の主題を生み出し,美術の表現力と言葉による表現力を有機的に結びつけた一つの成果である。地域の誇りである自然環境や産業の持続可能性についても考えさせることができた。

③多くの教職員に支えられて

　複数教科のつながりを強く意識した教育実践では他教科の教員からの理解と協力を得ることが欠かせない。決して平坦な道のりではなかったが,「最近,子供の表情が明るくなった」,「今まで知らなかった地域の良さに改めて気づかされた」など教職員や保護者,地域住民からの声が大きな励みとなり,研究を推進していく原動力となった。

　教科の融合という切り口は教師にも新たな学びの機会をもたらしてくれるものと考える。本実践では,美術科教諭がリーダーシップを発揮して色を共通項とした学習の展開と指導方法を開発した。教科融合型学習のルーブリックの開発も試みるなど,複数教科の教員で協力し合いながら授業をつくり上げていった。これには,教育課程の編成や校内研修と結びつけた月数回の教科部会を実施し,子供の主体的・協働的な授業の実現に向けて改善に奔走された教頭の存在が大きかった。一教師の授業改善が他教科の教師の問題意識を刺激し,互いに高め合う関係を作り出していった。このことが後に教育効果の高まりや学校教育全体に影響を与えた[15]。本実践の学習経験との因果関係を明らかにすることは今後の課題であるが,子供の自己効力感や「学びに向かう力」の高まりに影響を与えることができたと考えている。

4………美術から始まる他教科との融合的な学び

本稿で紹介した2つの実践は、教科固有の知識・技能の間につながりや深まりを生み出し、より汎用性の高い学びに展開した例である。美術や科学の体験を通した学びは子供自身が学ぶ意味や価値を探究し、感性や科学的思考力、そして認知能力の土台となる自己肯定感を育む可能性がある。

教科の「融合」とは各教科の枠組みを超えた知識・技能の構造化であり、子供の中で習得された複数の知識・技能が相互につながり、活用されることである(図7)。美術教育の学びには様々な教科・領域の要素が含まれており、多くの学問領域につながる豊かさがある。美術を探究学習の入り口として設定することで、子供の中にある知的好奇心や探究心が刺激される。自由な発想で、答えに辿り着くまでに時間を要する問いに取り組む粘り強さ「やり抜く力=グリット(grit)」[16]を育むことにもつながる。

地域素材・資源から広がる融合的な学び

図7: 融合的な学びのイメージ

現行学習指導要領の「育成すべき資質・能力の3つの柱」における第1の要素「個別の知識・技能」と第2の要素「思考力・判断力・表現力等」を支える資質・能力として、第3の要素「学びに向かう力・人間性等」が注目されている。これは粘り強さや自己肯定感、社交性といった認知能力の基盤を形成すると言われる[17]。これからの時代において子供により一層求められていく力は、知識を応用して問題解決を図る力、自ら創造する力、表現する力である[18]。日本でもSTEAM教育が注目されて久しいが、今回取り上げた2つの実践も一教科を超えた学びという点、個別の知識・技能を横断的、融合的に活用し課題に取り組むという点でSTEAM教育との親和性が高いと考えている。美術を軸として地域の"ひと・もの・こと"のネットワークを活用する教科融合的な学びは、より質の高い学びを構築することを可能にするのではないだろうか。

5………おわりに

現在、美術の学びが第3の要素「学びに向かう力」に与える影響について着目し、美術の体験を通して他教科間の学びをつなげ、子供の中で様々な学びがつながり広がっていく学びの共同研究にも取り組んでいる。美術教育の研究分野は、教師や研究者の個人研究に比べて共同研究が少ない傾向がある[19]。学校と地域の教育ネットワークを生かした共同研究は"外からの視点"を

持って美術の意義や価値を再認識し、今後の教育における新たな可能性を見出すことにつながるだろう。

また、筆者は共同研究の過程において人としての学びや成長を促される経験も得ることを実感している。実践の記録や子供の学習成果物のデータ化と分析、関係各位との調整など表に出ないところでの地道な努力も必要であり、実践や研究上の一プレイヤーとしての役割にとどまらず、幅広い見方や長い時間軸で物事を考え行動するマネージャーとしての役割も求められることも学んだ。

教育実践研究は自分自身の教育観の理論化に取り組み、授業理論と授業モデルを検討することである。そのため、教えることや学ぶことに対する自身の在り方を常に問い直していくことが求められる。教育実践研究の魅力は、子供の飽くなき探究心や創造力に触れる喜び、新たな価値観や行動力等の変容を促す"美術の力"を実感できることであると思う。筆者の研究は目的の達成には道半ばである。今後も他教科の学びとつながり展開する授業開発に取り組み、実践を通した教育効果の検証に取り組んでいきたい。

謝辞
本稿で紹介した実践では西口宏泰先生、花坂歩先生、木村典之先生、永松芳恵先生、大野厚子先生、佐藤裕美先生、藤本清崇先生、釘宮基人先生、伊東俊昭先生をはじめとする先生方、教育委員会の先生方、公益財団法人大分県芸術文化スポーツ振興財団、OPAM（大分県立美術館）をはじめ多くの方々に多大なご支援とご協力をいただきました。心より感謝申し上げます。

[参考情報]

中村和弘、大塚健太郎編著『学級担任のためのカリキュラム・マネジメント〜教科横断的に言葉の力を高める〜』文溪堂、2017.
小学校の学級担任のためのカリキュラム・マネジメントの考え方と実践方法について分かりやすく解説されている。

西岡加名恵、石井英真編著『教科の「深い学び」を実現するパフォーマンス評価 「見方・考え方」をどう育てるか』日本標準、2019.
深い学びを実現するための教科における「本質的な問い」に対応したパフォーマンス課題の作り方を学ぶことができる。

奥村好美、西岡加名恵編著『「逆向き設計」実践ガイドブック 『理解をもたらすカリキュラム設計』を読む・活かす・共有する』日本標準、2020.
「逆向き設計」論をふまえた実践の在り方について具体的に学ぶことができる。

［註］

1）「地域の色・自分の色」実行委員会＋秋田喜代美編著『色から始まる探究学習　アートによる自分づくり・学校づくり・地域づくり』明石書店，2019．
2）大分県立美術館教育普及グループ『びじゅつって，すげぇ！』2015〜2023に様々な活動が紹介されている。
3）科研費「幼小期における地域の色をテーマとした教科融合型学習の開発（課題番号16H03799）」（研究代表者 藤井弘也）。
4）大分県立美術館 教育普及グループ「大分県から絵の具をつくる」『びじゅつって，すげぇ！2015〜2016』，2016，p.17．
5）西岡加名恵編著『「資質・能力」を育てるパフォーマンス評価　アクティブ・ラーニングをどう充実させるか』明治図書，2016，pp.13-14．
6）同，pp.22-25．
7）岡崎昭夫「第4章　美術教育におけるカリキュラム・デザイン：「逆向き設計」による単元作成の可能性」美術教育学叢書企画編集委員会 永守基樹責任編集『美術教育学の現在から　美術教育学叢書1』美術科教育学会，学術研究出版，2018，p.68．
8）藤井康子・木村典之・麻生良太・西口宏泰・大野歩「色の探究学習ルーブリックのための観点及び指標」，「色の探究学習パフォーマンス課題のためのルーブリック」『幼小期における地域の色をテーマとした探究的学習の研究（Ⅲ）』大分大学高等教育開発センター紀要，第10号，2018，pp.74-75．
9）藤井康子・木村典之「地域の色をテーマとした探求型学習の研究Ⅱ—小学校におけるいのちの色をつくる・みる・感じる実践を通した児童の学びの検証（第1年次）—」『第39回美術科教育学会静岡大会　研究発表概要集』2017，p.71．
10）本研究では実践校の児童に対し，児童の日常生活の実態を把握・分析し，教育実践の成果と課題の検証と指導に役立てることを目的として2016-2019年度に実施した。調査の設問項目は①家庭生活に関する内容②学校生活に関する内容③休日の生活と学校生活とのかかわりに関する内容の全11問の中に，地域や色に関する設問項目を設けた。
11）一般財団法人日本色彩研究所『新版色彩スライド集　第3巻色の視覚効果と心理効果解説編』2020，pp.87-89．
12）同，p.90．
13）本研究は，公益財団法人 博報児童教育振興会（現：公益財団法人 博報堂教育財団）第12回児童教育実践についての研究助成「中学生期における「アートと言葉」をテーマとした教科融合型学習」（2017年度，長期継続助成2018年8月〜2019年度）（研究代表：藤井康子）等の助成を受けて実施した。
14）「地域の色・自分の色」実行委員会＋秋田，前掲1），pp.102-113．
15）永松芳恵・藤井康子・花坂歩「美術がつなぐ，子ども・地域・学校〜学校現場が模索した教科融合型学習の試み〜」公益財団法人 教育美術振興会，2020年8月号，pp.15-24．
16）顕著な功績を収めた人たちの特徴は，「情熱」と「粘り強さ」をあわせ持った「グリット」（やり抜く力）を持つ人であったことが複数の事例を用いて説明されている。アンジェラ・ダックワース著，神崎朗子訳『やり抜く力−人生のあらゆる成功を決める「究極の能力」を身につける』ダイヤモンド社，2020（第14刷）．
17）社会情動的スキル（非認知的スキル）は粘り強く取り組み，困難な課題に挑戦し，人と協力して成し遂げ，また見通しを立てて取り組むことに関わる。現行学習指導要領の資質・能力のうち，学びに向かう力は社会情動的スキルそのものであるとされている。経済協力開発機構（OECD）編著，ベネッセ教育総合研究所企画・制作，無藤隆・秋田喜代美監訳『社会情動的スキル　学びに向かう力』明石書店，2018，pp.3-4．
18）中山芳一「第Ⅲ章 非認知能力の育ち方・育て方」『学力テストで測れない非認知能力が子どもを伸ばす』東京書籍，2019（第5刷）．
19）藤井康子「連合の国際展開の推進—海外への発信と国際ネットワークづくり—」『日本美術教育連合の公益社団法人化の意義とこれから　10周年記念シンポジウムの記録』日本美術教育研究論集No.55，2022，pp.157-160．

子供たちとクリエイティブジャンプ！
今とこれからを創造する中学校美術

更科結希
SARASHINA Yuki

1………子供たちと共に歩むということ

(1)「挑戦」⇄「改善」してきた私の教育実践

　今年で中学校の教員になり23年目となる。教育実践に真剣に向き合うようになったのは、教員になり10年を迎えたころであった。子供に寄り添う授業を目指してきたはずが、毎年同じ題材を繰り返すようになり、授業での子供達の表情に曇りを感じるようになっていた。

　当時を振り返ると、普遍的な題材だからと高を括り、自分の経験した題材や表現方法から離れられなくなっていた。それは、当時の私にとって授業の内容や方法に不安を抱えながらも毎日の授業を乗り越える一つの手段であった。しかし、子供たちを取り巻く環境は常に変化しているにも関わらず、変わろうとしない自分自身の授業観に疑問を感じるようになり、少しずつ改善していこうという気持ちが芽生えてきた。

　転機となったのは、中学校勤務と並行して進学した大学院での学びであった。そこでは、中学生が捉える美術とは何か、子供が現代の美術を理解していくための授業の在り方を考える時間をいただいた。改めて美術教育を考える時間ができ、ふと立ち止まってみると、自分自身が教える美術と街中にあふれる美術の世界が乖離しているように見えてきた。そこから、子供たちに美術を通してどんな世界を見せていくべきかを考えるようになった。

　改めて題材や授業を捉え直す中で、子供の意欲を喚起する題材の開発と新たな価値を創造できる題材の構築が必要であると感じた。この2点を改善していくことにより、子供たちに寄り添う美術を教えられると考えた。岩﨑も「教材研究において大切なことは、児童が主体的に取り組むための原動力になる興味・関心の在処の追究である。（中略）児童は今の自分から出発し、教材とのかかわりのなかで、自己を発揮し、拓き、新たな意味や価値を創造していく過程を構想する必要がある。」[1]と述べている。

　そこで、授業の在り方を見直すために、既に取り組んできた題材の内容や指導に対し「なぜ、そうするのか」と自分自身に問うことにした。それは、子供目線で授業を再構築するために、教師のあたりまえを一度壊し、見直す方法であった。

　当時、中学3年生で取り組んだ題材「自分をのぞく窓」（図1）では、子供のこれまでの人生を時

間軸と空間軸で振り返らせ,自分自身を表現する学習を行った。この授業の教材研究では,従来のやり方にとらわれず新しいアプローチを試みることにした。先ず,自己を表す方法を自画像ではなく,子供の興味・関心を取り入れやすくするために,木のボックスの中に自分を表すもので再構成して表現することにした。次に,素材や材料の扱いとして「箱の中で構成するもの全てを子供の手で作らせることにだわらず,既存でも思い入れのある『モノ』[2]を用い,組み合わせていくことで主題は表現できるのではないか」と考えた。初めての試みの不安をよそに,子供たちは意欲的に自分の『モノ』に込められた『コト』を使って見事に主題を表現していた。

図1: 制作中の様子

　この実践をきっかけに,これまで何気なく扱っていた内容や表現方法,素材を徹底して捉え直すことの大切さに気付いた。そのうち,題材の内容へのアプローチの仕方を検討するだけでこんなにも子供の取り組み方が変化するものかと感じるようになった。そして,私の教育実践は「挑戦」と「改善」を繰り返すサイクルへと変化していった。授業は,教師が目の前の子供の実態を把握し,学習内容を組み立て,教科ならではの世界を子供とともに考える時間でもある。それは,私という存在を通して子供たちに何を伝え,考えさせ,新たな価値を見出させるかという責任を伴う業であると考えた。岡田は,子供の感性を育むのと同じように「教師も,自分の感性を働かせ,磨く機会をもつことが大切です。自分の感じ方を大切にして生きていくということは,人の感じ方も大切にするということです。」[3]と述べている。授業において,どのような内容や教材を扱っていくかは,教師が子供と対面して察知する感性によるものである。だからこそ,常に新しいアイデアを持ち,よりよい授業を構築していく挑戦を止めてはならないと感じている。

(2) 教師もクリエイティブジャンプしてみる
①新たな題材開発に向けた考え方

　授業中に,子供がこれまでにないアイデアや表現を見つけ,新たな価値を生み出す瞬間に立ち会うことがある。既存の知識やアイデアを結び付けて新しい発想に到達する思考は,最近「クリエイティブジャンプ」と呼ばれることが多い。ウジは,クリエイティブジャンプを「ビジネスやプロジェクトにおいて,思いもよらなかった方法・手段で問題が解決できたということなのだ。」[4]とし,「異なる思考を持つ個人同士の考えが有機的に,また偶然性をもって結びついたことによる『思考の結合』が結果として『クリエイティブ・ジャンプ』をもたらす。」[5]とも述べている。子供たちはいつだって教師の想定を遙かに超えていく存在であり,仲間同士のかかわりの中から新たな発想を展開していく。私もクリエイティブジャンプして新しい価値を生み出せる学びを提供したいと考えている。

　学びがいのある題材開発に向けて,子供の生活を美術という枠組みから覗き,何が一番身近で

あるのか,足りないことは何か,美術を通して何を考えさせたいのかを日頃からアイデアとして蓄積することにした。ジェームス・W・ヤングは「アイディアとは既存の要素の新しい組み合わせ以外の何ものでもないということである。」[6]と述べている。蓄積したアイデアは,すぐに手をつけて題材化するのではなく,少し寝かせて実施のタイミングを見計らうようにし,目の前の子供の実態に合わせて,これまで取り組んできた授業の流れや考えを問い直し,新しいアイデアと組み合わせ新たな視点を獲得しながら再構成し,題材開発につなげていった。ここで,単純かつ様々なアイデアの組み合わせで実現した授業を2つ紹介する。

　前任校は,美術館から離れた場所に位置していたことから,バスで移動するにも1時間かかり,授業時数の関係から本物の作品に出会わせたくても中々実現できずにいた。そうした学校の課題を解決するために,子供が移動するのではなく作品を移動させて,本物の作品に出会わせる授業[7]を展開した。また,現任校では,音楽のアンサーソングと呼ばれる表現方法をヒントに,鑑賞で対象作品から感じ取ったことに返答する内容を主題にして,表現活動につなげる「Answer Art」[8]と題した授業を展開した。これらの事例は,普段行ってきた授業の要素を一度解体し,新たな要素を加え再構成した授業である。私の題材開発は,毎時間の小さな挑戦と,当たり前と思っていた授業に「なぜ」と問うことにより,クリエイティブジャンプして生まれてきている。

②子供の実態から新しい発想を得て生かしていくこと

　毎年,新学期に意識調査と併せて1年間の美術の目標を記述させている。継続して取り組んでいると,子供の美術の学びに対する考えの変化を垣間見ることができる。

　ある年,図2,3のように記述した中学3年生の考えに出会った。この内容は,私に驚きを与え,授業の在り方を考え直すきっかけとなった。生徒Aの目標は,枠の中でイメージをするのではなく,授業での構想を大きくイメージしどこを切り取るかを考えていきたいと記している(図2)。ここで言う「わく」は,授業で設定する条件や扱う内容ではないかと推測した。また,生徒Bは美術と自分の生活との関わりを考えていくことを目標として設定していた(図3)。この記述から学んだことは,授業は教師が設定した「わく」の中に子供たちの発想を閉じ込めてはいけないということである。子供たちは何もないところから想像しイメージを獲得しているわけでなく,知識や既習事項と自分の世界を結びつけて,イメージを紡いでいることを実感した。そうした学びによって,様々なアイデアが生まれ,新しい価値と結びつきながら,子供の世界は広がっていく。

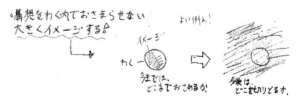

図2: 中学3年生生徒Aが書いた美術の学習目標(2018)

図3: 中学3年生生徒Bが書いた美術の学習目標(2018)

小池は,「子供たちも,なぜ,何のためにこの学びをおこなっているのか,この学びはわたしたちにどのように役立つのか,私たちの生活にどのようにつながるのかといった学習の意味を考えることにより,学びは一層深まっていくのである。」[9]と述べている。図2,3の記述から子供の実態を捉えれば,授業から美術がどういった世界であるか,何を学ぶ教科なのかを考えていることがわかる。授業が子供の思考や未来に大きく影響することを踏まえれば,子供の想定を上回るアイデアに富んだ授業が求められるし,学びがいのある内容をクリエイティブジャンプして構築していかなければならない。

(3) 子供の姿に魅了される授業の一コマ

　私を次なる実践研究に向かわせる忘れられない授業の一コマがある。それは,子供が自分の表したい思いの実現に向かい,試行錯誤している場面である。たまに訪れるそのひとときは,声をかけるのを躊躇するし,子供の頭の中で起きていることを想像しながら自己決定の時を待つようにしている。ここでは,2つの事例を紹介する。

　図4は,中学2年生で実施した題材「Answer Art～作品の声を聴く～」[10]の一場面である。「環境破壊の問題提起と一色の可能性の広さ」を表したいと考えている生徒が,水墨画で枯れてしまった木を表現し,その上に赤いビニールテープで大きな×を記そうとしているところである。この生徒は,切り取ったビニールテープを両手で持ち,しばらくその角度を変えながら何度も見当を付けていた。

図4: 制作中の様子

　図5は,中学3年生で実施した「くしろマスタープラン」の一場面である。この題材は,地元釧路の中心部の現状を考え,街をデザインして市民に向けた発表をする内容であった。授業はグループでの協働学習で展開した。この場面は,市民に向けた発表に必要となるデザインボードにグループの意見をまとめているところである。そこでは,一人の生徒がじっとこれまで作成してきた資料を見つめ,配置によってどのように印象付けられるか真剣に検討していた。

図5: 制作中の様子

　私を魅了する授業の一場面のほとんどは,子供がどのような表現が最適か真剣に迷っている姿である。それは,子供と子供が手がけている『モノ』や『コト』との関係が最も近い状態になっている瞬間である。それならば,そうした瞬間が起こる題材に共通することを検証していけば,魅力ある題材の内容に迫れる

だろうと考えた。例えば、「子供が夢中になって考え、学ぶことができる要素を含んだ出会ったことのない学習課題」であるか。そして、「子供が表したい主題の追究場面で、自己のイメージと照らし合わせ最適な方法を選択していく余地のある授業」となっているかである。教師は、子供の実態に即していることと、子供がまだ見ぬ新たな世界を見せることの両方を授業の中に位置づけ構築していくことが求められる。こうした要素を含んだ内容で授業を展開できるのは、美術の醍醐味のように感じている。私が美術と子供たちの間に入り学ばせたいことは、まだ私の中に見えていないものも含めて山ほど存在しており、それを子供と共に探りあてていきたいと考える。

2……… 最適な授業を模索する日々

(1) 人々との関わりから生まれる授業へ

　子供たちに学ばせたいことを題材に落とし込み、授業を展開していくことを通して、私自身もまた新たな世界を見せてもらっている。

　現在の勤務校では題材開発や教材研究を通して、様々な人々とのつながりをもつことができた。そして、私の教育実践は多くの人との関わりによって生まれるようになってきた。授業を構築する時は、子供たちに出会わせる対象や事象について分析し、咀嚼してから提供したいと考えてきた。教える分野に不得意を感じる時や新しい内容を扱う時は、一層丁寧に学ぶようにした。そのため、いくつかの題材開発では、取材に出かけることもあった。それは、題材で扱う内容を何のために学ばせるのか、その学習を通してどういったことを考えさせたいのかを見極めるためでもあった。

　中学1年で実施した「moment by moment」では、刻々と変化する形から学ぶためにフィンランドの装飾品ヒンメリを扱った。ヒンメリ(himmeli)とは、乾燥した麦藁を糸でつないで作るフィンランド伝統の飾りで、幾何学的な形態を基本とし、風を受けて回転するといったモビールの要素も含んでいる。この教材研究では、フィンランドの文化に精通しヒンメリを制作している作家を訪問し、ヒンメリの歴史や意図、フィンランド文化を学び、子供たちが理解しながら取り組める方法を相談した。

　また、中学2年で実施した「新しい一歩を踏み出す靴」では、靴職人の工房を訪問し、工程や平面から立体にしていく経過、そして靴を作るという行為の意味や人と靴の関係性を探るために取材をした(図6)。こうした取材によって得られることは、教えるための知識や考え方だけではない。取材をきっかけに、子供たちが表現する過程で考えたことや作品に対して、コメントをいただくこともあり、それを子供に返すことで新たな発見や学びを授業の中につくりだすことができる。また、人がなぜ「ものを生み出しているのか」と

図6: 取材の様子(札幌市)

いった私だけでは教えることのできないステージに子供たちを引き上げ，考える機会を与えることができる。授業を通して子供と社会の人々をつなぐことは，新たな関係性を生み出し，そうした学びは，子供に美術が人々の生き方や営みに深く関わっていることを実感させ，社会もまた多くの人々の考えによって形づくられていることの理解に繋がっていくだろうと考える。

(2)「子供たち」と「美術」と「社会」をつなぐ挑戦

　子供たちが授業中に教室で生み出すものは何より尊い。それは，生み出されたものが一人の人間としての答えであり，試行錯誤の結果であるからだ。授業実践を積み重ねる中で，そうした子供たちの考えを社会に向けて発信する機会を作ろうとした。

　そこで，普段の授業の学習成果を発表する場として，2012年から「ART and WE展」と題し，展覧会11)を開催してきた（図7左）。また，2018年からは1つの題材でも授業展として発表している。

図7: 開催してきた展覧会のポスター（一部）

　展覧会では，全生徒作品の展示にこだわり，授業をドキュメンタリーとして捉え，指導の経過も含めて展示することにした。それは，全ての子供たちが授業を通し，何を感じ，何を考えたのかを，今を生きる人々と共有することが，大切であると考えたからだ。そして，開催中一般市民の方からもらう子供の表現に対するコメントは，表現することの意味の実感と次の授業へ向かう意欲づけにつながっている。展覧会を開催することは労力のかかることだが，子供の作品を介して子供と地域の人々を結びつける有効な手段である。

図8: 展覧会に訪れた子供たち

　特に，パンデミックの中で，人々とのつながりが途切れてしまいそうな時期だからこそ開催した展覧会では，多くの方々に観覧していただき，私自身も新たな知見を得る機会となった。2022年1月に大型ショッピングモールで開催した展示（図7右，図8・9）では，子供たちと海に出かけ，その場所から感じ取ったことをもとに表現した授業を扱った。会場では，子供へのメッセージはもちろんのこと授業

図9: 会場の様子

への感想や新しい考え方,街の歴史などたくさんの声をかけてもらった。それは,子供たちに向けられたものであるが,授業者としての次なる目標をいただく機会となった。

印象深かったのは,高齢のご婦人が偶然見かけた子供たちの展示に魅了され,2日連続で観覧し子供の思いを綴った展示物と作品を見ながら涙を流されていた場面であった。改めて,日常生活では関わることのない人々が美術を通して結びつくことの尊さを感じ,そうした場をつくることも私の重要な役割であることを再認識している。そして,こうした出会いがまた新しい考えを呼び起こすアイデアの素となっていく。多くの人の支えや関わりによって,授業が学校内外で広がっていき,子供たちの学びにつながることを期待して止まない。

(3) 日々の実践を俯瞰するために

中学校教員として,無我夢中で取り組んできた授業を振り返ることは重要である。実践をまとめておくことで,自身の成長や改善点を明確にする機会となる。今思えば,転換期となった授業の作品さえも日々の忙しさから写真も撮らずに終わってしまったことを後悔している。自分が何をしたのかを実感しないことは,同じことの繰り返しと次への前進を阻むことにつながる。日常の学校業務の多忙さは,授業で何となく感じていたことを忘却の彼方へ追いやってしまう。前述のように,子供の姿から身についた力を実感する授業が一つでも実践できたならば,子供が意欲的に取り組めた要因と題材の構造を照らし合わせ検証し,明らかにしておくべきである。それが,次の実践研究に生かされ全て子供へ返っていくからだ。

実践研究は,自分が立ち止まり,自分がやってきたことが何であったのかを振り返るためにあり,次の授業実践に向かう自身のモチベーションを高め,考えに示唆をもたらす機会となる。次の授業を構築するときの分析的視点を獲得するために,実践を通して考えてみることは重要である。

私が実践研究をして得られたことは,多くある。例えば,蓄積してきたことを,他校や他地域で実践してもらうことで,新たな知見を得る機会をいただいた。また,研究を進めるに当たり,全国の先生方の先行研究でその考えや結果に触れることは,自分自身の考えを拡張させ,新たな気づきを呼び起こしてくれた。そうした実践研究の視点や方法とその意義を,大学院在学中に北海道教育大学の佐々木宰教授に学び,のちに本学会への投稿論文に挑戦することができた。中学校勤務をしながら実践研究を進めることは大変なことではあるが,これからも,実践を通して見出したことや明らかにしたことを残していきたいと考えている。ぜひ,目の前の子供のためにも,全国で日常の授業を懸命に取り組まれている先生方の取組を共有し,学びを深めていきたい。

(4) 私と美術をつなぐもの

私は,美術に助けられてきた人生であったから,こうして教える立場になっているが,その全てを知っているわけではない。人類のこれまでの歴史や営みによって生まれてきたこの美術の世界には,知らないことやわからないことがたくさんある。私はそれを,子供たちと共に授業を通して覗き,子供一

人ひとりの考えに触れ,あらためて美術の世界の面白さを実感している。よく子供たちに授業のオリエンテーションで,答えが人数分存在している教科が美術であると伝えている。人によって答えが異なることは,他の教科から見れば「曖昧」であると捉えられてしまって,結局「わけのわからない」教科と受け止められてしまうことがある。しかし,その「曖昧さ」の中で,それぞれが感受したことを基に自分の考えや作品を創り出すことに本教科の醍醐味がある。授業を通して生み出されていくものは,子供が真剣に考え,一人の人間としての生み出した答えであり,そこに曖昧さはない。

私は子供たちを通して美術を学び,そして社会と強くつなげられているのだと感じる。私を通して,子供たちが美術を学ぶのであれば,この世界の何を子供に与え考えさせていくことが最適なのか常に探し求めたい。そして,実践研究し模索しながら,自身に残していくことで,私と美術は以前よりも身近になっていくものだと考える。

3………「今」から紡ぐ「未来」を見つめて

(1) 新たなつながりと拡張する美術教育

昨今,予測不可能な社会に対応する人材の育成が求められている。子供と対峙し授業をしていると,自ら解を見出していく姿に美術教育の重要性を強く感じる。それは探究そのものであり,教師は授業で取り上げる対象や事象と子供を,どう出会わせていくかに力を注ぐ必要がある。多くの人に支えられ,実践研究を積み重ねてきた中で,今の子供に合う最適な授業はいつでも探し求めている。

子供たちには,これまで以上に社会の中の美術に目を向けさせたいと考えている。それは,前述した展覧会を通した人とのつながりから実感したことであり,学校の中に子供たちの学びを閉じていては感じられなかったことである。私が周囲の人々に大きく影響を受け,授業を準備してきたように,子供の授業においても直接的・間接的に人々との関わりが持てるようにしたいと考えている。

今年(2022年),地域の老舗洋菓子店とコラボレーションして取り組んだ授業があった。お菓子を表すラベルシールのデザインとパッケージデザインを考える授業で,実際に表現した全生徒のものが展示・販売された(図10)。デザイン構築までの道のりで,パティシエの思いや考えに触れ,また購入者としての目線や表現者の目線で考え取り組んだ。地域のあらゆるところに,美術の授業が関われる要素がたくさんあることを実感した。

また,こうした授業によって,子供と洋菓子店をつなげるだけでなく,美術と地域,子供と地域がつながる要素があることを再認識した。これからは,授業のきっかけや扱う対象や事

図10: 地域との連携授業

象は,学校の中で探すのではなく,学校の外に視点を向けていかなければならない。それは,多くの人々が作り上げてきた社会の中の美術を感じるために必要であると考えている。

(2) 今とこれからの時代を見据えた教育を模索するために

　子供たちには美術を通して今と目前の未来を感じさせたい。未来は見えないことかもしれないが,私は先を歩いて見ようとする存在でありたい。

　2020年パンデミックによる全国一斉休校期間中,現任校で美術の授業をオンラインで実施した。そうした経験から新たに挑戦してきたことがある。それは,デジタル端末を活用した授業である(図11)。中学3年生で実施した「Cross Mind」では,学習課題を「コロナ禍における人々のつながり」とし,プログラミング言語を用いてコーディングし表現する授業に挑戦した(図12)。子供たちは,すでにデジタルメディアが日常にある時代に生き,生まれながらにしてその世界を知っている世代である。絵具で絵を描くように,プログラミングすることで到達する表現の世界も経験させることが必要であると考え,授業に取り入れることにした。

図11: ICTを活用した協働の授業場面

　デジタルメディアと美術教育のかかわりや可能性を模索した際に強く感じたことがある。それは,これから多様に変化する時代を捉える感性を磨いていくこと,そして新しい世界を授業に取り入れていく挑戦が必要になるということである。

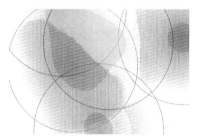

図12: プログラミングでの表現(生徒作品)

(3) 私の教育実践技法とは

　私を通して子供たちが美術の世界を見ているとすれば,とてつもなく大きな責任を担っている。よりよい授業を目指すためには,目の前の子供たちの姿から学ぶことが大切である。子供の実態を見つめ,新しいアイデアを取り入れながら実践を改善していくことが,学びがいのある題材の創出につながっていく。それは,今の子供達に必要な資質・能力の獲得に即した実践に求められる必要な技法である。

　また,この10年の実践研究を積み重ねて思うことは,美術教師は授業を緻密に構築する役目と同時に,美術を介して子供たちと社会を結びつける存在でありたい,ということである。常に新しい世界を察知する感性を磨くことや様々な人々とのつながりから学ぼうとする姿勢は,これからの中学校美術を支える人に必要な技法であると考える(図13)。

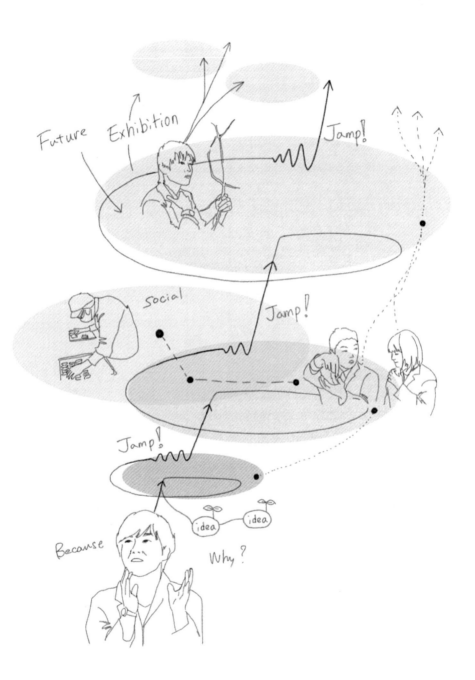

図13: 私の教育実践技法のイメージ

［参考情報］

美術科教育学会美術教育学叢書企画委員会『美術教育学叢書1美術教育学の現在から』美術科教育学会,2018
美術教育学の「現在」までが網羅され,美術教育を実践していくうえで重要な課題について学ぶことができる。

神林恒道・ふじえみつる監修『美術教育ハンドブック』三元社,2018
多面的・多角的な視点で美術教育を見つめなおすことができ,美術教育シーンといった事例も紹介され,具体的な視座をもたらしてくれる一冊である。

［註］

1) 岩崎由紀夫「教材の開発」,花篤實監修,岩崎由紀夫・岡崎昭夫・永守基樹編『美術教育の課題と展望』建帛社,2000,p.207
2)『モノ』とは,子供がかかわりをもったものを指している。かかわりをもったものには,既成の物もあれば,表現して生まれたものも含まれる。またその後の文中に述べる『コト』とは,『モノ』に付随する子供のエピソードや意味を指す。
3) 岡田京子『成長する授業—子供と教師をつなぐ図画工作—』東洋館出版社,2016,p.23.
4) ウジトモコ『生まれ変わるデザイン,持続と継続のためのブランド戦略』ビー・エヌ・エヌ新社,2016,pp114-115.
5) 同,p.116.
6) ジェームス・W・ヤング『アイデアのつくり方』CCメディアハウス,1988,p.28.
7) 更科結希,佐々木宰「地域の美術館施設と連携した鑑賞教育の実践研究」『釧路論集:北海道教育大学釧路校研究紀要』第43号,2011,pp.95-103.
8) 更科結希「『表現』と『鑑賞』の一体化を図る中学校美術の題材の研究-美術館と連携した『Answer Art』の実践を通して-」『美術教育学』第41号,美術科教育学会,2020,pp.167-179.
9) 小池研二「新たな授業の視点」,大坪圭輔編『求められる美術教育』武蔵野美術大学出版局,2020,pp102-103.
10) 更科,前掲　註8)
11) 更科結希「中学生の表現を地域に発信する展覧会活動の実践研究-全校生徒作品を展示する『Art and We』展の実践を通して-」『北海道教育大学紀要 教育科学編』第71号,2020,pp.361-371.

生徒の協働を生み出す映像メディア表現
高等学校教育の現場から

片桐 彩
KATAGIRI Aya

1………はじめに　モバイルムービーは,なぜ協働学習になり得るか

　2013年より,実態が異なる3つの高等学校において協働的な活動を取り入れた映像メディア表現の題材研究に取り組んできた。授業づくりの視点は,それぞれの教育現場の実態を踏まえ,校内における美術教育の役割を意識しながら題材の方向性を探ることである。筆者の実践技法は,映像メディアを通して,多様な考えをもつ生徒が相互に関わりながら学ぶことで,全員がよりよい学習成果を目指す授業[1]にある。本章では,映像メディア表現の実践をもとに,生徒の協働を生み出す授業に関して述べたい。図1は,筆者が研究しているモバイル機器を用いた映像メディア表現の学習が,協働を生み出す仕組みを3つの着眼点によって示したものである[2]。

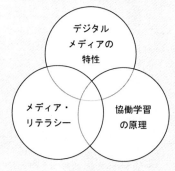

図1: モバイルムービーの実践における3つの着眼点

(1) デジタルメディアの特性

　今日,デジタルメディアによって,誰もが,瞬時に画像や動画などを他者に送信したり,他者との交流によって新たな表現を生み出したりしやすくなっている。スマートフォンに代表されるように,高校生にとっても,デジタルメディアは恐らく最も魅力的なメディアであり,可能性を秘めた存在と言える。

　筆者は,高等学校の映像メディア表現の授業において,生徒のスマートフォン[3]を活用することが,美術をより身近にし,実践の可能性を広げるのではないかと考えた。学校の備品のカメラではなく,生徒が使い慣れたツールを活用することに意味を見いだし,積極的にスマートフォンを授業で活用してきた。

　デジタルメディアでは,可変性,カット&ペースト,インタラクティビティなどの操作性が特徴といえる[4]。これらの特徴は,従来のメディアとは異なる。レフ・マノヴィッチ (Lev Manovich) は,旧式メディアに比較してデジタルメディアは,人間の思考過程を他者と共有する際に便利であると述べている。デジタルメディアのスムーズな操作性は,ひとつのアイディアを大勢で共有しやすくし,そのアイディアに様々

な工夫が付け加えられ,新たな表現へと発展させやすい。また,スマートフォンやタブレットならば,パソコンのキーボードが苦手でも容易にデータが扱えるようになる生徒もいる。こうした側面は美術の授業にとっても注目に値すると考えた。

(2) 協働学習の原理

協働[5]を生み出す仕掛けを美術の授業内につくることで,学習の充実が図れる。筆者は,協働を生み出す授業を,生徒と教師が共に学びながら歩んでいくイメージと捉えている。個々によい作品を制作することも学習の目標として大事だが,筆者は,教室全体に目を向ける。協働の原理を取り入れた授業では,生徒が仲間との相互作用がもたらす深い学びを体験でき,学習に対する充実感や達成感をより強く味わい,学習意欲が高まることを,筆者はこれまでの実践経験を通して実感した。

協働学習には,自主的な学習態度,個人としての責任感,コミュニケーション能力,相手に対する感受性を育む機能があることが,これまでの教育一般の研究[6]によって明らかにされている。杉江修治[7]によると,協働学習は単にグループ学習のことを指すのではなく,学習集団の成員全員の成長を目標とした状態での学習のことであり,協働学習は一斉形態の授業であっても成立するという。

協働的な学びの雰囲気を教室内につくり出すことは,特に,様々な課題を抱える教育現場においてプラスになることが多い。筆者は,表現や鑑賞の学習を通して教育的な課題に多角的にアプローチできるような授業を計画実践することに,美術教育の意義を感じている。

(3) メディア・リテラシー

レン・マスターマン(Len Masterman)[8]は,学校におけるメディア・リテラシー教育は,全科目の教育におけるリテラシーにとって必要な補助手段であり,カリキュラムを横断して発展させていく必要があると主張している。また,今日の若者がなじんでいるメディア世界は,教師や大人が好む世界とはかなり異なることをルネ・ホッブス(Renee Hobbs)[9]は指摘する。教師が,若者がなじんでいるメディアや現代文化にもっと敏感になり,デジタルメディアを取り巻く様々な経験に関して生徒に追いつくよう,彼女は訴える。これは,たとえば,学校現場における,授業中のスマートフォンの使用と校則による規制というテーマにも置き換えられるかもしれない。

スマートフォンを授業で使用する際に,最適な方法として筆者がまず考えたのはグループ学習であった。生徒がチームで学ぶことで,生徒間及び生徒-教師間で対話が促進されると同時に,生徒が自分たちの力で規律を守って学ぶようになると期待した。マスターマン[10]やホッブス[11]もその著書の中で,メディアについて効果的に教えるためにグループ学習の効果について挙げている。それは,活発な議論を通して批判的に学べる点に主な理由がある。

現在では,GIGAスクール構想の効果やコロナ禍で急加速したオンライン授業の導入によって,

普通の高等学校の現場においても、Wi-Fi環境が整備され、一人1台端末の取り組みがなされるなど、ICT環境の充実が見られるようになった。学校が生徒の日常にようやく追いついてきた観もある。今こうしている間にも技術が進歩し、メディアを取り巻く状況が刻々と変化している。新たなもの（メディア）をどのように取り入れ、それを学びとしてどのように位置付けていくかという問題は、今後の社会や世界に開かれた美術教育の可能性を示しているようにも思われる。

2………汗と涙の実践記録

(1)モバイルムービー題材開発の舞台裏

　筆者がA高校で協働的な活動を伴う映像メディア表現の授業を始めた当時は、校内全域で使用できるWi-Fi環境などは整備されてはおらず、学校のパソコンからインターネットへ接続するのさえスムーズではなかった。美術室専用のビデオカメラも、生徒が学習に使うパソコンなどの機器もほとんどない状態から実践をスタートさせたのだ。

　きっかけは、その頃、InSEA（国際美術教育学会）のネットワークによって知り合ったドイツ人の美術教師から、ドイツで注目されている「モバイルムービー・ハンブルク（MobileMovie Hamburg）」[12]について紹介されたことだ。そこにギリシャ人の美術教師も加わり、海外の学校との協働授業を始めた。

　A高校で実践したモバイルムービーの授業は、生徒が校舎の内外で様々なアクションを演じ、スマートフォンのカメラで工夫して撮影する動画づくりから始まった。生徒は、互いの動画を交換し、他者の動画からヒントを得てアイディアを発展させる。また、メディアに関する既知の情報や技能を生かし、動画素材に編集を加えて新たな動画として再構成し、1分程度の短編動画を制作した。この授業の方法は、生徒間にコミュニケーションと活気をもたらすことになった。

　授業を進める上で、校内の設備不足や、生徒間に見られる人間関係の希薄さなど、教育上の課題と感じていたことなどが数々あった。それらが、生徒が相互に助け合い能動的に学ぶ学習スタイルによって、次々とプラスの方向に転じていくのを目の当たりにした。校内でも上映会を実施し、鑑賞の活動も充実させ、授業は概ね成功感がつかめるものとなった。

　一方で、生徒間のコミュニケーション不足が制作の結果に影響する例が見られた。少数のグループで、コミュニケーションが円滑でないために作品の構想が十分に練られていなかった。そのため、これらのグループの作品は、活動が活発なグループに比べて、完成度が低くなっていた。この点に関して、授業計画の再検討が必要であると感じた。

　反省点を生かしながら、モバイルムービーの可能性をさらに追求すべく、異動先のB高校においても実践の可能性を探ろうと考えていた。ところが、B高校で実践にこぎ着ける前に、A高校における努力は宙に浮いてしまう。B高校においては、ICT環境の設備がさらに遅れているなど事情が異なっていた。ここでは、さらに時間をかけて計画を練り直す必要があったのだ。

概してB高校の生徒には,想像して十分に考えて表現に取り組む課題よりも,見て描き,シンプルな作業を続けられるような課題の方を好む傾向があった。B高校では以前から作品の模写や木彫などで個人制作を主とした活動が多く行われていたようだ。しかし,筆者がここで注目したのは,B高校の生徒の多くが,学校生活の中で自律的に活動する経験をあまり積んでいないことだった。そのため,学ぶ集団として十分に育っていないという教育的な課題を感じた。このような背景もあり,B高校では,設備の問題だけでなく,協働的に学ぶ雰囲気を授業の中につくり出すまでに一定期間を要することとなった。

　筆者は,しばらくB高校の実態を把握することに集中した。題材の指導方針を,生徒が自らの力で問題解決を図るスキルや,多様な他者と協働するスキルを身につける実践とした。B高校には明るい校風があり,それを生かして,生徒の活発なエネルギーを学び合う力に変換できたら,美術の学び方も変わるのではないか…と期待した。

　検討を重ねた結果,最初の協働を伴う題材として,紙芝居(手描き)を選んだ。紙芝居の物語性のある構想が,映像表現における時間性や物語性,記録性に似ていると考えた。生徒目線で捉えた学校生活の中から,生徒が物語を構想し,グループごとに紙芝居に表現することで,生徒間に協働的な学びが成立するかどうかを注視した。

　グループごとにひとつの紙芝居を制作していく過程で,表現が苦手で意欲につながらなかった生徒が,他者の表現方法から学び,それを基に自分の紙芝居の制作に活かす方法を学ぶようになった。自分が考えた物語のアイディアによってグループの活動に役立てたことで,活躍できたという実感が持てるようになる生徒もいた。生徒間の協働が生み出されることで,徐々にではあるが,学習に活気が見られるようになってきた。

　また,一方で,A高校で実感したのと同様に,協働場面では意欲が上がりにくい生徒に対する指導方法の検討が必要であることも再確認した。

　B高校において映像メディア表現の実践をするための準備期間に,筆者は,自己啓発休業を取得して,女子美術大学において教育心理学の各理論やデータを基にした実証的な研究手法を学んだ。2年後に教育現場に戻ると,協働学習に基づいた映像メディア表現の教育的効果に関して自らの実践をもとに研究するため,新潟大学柳沼研究室において博士論文に取り組んだ。以下,B高校において再挑戦したモバイルムービーの実践研究に基づいて記述する。

(2) モバイルムービーを協働学習として調査

　一定期間をおいて,筆者はB高校において実験授業「学校CMプロジェクト」を開始した。担当する全授業を調査の対象とし,同じ題材の実践を試みた。また,授業と並行して質問紙調査を実施した。生徒の学びの全体的傾向を分析し,それを教育的効果として実証的に捉えた。その結果を通して,授業実践では見えにくいと思われる生徒の学び方の傾向を探ってみた。

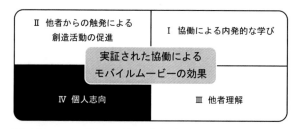

図2: モバイルムービーの実践において見られた教育的効果（片桐,2019,『美術教育学』）

　図2は，B高校のモバイルムービーの実践によって明らかになった生徒の学びの実態を教育的効果として表したものである。学習に対してポジティブに働く効果として，協働による内発的な学び，他者からの触発による創造活動の促進，他者理解という3つの因子が，ネガティブに働く効果として，個人志向というひとつの因子が見出された[13]。

　モバイルムービーの学習において，協働学習がもたらす喜びや達成感，仲間からの刺激を受け表現が新鮮だと感じ，他者とコミュニケーションを通して理解し合えるといった効果が見られ，このように感じる生徒は意欲的に学べることを，データによる分析の結果は示していた。

　また，モバイルムービーの制作において個人志向を示した生徒は，学習にさほど意欲的になれなかった。データが示した結果を基にすると，個人志向は，思うようにならないから皆と取り組むのは嫌だと考えやすい傾向のことで，協働場面では意欲につながりにくいことが明らかとなった。筆者はさらに，個人志向の背景的要因に関して詳細に検討することにした。

(3) 個人志向と協働の問題

　モバイルムービーの学習において，生徒は多様な仲間と協働し，意見交換を行いながら，グループでひとつの映像作品を制作する。学習過程で，個人制作と比べて思うようにならない場面も出てくる可能性がある。しかし，未知の状況に対しても，仲間と意見交換をしながら課題を達成しようと努力すれば，一定の成果を出せる題材でもある。そのような学びに生徒が適応し，学習に成功感をもつためには，機器の扱いなどの技術面だけでなく，社会的な関わりの中でうまくやれるといった信念をもつことが鍵になる。個人志向的傾向を示しやすい生徒が，どのようなことが原因で意欲を感じにくくなるのかを具体的に検討した。

表1: 協働学習に基づいたモバイルムービーの学習成果に及ぼす資質

学習に成功感をもちやすい資質の例	学習に消極的になりやすい資質の例
・新しいことを学ぶことを重視し，学習課題の習熟に向けて努力する方だ。 ・集団場面において，他者と関わって協力したり援助したりする方だ。 ・集団場面において決められたルール等の秩序を守って行動する方だ。 ・集団場面において，積極的に他者に話しかけたり，相手に気を配りながら自分の考えも表明したりする方だ。 ・集団場面において伸び伸びと活動でき，精神的に楽な気分でいられる方だ。	・仲間が困っていても手を差し伸べにくい方だ。 ・相手の意見を尊重しながら自分の意見を述べるのが苦手な方だ。 ・人間関係がわずらわしいと感じる方だ。 ・緊張すると自分の意見が伝えられない方だ。 ・集団場面では伸び伸びと活動できず，精神的に楽な気分ではいられない方だ。

質問紙調査では,学習に取り組む生徒の認知・考え方を多角的に調べた。その際の手がかりとしたのは,社会情動的スキルの概念である。社会情動的スキルは,近年,国際的にも関心が高まっている概念で,目標の達成,他者との協働,感情のコントロールなどの下位概念がある[14]。これらの下位概念は,筆者の実践において,他者と協働して学習に取り組む際の適応のバロメーターとなり得る[15]。そこで,これらに近いと思われる心理学の概念を検討してみた。

　題材には,複雑な学習過程の中で目標を定め,他者と関わりながら学び,映像として表現するというねらいがある。協働場面で個々の生徒が感情をコントロールしながら活動することが求められるため,動機付け理論や自己概念に関する構成概念を参考にした。具体的には,生徒がモバイルムービーの表現に取り組む際の学習目標の捉え方(学習行動),他者との関わり方(社会的行動),自己の把握(特に,自己肯定感)との関係として捉え,生徒の学び方を調査した[16]。

　表1は,調査の結果をまとめたもので,モバイルムービーの学習に成功感を持ちやすい生徒の資質と学習に消極的になりやすい生徒の資質の特徴を示している。データをもとにした分析の結果,新しいことを学ぶことに価値を置き,集団においてルールを守り,他者と関わり助け合ったりすると同時に,自分らしさを発揮しながら学ぶ生徒は,モバイルムービーの学習において協働的かつ意欲的に学び,学習に成功感を持ちやすいということが実証された。

　次に,個人志向的傾向のある生徒は,協働場面において,自分の意見が否定されることに対する懸念や,否定されることにより仲間への不信感を抱きやすい傾向があるということが明らかとなった。そのため,協働場面において,堂々と自己表明ができずに緊張して,自分の意見を伝えられず,つい閉鎖的になってしまうと考えられた[17]。また,美術が好きな生徒で,協働場面だと個人の自由なアイディアが生かされにくく感じるなど,皆と一緒に活動する際のデメリットの部分に注目してしまうと,学習に対する意欲にはつながりにくい可能性があることも推察された。

　多くのポジティブな効果が報告されている協働学習や美術の協働的な表現において,個人志向の問題は盲点となりやすい。調査結果は,ある程度汎用性をもった指針として,今後の実践研究に役立てるつもりである。

3………未来へ向けて　協働を生み出す映像メディア表現の可能性

　筆者は,C高校へと実践の場を移した。C高校は,学習や学校生活に不安を感じる生徒や,「外国につながる生徒」を中心に受け入れている昼間定時制高校である。C高校の生徒に関する学習支援上の実態は多岐にわたるが,全体的には学習不適応や不登校経験のある生徒が一定数いることから,個人志向の生徒が多いと予想された。

　筆者は,C高校の様々な実態の中でも,文化的な多様性をポジティブに活かしていくという可能性に注目した。映像メディア表現によって海外の学校との協働授業が実現すれば,日本語の言語環境において消極的になりがちな「外国につながる生徒」が活躍できると考えたからだ。

C高校における協働学習の指導方針として、生徒への予備調査をもとにしながら、以下のように方針を立てた[18]。
　①個々の生徒が取り組みやすいよう個人制作をベースとした協働学習
　②異なる背景をもつ生徒個々の特性が学習集団の中でうまく生かされるような工夫

　C高校では、ビジュアルデザインの授業において、多様な文化的背景をもつアメリカのJ高校、及びノルウェーのインターナショナル・スクールとの協働授業に取り組んだ。
　アメリカのJ高校との協働授業では、視覚的なコミュニケーションによる文化交流をテーマにし、生徒の関心やスキルを考慮しながら、対話的な流れによる表現と鑑賞の活動に取り組んだ。C高校では、主に一人1枚のスライド制作とモバイルムービー（発展課題）の制作を行った。
　ノルウェーのインターナショナル・スクールとの協働授業では、生徒を取り巻く社会的・文化的環境をテーマとした写真表現（モバイルフォトグラフィー）に取り組み、主に鑑賞の授業での連携を試みた。C高校では、生徒が身近な風景や自分の経験をもとにテーマを決めて写真を撮影し、情報室のパソコンと生徒のスマートフォンの両方を使いながらデジタル写真集を制作した。
　どちらの協働授業においても、生徒は、相手の学校の取り組み（生徒の作品や感想、教師のメッセージ等）を通して、学校や文化の違いだけでなく互いの共通点なども感じ取り、学びを深めることができたと言える。C高校の、多様で、課題を抱える生徒が多い環境において、各題材が生きた学習となったのは明らかだった。それは、映像メディアがコミュニケーションを生み出し、生徒を現実世界に向き合わせる有効な手段として機能したためとも考えられる[19]。各実践を通して、協働学習としての効果もさることながら、映像メディア表現には、生徒にリアリティをもたらし、自己意識に効果を及ぼす可能性があることを実感した（図3,図4）。

　筆者の実践技法は、映像メディアを通して、多様な考えをもつ生徒が相互に関わりながら学ぶことで、全員がよりよい学習成果を目指す授業にある。そこには、生徒に合った協働的な学びをどのように仕掛けるかという、指導者としてのねらいが深く関わっている。
　今日のICT環境の充実によって、学校での実践方法も変化している。映像メディアが生み出すコミュニケーションを充実させ、今後も、研究と実践との間、グローバルな視点とローカルな視点とのバランス感覚をもちながら研鑽を積んでいきたい。

図3: 画面を通して伝わるリアリティ（アメリカの高校との協働授業の動画より、左がC高校、右がJ高校の作品の一場面）

図4: 作品に現れるライフスタイルや気候風土（ノルウェーの学校との協働授業の作品より、C高校生徒作品）

［参考情報］

Ames, C. & Ames, R., "Systems of Student and Teacher Motivation: Toward a Qualitative Definition," *Journal of Educational Psychology*, vol.76, 1984, pp.535-556.
生徒の動機づけの構造に関して、生徒の認知と教師の認知をもとに解説している。学習における目標の捉え方を協働、競争、個別という3種類の動機付け体系で説明している点は、美術教育においても参考になる。

中谷素之 編著『学ぶ意欲を育てる人間関係づくり―動機づけの心理学』、金子書房、2007.
学習において、生徒は学ぶ意欲をどのような時に高めるのかという問題を多角的な視点から解説している。教育実践を行う上で参考にしたい一冊。

レフ・マノヴィッチ、きりとりめでる・久保田晃弘 共訳「インスタグラムと現代イメージ」、久保田晃弘・きりとりめでる 共訳・編著『インスタグラムと現代視覚文化論 レフ・マノヴィッチのカルチュラル・アナリティクスをめぐって』、ビー・エヌ・エヌ 新社、2018.
インスタグラム（Instagram）上に掲載された画像の分析を通して、モバイルフォトグラフィーの本質について述べた論考。

[註]

1) 片桐 彩「高等学校における協働学習に基づいた映像メディア表現の教育的効果（Ⅰ）」『美術教育学』, 第40号, 2019, pp.129-143.
2) 片桐 彩「高等学校における協働学習に基づいた映像メディア表現の教育的効果に関する研究」, 2021年度 新潟大学大学院現代社会文化研究科 博士学位論文, 新潟大学, 甲第4949号, 新大院博（教）第28号, 新潟大学学術リポジトリ,〈https://niigata-u.repo.nii.ac.jp/records/2000431#.YuHnK-zP2Zw〉, 2022年5月.
3) 筆者がモバイルムービーの実践を始めた2013年当時は、多くの生徒がいわゆる「ケイタイ」を所有していた。スマートフォンを使用しているのは一部の生徒に限られていたが、筆者の授業では「ケイタイ」という呼称で特段区別することなく扱っていた。尚、本稿で扱う映像メディア表現では現代性を重視しているため、執筆時点の2023年において一般的な「スマートフォン」に表記を統一している。
4) レフ・マノヴィッチ, 堀 潤之 訳『ニューメディアの言語 デジタル時代のアート, デザイン, 映画』, みすず書房, 2013, pp.69-113.
5) 協働の語を巡っては、「協働」「協同」「共同」というように複数の表し方がある。これらの語は、理論的には定まった見解がなく、それぞれの語の共通性に注目することが重要と考えられている。筆者の場合は、教室全体が学びの集団になるような美術の題材を検討し、「協働学習」と表している。：町岳・中谷素之「協同学習における相互作用の規定因とその促進方略に関する研究の動向」『名古屋大学大学院教育発達科学研究科紀要（心理発達科学）』, 第60巻, 2013, pp.83-93.
6) たとえば、Slavin, R. E., "Research on Cooperative Learning and Achievement: What We Know, What We Need to Know," Contemporary Educational Psychology, vol.21, 1996, pp.43-69. など。
7) 杉江修治「協同で育てる学びへの意欲」, 中谷素之 編著『学ぶ意欲を育てる人間関係づくり－動機づけの心理学』, 金子書房, 2007, pp.111-125.
8) レン・マスターマン, 宮崎寿子 訳『メディアを教える－クリティカルなアプローチへ』, 世界思想社, 2010, p.20.
9) ルネ・ホッブス, 森本洋介・和田正人 監訳『デジタル時代のメディア・リテラシー教育 中高生の日常のメディアと授業の融合』, 東京学芸大学出版会, 2015, pp.14-15.
10) マスターマン, 前掲, pp.37-49.
11) ホッブス, 前掲, pp.26-28.
12) スマートフォンの芸術的な使用を目的とし、デジタルメディアを創造的に美術の授業で活用するため、ドイツのハンブルクの学校（ギムナジウム等）を中心として行われた外部機関との協働プロジェクトである。〈http://www.mobilemovie-hamburg.de/〉（2018年8月20日閲覧）。※一定の活動期間を終了したと見られ、当サイトは現在アーカイブされている。
13) 片桐, 2019, 『美術教育学』, 前掲.
14) OECD／ベネッセ教育総合研究所, 真田美恵子 訳「学習環境, スキル, 社会進歩: 概念上のフレームワーク」, 武藤 隆・秋田喜代美 監訳『社会情動的スキル－学びに向かう力』, 明石書店, 2018, p.52.
15) 筆者は、これを「美術における協働スキル」と定義している。：片桐 彩「高等学校における協働学習に基づいた映像メディア表現の教育的効果（Ⅱ）」『美術教育学』, 第41号, 2020, pp.69-84.
16) 片桐, 同.
17) 片桐, 同.
18) 片桐 彩「協働スキルを育む映像メディア表現－多様な生徒を対象にしたクロスカルチュラル・ラーニングの予備的検討－」, 柳沼宏寿 編『SCREEN LITERACY- Education Through Visual Media Expression-』, vol.1, 新潟大学大学院現代社会文化研究科, 2020, pp.23-32.
19) 片桐 彩「高等学校における協働学習に基づいた映像メディア表現の教育的効果（Ⅲ）」『美術教育学』, 第42号, 2021, pp.119-134.

教育実践チームをデザインする
肢体不自由特別支援学校の授業プロセス可視化を通して

森田 亮
MORITA Ryo

1………はじめに

　筆者は2009年度から10年間,肢体不自由特別支援学校3校に勤務した。本章では,その中で見出した教育実践技法「授業プロセスの可視化による教育実践チームのデザイン」[1](図1)について述べる。実践者と,同僚教員や保護者,専門家といった子どもを取り巻く関係者が,チームとなって教育実践にあたることは,肢体不自由のみならず他の障害種を対象とする特別支援学校・

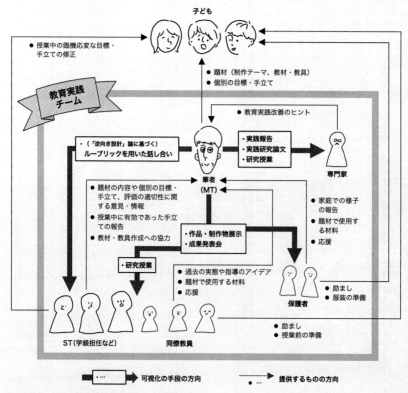

図1: 授業プロセスの可視化による教育実践チームのデザイン

学級でも求められる。また、カリキュラムマネジメントの視点から見れば、小・中学校、高等学校でも参考になる取り組みであると思われる[2]。

以下では、最初に、筆者の直近の教育実践事例を紹介し、次に、それに至る学生時代の学びや教育実践の履歴を述べる。最後に、その全体から見出した技法の詳細を提示する。

2......肢体不自由特別支援学校における美術の教育実践

本節では、当該学校における図画工作・美術科（以下、「美術」）教育の特徴を述べたうえで、筆者の直近の教育実践事例を紹介する。

(1) 肢体不自由特別支援学校の美術教育

ここでは、小学校、中学校、高等学校と同じあるいは下の学年の各教科等を取り扱う教育課程（以下、「準ずる教育課程」）と、各教科を知的障害特別支援学校の各教科に替えて取り扱う教育課程（以下、「知的障害代替の教育課程」）[3]で実施されている美術教育を念頭に置いて述べる。

肢体不自由特別支援学校に通う子どもの最多疾患である脳性まひでは、運動機能の障害に、視知覚認知の障害や知的障害などが随伴するケースが少なくない[4]。そのため、たとえば描画活動では、姿勢を保持しながら材料や用具を適切に扱って、意図した大きさや形でものを描くことなどに難しさが生じる。そうした困難さは、障害の種類や程度によって異なり、同一の題材であっても、一人ひとりに応じた指導・支援が必要となる。

指導体制として、多くの場合、チーム・ティーチングが実施される。美術の専科教員が主指導教員（Main-teacher 以下、「MT」）、学習集団を構成する子どもの学級担任や学部教員が補助教員（Sub-teacher 以下、「ST」）となってチームを構成することが多い。専科教員は、担任する学級の指導を行いながら、美術の授業時にだけ当該学習集団の子どもと関わる。そのため、題材の内容検討や個々に応じた目標・手立ての検討、教材・教具の準備や評価の実施には、子どもの実態を熟知しているSTからの情報や意見、準備作業のサポートが不可欠となる。このように、当該学校の美術教育では、MTとSTによる、授業でのチーム・ティーチングと、授業外での意見交換や議論、共同作業が求められる。

(2) 教育実践事例

教科の本質に迫りつつ、肢体不自由児の学習実態を踏まえた題材設計を実現しうる方法論として「逆向き設計」論に着目し、題材設計に取り組んだ事例を紹介する。

①対象と題材

X特別支援学校（肢体不自由）の準ずる教育課程で実施した「造形遊び」の題材「ねん土と

表1: クラスの概要

学部・学年	小学部・3年生	児童数	5名
学習実態	・3名が独歩で、2名が車椅子を使用して移動する。前者は、比較的硬く大きな粘土を、後者は、小さく柔らかい粘土を扱う。 ・4名が通常の鉛筆を把持して文字を書き、うち1名がマス目に応じたサイズで、3名が大きなマス目に書く。1名は補助具付き鉛筆で大きく書く。 ・4名が活動に気持ちを向けて、集中して取り組むことに課題がある。 ・全員が活動の中で感じたり考えたりしたことを表現することに課題がある。題材に関わらず、「電車」など定型化したイメージを表す場合が多い。		

あそぼう」である。クラスの概要を表1に示す。

筆者(MT)とA教諭(ST)の2名で指導にあたった。A教諭は、肢体不自由児の障害特性を熟知した専門家であり、学級担任ではないが、小学部主事として日常的に当該クラスの教科指導に関わっていた。

題材設計は、パフォーマンス評価を主軸とした単元・カリキュラム設計論である「逆向き設計」論[5]に基づき、以下の4つのステップで実施した。

1. 学習内容(粘土を扱う「造形遊び」)における「永続的理解(「見方・考え方」)」[6]を明確化する
2. 子どもが自ら「本質的な問い」[7]を問わざるを得ない(=「永続的理解」に向かう探究をせざるを得ない)パフォーマンス課題[8]を作る
3. 「永続的理解」への到達度を、子どものパフォーマンスを基に評価するためのルーブリック[9]を作成する
4. 子どもがパフォーマンス課題に取り組むことができる指導計画を立案する

設計した題材の骨格を表2に示す。

②結果: 児童のパフォーマンス

事例として、児童Aと児童Bを取り上げる。なお、以下の括弧内文章は指導記録からの引用である。

児童Aは、第1・2回授業で、粘土の「表面をたっぷりの水で濡らし、撫でたり叩いたり」、「洗った」りしていた。この段階で、本児にとっての粘土は、感触を味わう対象であったと思われた(表2:ルーブリック:レベル1)。しかし、第3回授業では、握りつぶした粘土が指の間から出てくる感触を楽しんだ後で、「握りつぶす前に止めると『犬の骨』ができる」ことを発見した。また、第4回授業では、棒、

表2: 題材の骨格設計

「本質的な問い」	「永続的理解」	パフォーマンス課題
○粘土とはどのような素材か？ ○作りたいものを思い付くには、どうすればよいか？	○粘土は、冷たさや重さ、硬さといった感触を味わうことができる素材である。また、にぎったり、ひねったり、穴をあけたり、削ったり、自分の手の動きによって多様な形を生み出すことができる(=可塑性がある)素材である。 ○手を多様につかって関わる中で、粘土の特性がわかってくると、そこからやりたいことや表したいことを見出すことができる。	「背高のっぽ」「大きな塊」「平たい板」の3つの粘土の塊のうち、これがいい!と思うものを選んで遊ぼう。穴を開ける／削る／丸める(まる)／延ばす(ひも)／ねじる／ひっぱる／叩く／立てる、色々やったね。どんな遊びやお話ができるかな？

ルーブリックと手立ての例(題材終了後の再構成版)					
レベル	1	2	3	4	5
記述語	粘土への働きかけによって得られる感触や動き(倒れる、崩れる)を楽しみながら活動している。	粘土への働きかけによって得られる形やその変化といった現象を楽しみながら活動している。	粘土への働きかけ方を調整して、意図した形や組み合わせを作り出している。	粘土の特性を踏まえた働きかけ方によって、粘土ならではの形や組み合わせを生み出すとともに、イメージやストーリーを発想している。	粘土から得られる形や組み合わせから多様なイメージやストーリーを発想し、それに基づいて活動を方向づけ、展開させている。
手立ての例	・関わりを誘発する粘土提示の仕方の工夫(極端な形・量) ・行為と感触の強化・承認(擬音語を付け手を添えて一緒に行う) ・感触の意味付け・価値付け(「冷たいね」「気持ちいいね」など)	・視覚的な特徴の言語化の促し(「どんな形ができた？」「どんなふうに変わった？」など)	・結果の承認と称賛(「新しい形ができたね」「この形がおもしろいね」など) ・結果の得方の確認(「どうやってこの形を作ったの？」など)	・粘土の特性を生かした活動や結果の承認と称賛(「そういう作り方ができるんだね」「ここの粘土の使い方が上手だね」など)	・得られるイメージの言語化の促し(「～みたいに見えるね」「これは何だろう？」など)

授業回	実施日	本時のねらい	学習内容	手立て	
1・2	5/27 6/10	○粘土の質感や働きかけた時の感触、形が変わるおもしろさを味わう。	カービング：手やかきべらを使って、粘土の塊を掘ったり削ったりする。		削りたくなるようなサイズ・形状の粘土を用意する。ビデオ映像で「遊び方」を例示する。
3・4	6/17 6/24	○粘土の質感や働きかけた時の感触を味わう。 ○手の使い方次第で、様々な形が生み出せること(可塑性)を知る。	モデリング：様々な形を作って、積んだり並べたりする。		粘土の硬さや抵抗感を感じながらちぎり取ることのできる厚みがあり、ちぎりやすい凸凹形状の粘土とする。
5	7/1	○前時までの粘土との関わりから学んだことを活用して、自分なりに粘土と遊ぶ。	パフォーマンス課題に取り組む。	これまでに実施した「遊び方」を、スライドで振り返った上で、パフォーマンス課題を提示する。	

板,ひもなど多様な形を自在に作りながら,「赤ちゃん」の部屋がつながっていく物語を展開させた(表3:第4回授業)。そして,第5回授業では,それまでに捉えた粘土の特性や試した遊び方を総動員して活動した(表3:第5回授業)。第4・5回授業のパフォーマンスは,表2のルーブリックのレベル4程度と捉えられた。

　一方,児童Bは,第3回授業以外で,「人型」を作り続けた。第5回授業でも「人型を作る粘土が無くなったら粘土を削り出していた」(表4)ことから,題材の全体を通して,本児にとっての粘土は,特性を探究しようとする対象(目的)ではなく,あくまで「人型」を表すための手段という認識であったと推測された。

表3: 児童Aの第4回および第5回授業でのパフォーマンス

授業回	パフォーマンス		
4	・柱や壁で部屋を作り,また,隣の部屋と連結した。窓や「赤ちゃんの遊具」を作り「お城」を完成させた。活動の中で物語とそれに合わせた空間が展開した。		
5	・「背高のっぽ」をへらで2回削った後,寝かせてひねり,中央を持ち上げてアーチ状にした(写真左)。 ・立て直し,周囲に「蛇」を巻き付けて「○○(キャラクターの名称)の王国」にした。 ・プレートで押しつぶした後,塊を上に載せ,水を汲んできて両手で「洗った」(写真右)。 ・塊を上に載せて授業終了。片付けられていく粘土に「さようなら」と言った。		

表4: 児童Bの第5回授業でのパフォーマンス

・「背高のっぽ」を選択。人型を作る粘土が無くなったら粘土を削り出していた。
・へらで削る際には,同じ面を上から下まで1回で削っていた(写真左の粘土の塊)。
・削った粘土から4体の人型「家族」を作る(写真左)。持っている粘土のサイズを,先に作った人型の足のサイズと比較して同じにしようとする(写真右)。

③考察と改善

　児童Aは,第1回〜第5回授業でのルーブリックのレベル推移から,特に第3回授業以降,粘土への関わり方と活動の幅を広げていったことが窺えた。第4回授業を参観した学級担任も「(普段と)違って,びっくりした。粘土と深く向き合っていたし広がっていた。粘土を立てたり,ねじったり,たたいたり,(中略)駆使していた」(括弧内筆者補足)と評価していた。このことから,児童Aにおいては,"粘土には特有の感触と可塑性があり,多様に関わる中でやりたいことを見つけることができる"

という「永続的理解」(表2)に向かう活動が，概ね実現していたと判断された。

　一方，児童Bは，「永続的理解」ではなく，当時「ハマって」いた「人型」の作成に向かっていた。筆者とSTは，"人型を作りながらも，粘土に向き合えるようにしていこう"という共通理解のもと，手立てとして，児童Bの削る行為に合わせて「すー」など擬音語を付けたり，「気持ちいいね」など共感を示す言葉かけをしたりしていた。しかし，最後まで活動は変化しなかった。題材を振り返ると，打開策のヒントは最終第5回授業(表4)にあったと思われた。「背高のっぽ」の粘土を「へらで削る際には，同じ面を上から下まで1回で削っていた」姿から，同授業回で児童Bは，削ることに伴う感触を味わっていたことが窺えた。たとえば，第1回授業で，立方体ではなく「背高のっぽ」のような，より削る行為を誘発する形の粘土を用意していれば，題材の早い段階で，児童Bが粘土を活動の目的として認識することができた可能性がある。

　以上のことから，「逆向き設計」論は，教科の本質に迫る題材設計の枠組みを提供するが，実際に児童が「永続的理解」に向かうためには，深い児童の実態理解に基づく，妥当性の高い手立ての実施が不可欠であると考えられた。そのため，題材の骨格(表2)の改善に際しては，指導の中で有効であると判断された手立てをルーブリックに付記した(項目「手立ての例」)。こうして改善された題材の骨格は，今後の，材料との関わりを主題とした「造形遊び」の題材設計に際しての土台となる。

3………教育実践の背景

　本節では，前節の教育実践に至る背景として，筆者の美術(デザイン)との関わりや授業づくりにあたって大切にしていたことを述べる。

(1)デザインとの出会い

　デザインへの漠然とした憧れと，建物の造形に対する興味から，大学では，建築デザインコースに進んだ。1・2年次には，生産・建築・環境の各領域の課題に取り組んだ。課外活動としてアートプロジェクト(越後妻有アート・トリエンナーレなど)の活動にも参加した。3年次には本格的に建築の設計課題がはじまり，中国のある都市でのフィールドワークをもとに文化施設を設計したり，学内施設リニューアルの実施設計と施工を経験したりした。4年次の卒業論文と卒業設計では，東京郊外のある街を取り上げた。論文では，同地を舞台にしたテレビドラマにおける空間表現を検討し，設計では，同地に東京湾の風景を主題とした絵画や映像作品を収集・展示するミュージアムを設計した。

　こうした，建築とその周辺領域を対象としたデザイン活動に関わる中で，次第に自身のデザインの概念が広がっていった。そして，身近な人が従事していたこともあり，意図的活動(＝デザイン)としての教職に就くことをイメージするようになった。

(2) 最初の教育実践

大学卒業後に科目等履修生として教員免許を取得したのち,高等学校美術科講師を経て,2009年度より(期せずして)肢体不自由特別支援学校の教員となった。

初任者研修での授業研究が,最初の教育実践となった。知的障害代替の教育課程に在籍する中学部1～3年生の6名で構成される学習集団を対象に,フィンガーペインティングやデカルコマニーで気持ちを表現する題材を実施した。準備をすればするほど生徒が応えてくれることに大きなやりがいを感じていた。総まとめの研究授業を参観した指導教員の感想箋には,「学習集団の実態に対して『気持ちの抽象表現』は難しいと思われたが,『今度は赤でもえる感じにしよう』などの発言があり,やる価値のある題材だと感じられた」と記されており,大きな達成感を味わった。一方,改善点として,「『紫の色があまり出ていないなぁ』『強く押さずに軽く押した方がいいよ(デカルコマニー時の生徒間でのアドバイス)』といった発言を取り上げて,賞賛したり生徒自身が次時の活動の目標を考えられるようにしたりするべきであった」(括弧内筆者補足)と記されていた。いわゆる「教育的タクト(授業における臨機応変の対応力)」[10]を身につけていく必要性の指摘であった。

(3) 楽しい授業の追究

2年目以降も,知的障害代替の教育課程中学部で教育実践にあたった。「子どもが楽しいと感じる授業」を実現する方策を検討し,題材を実施した。

たとえば,「本物の美術に触れる機会の創出」を方策とした,キュビスムや抽象表現主義など近現代美術の考え方や技法を取り上げた題材を実施し,美術館での対話型鑑賞にも取り組んだ。また,「社会とのつながりの創出」を方策として,東京スカイツリーの竣工に際して,木片を材料とした題材「タワーを建てよう」を実施した(図2)。まとめでは,筆者と生徒1名が審査員となったコンペ

図2: 題材「タワーを建てよう」の作品展示

図3: 題材「ファッションショーをしよう」での生徒の作品（写真をイラスト化）

図4: 音楽劇発表のための舞台背景（左から「プロメテウスの火」,「水戸黄門」,「レ・ミゼラブル」）。筆者が設計し,生徒が部材の彩色と組み立て,教員が部材の切り出しと全体の組み上げを行った

を開催して各賞を決定した。さらに,「見せ場の創出」を方策として,ファッションショーの開催をめざして,カラフルな紙袋と色ガムテープを用いてコスチュームを製作する題材を実施した(図3)。まとめでは,各自が選んだ音楽に合わせてランウェイを歩いた。

この時期には,作品を美術館のように美しく展示したり,生徒と教員が共同制作した舞台背景を文化祭の音楽劇で使用したり(図4)するなど,全校への発信活動にも力を注いだ。また,実践報告や実践研究を肢体不自由教育の研究協議会や教育系雑誌に投稿するようになった[11]。

(4)「目標の具体化」をめざして

楽しい美術を志向する一方で,「子どもたちは何ができるようになっているのか?」とか,自身の教育実践が,知的な学びがない活動主義的傾向[12]に陥っているのではないかという疑問・危惧が生まれた。「目標の具体化」,つまり「真にめざすべき包括的な最終目標について,授業後に生じさせたい具体的な出口の子どもの姿(認識や能力の変容の表れとしての学習者の活動の様子,発言,作品)で目標を語る」[13]ことの必要性を感じ,ルーブリックに着目した教育実践に取り組みはじめた。

ルーブリックは,子どものパフォーマンスの質的レベルを捉えるための評価基準表であると同時に,

目標の一覧表とも捉えられるものである。子ども一人ひとりの目標設定と評価を軸とした授業設計のツールとして、表5の「ルーブリックに基づく授業設計シート」を開発し、授業回毎にSTと共有しながら、指導の振り返りと改善を行なった。

　この時期に、大学院修学休業制度を利用して1年間休職し、修士論文を執筆した。それを機に、学会誌への論文投稿に挑戦するようになり、初めて美術科教育学会誌『美術教育学』に論文が掲載された[14]。

表5:「ルーブリックに基づく授業設計シート」の例(上段: ルーブリック,下段: 指導計画と指導記録)

「積み木で家を建てよう」（〇〇さん／12月13日）

ルーブリック【ver.4（11/30 更新）】

観点	評価規準	評価基準			
		1	2	3	4
発想・構想	つくろうとするもの（家）がわかり、つくりたいイメージや主題を発想したり、それを表すための積み方を構想したりする。	積みたい形の木片を選ぶ。【素材(部分)の発想】	崩れないように、木片の形を選んだり、積み方を考えたりする。【素材(部分)の発想】	「家」をイメージして、壁や床、天井などの構成を発想したり、各部のつくり方を構想したりする。	「家での生活」をイメージして、部屋の形や機能、組み合わせを発想したり、それぞれのつくり方を構想したりする。
技能	制作の手順を理解し、つくりたいイメージや主題に基づいて木片の選び方や積み方を工夫しながら、構成する。	木片を積んだり、並べたり、崩したりする行為を楽しみながら、制作に取り組む。【行為を楽しむ】	崩れないように、木片の形を選んだり、積み方を工夫したりする。【積み方の工夫】	家をつくることがわかり、一人で／依頼しながら活動に取り組む。【方法・手順の理解】	つくりたいイメージや主題に基づいて、木片を選び方や積み方を工夫しながら、構成する。【積み方の工夫】
鑑賞	自作品の題名やアピールポイント、友だちの作品の特徴やよさを考えて発表する。	教師と一緒に、作品の題名やアピールポイントを考えて、発表する。	作品の題名やアピールポイントを考えて、発表する。	友だちの作品を見て、特徴やよさを考えて、発表する。	―

指導計画と指導記録

活動内容	○ 木片を積んで家をつくる	手立て（全体）	▶ 特になし（前時からの変更なし）

	個別の評価基準（目指す姿）		活動の様子・考察（評価）	判定	次時への改善
	本時の目標	手立て			
発想・構想	2 ○高く積み上げるという目標に向かって、自分から手を動かして制作することができる。	▶活動の最初に「高く積もう」と教師と一緒に確認して、見通しとモチベーションが持てるようにする。 ▶床に台座を設置して、座位で、床の低さから積み始めるようにする。 ▶両面テープで接着を行い、手が汚れてストレスにならないようにする。 ▶本人：積む→教師：両面テープ貼り付け→本人：剥離紙はがす→積む　のパターンで取り組む。	・手がべとべとしないので、ストレスなく積むことに取り組むことができた。また、台座を用意したことで、「ここにつめばよい」ということがわかりやすく、集中できたのではないか。座位をとって床の上で活動する。自分から木片をどんどん手に取って積む。積もうとする。・（以下、省略）	不適合	・今回の土台部分はボンドで固めてその上に積んでいけるようにする。・技能1。（以下、省略）
技能	1・2			1 適合	

判定後の手続き	適合 → 指導継続	不適合 → 目標修正	達成 → 目標更新

(5)「逆向き設計（Backward design）」論に着目して

ルーブリックを活用した教育実践は、一方で、「ルーブリック評価」と言われるような、物差しの子どもへの当てはめに陥る危険性を孕む[15]。ルーブリックは、「真にめざすべき包括的な最終目標」[16]に焦点化された、探究すべき課題が設定されてはじめて、意味のある評価基準、指導の指針となる。その探究すべき課題として「パフォーマンス課題」を設定し、それを軸とした単元（題材）設計を実現するのが、「逆向き設計」論であった。

同理論では、パフォーマンス課題の設定と指導計画の立案に際しては、学習集団や個に応じた多様な展開が可能とされていた[17]。また、ルーブリックは、パフォーマンス課題や単元での子どもの多様な「学びの事実」[18]を基に、構成／再構成されるものである。

このことから、教科の本質に迫りつつ、肢体不自由児の学習実態を踏まえた題材設計を実現しうる枠組みとして「逆向き設計」論に着目し、冒頭に紹介した教育実践に取り組んだ。現在も、同理論の適用可能性について検討を進めている[19]。

4………私の教育実践技法

本節では、前節を踏まえて、これまでの筆者の教育実践に通底する考え方、すなわち技法についてまとめる。

(1) 授業プロセスの可視化

筆者はこれまで一貫して、授業のプロセスを可視化し、STや同僚教員、専門家、保護者に提示してきた。以下、二つの視点から述べる。

①授業実施に際しての可視化と効果

3-(4)で取り上げた、ルーブリックを活用したSTとの話し合いは、STに対して、授業や子ども一人ひとりのねらいを明示するものであった。先のA教諭は、題材終了後のアンケート調査で、「MTSTで授業のねらいやゴール、そこに向かう子どもの現状を共通理解し、かかわり（手だて配慮）を共有して授業に向かえた」と回答した。たとえば、表2のルーブリック：レベル1に付記した手立てである、児童の行為と感触（感覚）の「強化・承認」「意味付け・価値付け」は、A教諭が筆者に提案したものであった。その提案は、A教諭が熟知していた、運動機能や視知覚認知の障害によって材料の感触を受け取りにくいという肢体不自由児の障害特性を踏まえてなされたものであった。第1回授業で粘土の感触を「気持ち良くない」と言った児童Aの、それ以降のパフォーマンスの深まりは、A教諭からの情報やアイデアなしには実現しなかったと感じている。ねらいの可視化によって、STは自身の子どもに関する知見をMTに積極的に伝達するようになると考えられた[20]。

3-(2)で取り上げた研究授業も、STや同僚教員、専門家（外部講師）に対して、授業のねらいや内容、子どもの活動を可視化する取り組みであった。初任者研修以降も、年間を通して行われ

る研究会やその成果発表の場としての研究協議会で，研究授業を実施した。そこで得た関係者からの批評が，教育実践の改善につながっていた。

②授業外での可視化と効果

3-(3)の図2と図4で示した日常や行事での作品・制作物展示，図3のファッションショーのような成果発表会は，子どもたちのモチベーションと学びの質を高めるための取り組みであった。それは同時に，STを含む同僚教員や保護者に対して，美術の授業のおもしろさや意義を伝えるために継続してきたものでもあった。その成果であるという確証はないが，同僚教員が美術の授業中に「おもしろそうなことやっているね」と子どもたちに声をかけたり，展示替えの際「次は何やるの？」などと筆者に声をかけたりすることが多くあった。また，題材で使用する材料の持参や服装の準備を，保護者や同僚教員に依頼した際に快く協力してくれたり，保護者が「この前の作品の出来栄えには満足していたようだ」と生徒の作品に対する思いを，学級担任に伝えてくれたりした。こうした同僚教員や保護者による，子どもや筆者への言葉かけや協力が，子どもたちの学習意欲を高め，学習活動を円滑に展開させる環境づくりに寄与していたと思われる。

一方で筆者は，題材の成果や課題を，実践報告や研究論文としてまとめ提出することで，専門家から教育実践改善のヒントを得ていた。3-(3)で示した，「楽しさ」を志向した授業での成果をまとめ，教育美術・佐武賞に応募した際には，「『楽しさ』そのものは造形手法そのものに内在するのではなく，生きる主体としての子どもたちの側に生成されるものです」[21]，「結果的に多くの作品は想定される範囲内に収まっている。今後は，この子等の個性や可能性をどこまで広げられるか検討してほしい」[22]というコメントを得た。生徒一人ひとりに目を向けて，実態を把握し，授業の中でのありうる姿を検討する作業の不足を痛感したことが，3-(4)の「目標の具体化」に取り組むきっかけの一つとなった。

(2) 結論：私の教育実践技法

以上のことから，私の教育実践技法として，本章冒頭の図1を提示したい。それはつまり，授業プロセスの可視化を通した，STや同僚教員，専門家，保護者など子どもや美術教育をよく知る人々が，子どもや実践者に自然と，教育実践の推進や改善のための環境やヒントを提供する仕組みの創出である。

建築デザイン（設計）において，スタディとは，考え・作り・さらに考える「思索の過程」[23]である。そこには，スケッチや図面，模型によって，頭の中にあるイメージを徹底的に可視化する行為が伴う。また，筆者にとってのデザインとは，物事の意図的な構造化・組織化であり，人と人との関係性もまたデザインの対象であると認識している。こうした筆者の思考スタイルとデザイン観が，肢体不自由特別支援学校の美術教育が専科教員一人の力では成立し得ない現実と出会い，生まれたのが，「私の教育実践技法」であると考えている。

［参考情報］

G. ウィギンズ・J. マクタイ著,西岡加名恵訳『理解をもたらすカリキュラム設計：「逆向き設計」の理論と方法』日本標準, 2012.
提唱者による著書。理論の背景や活用にあたって誤解しやすい点が豊富に紹介され,理解を助けてくれる。

奥村好美・西岡加名恵編著『「逆向き設計」実践ガイドブック『理解をもたらすカリキュラム設計』を読む・活かす・共有する』日本標準,2020.
「逆向き設計」論を,日本の教育制度の中でどのように捉え活用していけばよいのかを紹介している。

金子一夫「美術教育の実践研究論文の問題点とその改善」『茨城大学教育実践研究』19,2000,pp. 109-123.
金子一夫「実践研究論文の条件」『美術科教育学会通信』74,美術科教育学会,2010,pp. 16-17.
自身の研究や論文をチェックし,改善するのに役立つ。

［註］

1)ここでの「授業プロセス」とは,授業におけるねらいと内容,子どもの活動および成果を含む全体を指すものとする。
2)「チーム学校」としてカリキュラムマネジメントを実現させるためには,「授業者である,学級担任や教科担任こそ,自らが実現したい教育活動のために,条件整備を考える」ことが必要とされる。引用:田中知子「第1章 「チーム学校」が支えるカリキュラムマネジメント だれが「チーム学校」の一員だろう」田村知子・村川雅弘・吉冨芳正・西岡加名恵編著『カリキュラムマネジメント・ハンドブック』ぎょうせい, 2016, p. 136.
3)各教育課程の名称は,以下の文献を参考に記載した。参考：下山直人監修・筑波大学附属桐が丘特別支援学校・自立活動研究会『よく分かる！自立活動ハンドブック1 指導すべき課題を導く』ジアース教育新社, 2021.
4)米山明「肢体不自由児の生理・病理2－肢体不自由をもたらす疾患−」川間健之介・長沼俊夫『新訂肢体不自由児の教育』放送大学教育振興会, 2020, pp. 54-60.
5)G. ウィギンズ・J. マクタイ著,西岡加名恵訳『理解をもたらすカリキュラム設計：「逆向き設計」の理論と方法』日本標準, 2012. なお,「逆向き設計」論は,最終的な目標から遡って授業を設計すること,また,指導を開始する前に評価方法を検討しておくことから,「逆向き」と呼ばれる。参考：西岡加名恵・石井英真編著『教科の「深い学び」を実現するパフォーマンス評価「見方・考え方」をどう育てるか』日本標準, 2019, pp. 14-15.
6)「永続的理解」とは,「大人になって知識やスキルの詳細を忘れ去ったとしても,なお残っているべきであるような重要な『理解』」とされる。また,「逆向き設計」論では,「各教科で育成をめざす『見方・考え方』を,『本質的な問い』に対応した『永続的理解』の形で明確化すること」が提唱されている。引用：西岡加名恵『教科と総合学習のカリキュラム設計—パフォーマンス評価をどう活かすか』図書文化社, 2016, p. 47.および西岡・石井,前掲註5)『教科の「深い学び」を実現するパフォーマンス評価「見方・考え方」をどう育てるか』, p. 12.
7)「本質的な問い」とは,「永続的理解」に向けた探究を促すための刺激的な問いである。教師が子どもに先立って「永続的理解」を捉えるために必要な問いであり,同時に,子どもが「永続的理解」に至るために,課題への取り組みにあたって持っているべき問いであるとされる。参考：徳島祐彌「「本質的な問い」とは何か—その問いは本質的か」奥村好美・西岡加名恵編著『「逆向き設計」実践ガイドブック『理解をもたらすカリキュラム設計』を読む・活かす・共有する』日本標準, 2020, pp. 26-32.
8)パフォーマンス課題とは,「さまざまな知識やスキルを総合して使いこなすことを求めるような複雑な課題」であり,「単元で学んだ要素（パーツ）を総合して取り組んだり,同じ課題に繰り返し取り組んでレベルアップを図ったり,といった形で取り組む『まとめの課題』として単元のなかに位置づけられる」とされる。引用：西岡・石井,前掲註5)『教科の「深い学び」を実現するパフォーマンス評価「見方・考え方」をどう育てるか』, p. 13.
9)評価尺度と各尺度に対応するパフォーマンスの特徴の質を表す記述語で構成される評価指針。尺度と記述語は子どもたちの

認識や行為の質的な転換点を基準として段階的に設定され、指導と学習の具体的な到達点の確認と次のステップへの指針となる。また、子どもたちの活動の様子をふまえて改訂される。参照：田中容子「92 ルーブリック」西岡加名恵、石井英真編著『教育評価重要用語事典』明治図書、2021, pp. 116-117.

10) 石井英真『授業づくりの深め方-「よい授業」をデザインするための5つのツボ-』ミネルヴァ書房、2020, p. 7.
11) 森田亮「肢体不自由特別支援学校における〈楽しい美術〉の授業実践」『教育美術』866, 2014, pp. 42-47.: 本物の美術に触れることをテーマとした題材開発の経緯や指導の内容、結果を報告した。
12) 石井英真「41 教育目的／教育目標」西岡・石井、前掲註9)『教育評価重要用語事典』, p. 57.
13) 石井、前掲註10)「授業づくりの深め方-「よい授業」をデザインするための5つのツボ-」, p. 72.
14) 森田亮「肢体不自由に知的障害を併せ有する生徒の美術科指導におけるPDCAサイクルに基づく指導目標設定の試み―「ルーブリックに基づく授業設計シート」の開発と活用による指導実践を通して―」『美術教育学』40, 2019, pp. 377-392.: 同シート活用の、指導目標設定にあたっての有効性を検討した。
15) 石井、前掲註10)「授業づくりの深め方-「よい授業」をデザインするための5つのツボ-」, p. 255.
16) 同, p. 72.
17) 西岡加名恵「教科教育におけるスタンダード開発の課題と展望」『教育目標・評価学会紀要』22, 2012, p. 40.
18) 石井英真『現代アメリカにおける学力形成論の展開［再増補版］-スタンダードに基づくカリキュラムの設計-』東信堂、2020, p. 264.
19) 森田亮「重複障害児の図工・美術科における表現する力の育成を目指した目標設定システム構築の試み-「逆向き設計」論に基づく単元設計に着目して-」『教育目標・評価学会紀要』29, 2019, pp. 25-34.: 肢体不自由児の表現力の内実を示す長期的ルーブリック(素案)を開発し、それに基づいた目標設定を実現するシステムを構想した。
20) 森田、前掲註14)「肢体不自由に知的障害を併せ有する生徒の美術科指導におけるPDCAサイクルに基づく指導目標設定の試み―「ルーブリックに基づく授業設計シート」の開発と活用による指導実践を通して―」, pp. 389-390.
21) 水島尚喜「選評」『教育美術』866, 2014, p. 30.
22) 奥村高明「選評」同, p. 29.
23) 門脇耕三、「2000年以降のスタディ、または設計における他者性の発露の行方」2012, 10+1website, 2022年2月26日閲覧。
〈https://www.10plus1.jp/monthly/2012/04/2000.php〉

美術教育実践の技法としてのアートプロジェクト
「もうひとつの世界」をつくる試みとして

市川寛也
ICHIKAWA Hiroya

1………アートプロジェクトの現場から

（1）技法としてのアートプロジェクト

　本章では，美術教育実践およびその研究方法としてのアートプロジェクトに焦点を当てる。そもそも，一口に「アートプロジェクト」と言っても，その示す内容は多岐にわたる。例えば，従来の美術館における展覧会に代わる枠組みとして，行政による地域振興の手段として，あるいは本書の題目に倣えばアーティストの表現技法として，異なる主体によって様々な現場で用いられてきた。

　筆者は，2000年代後半より，理論と実践とを往還しながらアートプロジェクト研究に取り組んでいる。個人的な視点から年表（表1）をまとめたので，適宜参照されたい。これらの中でも，2011年より茨城県水戸市にある公立小学校で展開してきた「放課後の学校クラブ」は，現在に至るまで思

表1: 本章に関わりのある事象の年表

年	個人的なできごと	芸術一般に関するできごと
1990		水戸芸術館開館
1993		水戸芸術館「高校生ウィーク」開始
1999		取手アートプロジェクト開始
2000		越後妻有アートトリエンナーレ開始
2002		水戸芸術館「カフェ・イン・水戸」開催
2004	「カフェ・イン・水戸2004」の関連企画「Artless ART展」に参加	水戸芸術館「カフェ・イン・水戸2004」開催　金沢21世紀美術館開館
2006	水戸市内の高等学校と水戸芸術館をつなぐワークショップの企画	世田谷美術館などで「Public Art in Japan 空間に生きるパブリックアート」開催
2008	「カフェ・イン・水戸2008」の一環で「妄想屋台祭り」に参加	水戸芸術館「カフェ・イン・水戸2008」開催
2010	ART WORKS GALLERYにて「常民芸術祭」を企画	瀬戸内国際芸術祭開始
2011	水戸市内の小学校において「放課後の学校クラブ」のプロジェクト始動	

放課後の学校クラブ

「放課後の学校クラブ」とは「放課後の学校」をつくるために設立されるクラブのことである。

「放課後の学校」とは、学校が終わった放課後にあらわれる小さな学校のことである。

「放課後の学校クラブ」の部員は、その学校の生徒、学校近辺の地域住民、近隣の中高生、大学生などによって構成される。部員たちは、クラブ活動として普段過ごしている学校を観察し、自分たちのつくる学校はどのような学校でどのような授業が行われるのか考える。そして実際に学校をつくり授業を行う。「放課後の学校」の授業にはだれでも参加する事ができる。

あたりまえの学校生活をあたりまえではないことのように捉え直してみる。そこから自分たちの学校を考えつくってゆく。

「放課後の学校クラブ」はいつもの場所を見つめ直すことを基本活動とし、定期的につくる放課後の学校によって新たな関係をつくりだすことをクラブ目標とする。

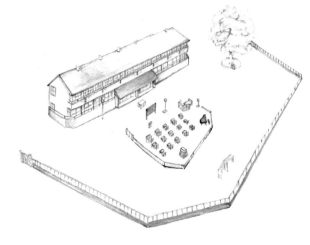

「放課後の学校」
いつもの学校に向かい合うように校庭につくられる。生徒、大学生、地域住民など「放課後の学校クラブ」に関わる人たちが協力してつくりあげる。

図1: 北澤潤による「放課後の学校クラブ」のコンセプト(2010年)

考の軸であり続けてきた。現代美術家の北澤潤(1988〜)の発案により始まったこのプロジェクトは、子どもと大人が一緒になって「もうひとつの学校」をつくるというものである。入学と卒業を繰り返しながら、これまでに50名を超える児童が「部員」[1]として参加してきた。

(2)「放課後の学校クラブ」の実践

一連の活動は、子どもたちが通う「いつもの学校」を振り返ることから始まる。学校を構成する場所(教室、図工室、体育館、廊下、校庭……)、時間(国語、算数、朝の会、給食、そうじ……)、役割(先生、児童、係、委員会……)、道具(黒板、教科書、ノート、机、リコーダー……)などをリストアップしながら、それらを素材に「こんな学校あったらいいな」を話し合う。予めやりたいことが明確な部員もいれば、何をすればいいか分からない部員もいる。

当然のことながら、「もうひとつの学校」のあり方は一つに定まらない。その曖昧さを共有し、問いを重ねながら一人ひとりの発想を引き出していく。特に、参加して間もないうちは、「学校」に対するイメージを攪拌することに重きが置かれる。そのための一つの手法として編み出されたのが「夢の学校くじびき」である。これは、学校の構成要素とそれぞれの夢(ここでの夢には将来の希望などの大きなものから夜ご飯に食べたいものなどの日常的な願望まで含まれる)を紙に書いて箱に入れ、くじ引きで抽出した言葉を組み合わせていく発想法である。

それぞれの構想がある程度固まったら、実際に手を動かして準備を進める。おおよそ数か月の準

図2:「放課後の学校クラブ」の活動の様子(2011年12月11日,筆者撮影)

備期間を経て,いよいよ「もうひとつの学校」が開かれる。本プロジェクトでは,この「もうひとつの学校」を指して「放課後の学校」と称される。その実施形態も特に決めていないが,1日限りの発表会の形式で開校されることが多い。実施場所も,学校に限らず商店街や公園などを舞台としたこともある。それぞれに「おまつり学校」「森のしごと学校」「真夏のわくわく学校」「月と夢の世界」といったテーマが設定され,現在までに計21回の「放課後の学校」を開いてきた。

(3)「放課後の学校クラブ」の歴史

2024年現在,このプロジェクトには9名の児童が参加している。プロジェクトが始まった頃に生まれた子どもたちが既に小学校を卒業してしまったわけだが,その間にいくつかのターニングポイントがあった。ここで改めて一連の活動を組織的な変遷という観点から振り返ってみると,以下の3つのフェーズから記述することができる。

①萌芽期

現在の実施校での活動が始まったのは2011年10月のことである。これに先立ち,2010年度にも水戸市内の別の小学校にて試行していたのだが,東日本大震災の影響もあり,継続が困難となったという前史がある。その後,市内のNPO法人の協力も得て現行のプロジェクトが始まった。比較的スムーズに活動が受け入れられた背景には,当該校がコミュニティスクールを掲げていたことが挙げられる。その一環で校内の一画がコミュニティルームとして開放されており,この部屋の使い方を検討するコミュニティルーム運営委員会がプロジェクトの受け皿となった。

このような経緯で始まったため,制度上は学校の関与はほとんどない。同委員会の構成員でもある教頭が窓口となり,昼休みに児童向けの説明会を開催するなどして部員を募った。学校の外側

図3: 1回目の「放課後の学校」の当日の様子（2011年12月18日,筆者撮影）

からやってきた先生でも保護者でもない不思議な人々が投げかける「もうひとつの学校をつくろう」という問いかけに反応した子どもたちが集い,6年生1名,5年生5名,3年生2名,2年生3名の計11名でスタートした。当初はほぼ毎週のペースで活動を行い,同年12月に最初の「放課後の学校」を開いた。この過程については,子どもたちの発言を文字起こししながら,『はじめての学校づくり』として記録ノートにまとめている[2]。

②展開期

2年目以降,活動の幅を広げる展開期に入る。2012年度から2014年度にかけては,水戸市総合教育研究所との協働事業として実施した。これは,「放課後の学校クラブ」の手法を他の学校でも展開できるようにすることを目的とした取り組みである。そのツールとして『放課後の学校クラブの教科書』を作成した。子どもたちと一緒に模索してきた「学校づくり」のメソッドを踏まえ,それを追体験するための「マニュアル」である。アドベンチャーブックの形式にすることで,発想から実践に向けたいくつもの問いに答えながらプロジェクトを進めることができる。

実際に,2014年度から2017年度にかけては,水戸市内の複数の小学校において「放課後子ども教室事業」の枠組みで「放課後の学校クラブ」を実施した。とは言え,通年のプロジェクトではないため,短縮版のプログラムに落とし込む必要がある。筆者が筑波大学に勤務していた当時は大学院の教育研究科の授業の一部に組み込んだこともあったが,茨城県を離れて以降は継続にいたっていない。

また,2013年から2018年にかけては,水戸芸術館現代美術センターとの協働のもと,夏休みの教育プログラム「こども・こらぼ・らぼ」の一環として開催する機会を得た。アーティストをはじめとする「おとな」によるワークショップが同時多発的に展開される中にあって,「こども」自らがサービスの

消費者側としてではなく、発信者側の役割を担っていた点に特徴がある。

③定着期

このように概観すると、あたかもとんとん拍子に推進してきたようにも見えるが、現実は必ずしもそうではない。プロジェクトの継続には、やりたいと思う参加者とそれを支える担い手の存在が不可欠である。これまで、幸いにも双方のつながりが途絶えることはなかった。ただ、振り返れば幾度となくプロジェクトが終わりかけたことがある。

第一のターニングポイントは2012年度末に訪れた。このタイミングで、参加者層の厚かった6年生の卒業や、当時3年生ながらプロジェクトを引っ張ってきた児童の転校が重なり、早くもオリジナルメンバーがゼロとなった。そして、2013年度後半から2014年度にかけては、新たな部員が参加することなく5名で活動する時期が続いた。そのような中、2015年の夏休みに開催された「こども・こらぼ・らぼ」に向けた部員募集により、再び活気を取り戻す。

この期間の一つの特徴として、保護者の関わりが深くなってきた点が挙げられる。「放課後の学校クラブ」では、当初より保護者の参加を必須とはしてこなかった。実際、プロジェクトが始まった時点では高学年の部員が多かったこともあり、児童のみでの活動がほとんであった。その後、低学年の児童が参加するようになると、付き添いで保護者が同伴する機会も増えてきた。

第二のターニングポイントとして、アーティストの関わり方の変化が挙げられる。2016年度末には、2012年より保護者とともに深く関わってきた2名の部員が小学校を卒業したこともあり、レギュラーメンバーは再び5名となった。このような状況の中、2017年には今後も活動を継続するか否かについて、筆者と部員が話し合う機会が設けられた。子どもたちの気持ちは半分半分だったようだが、結論として部員の意思のもとに継続が決まった。

図4: 水戸芸術館における「すごろく学校」の様子（2013年8月11日、筆者撮影）

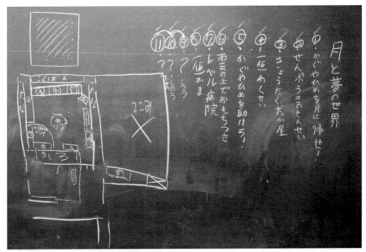

図5:「放課後の学校クラブ」の活動時の板書の記録(2021年11月17日)

　さらに、2018年度以降は、北澤がインドネシアに自身の拠点を移したことで物理的に本活動に参加することが困難になる。そのため、現在の部員はそのほとんどが発案者である北澤と会ったことがない。さらに言えば、「放課後の学校クラブ」が当然のようにそこにあるため、この活動を「アートプロジェクト」とさえ認識していないかもしれない。ただし、その根底に流れるコンセプトは当初から変えていないつもりである。次節では、一連のプロジェクトを通して構築されてきた「技法」へと至る背景を筆者の個人史にも照らしながら辿っていく。

2………社会に開かれた美術とは

(1) 教科としての「美術」から同時代を生きる「美術」への気付き

　将来の進路として「美術」を志す人の多くは、学生時代に教科としてのそれに少なからず興味を抱いていたものと思われる。かく言う筆者も、中学・高校と美術部に所属し、相対的にこれらの教科を得意としてきた。その一方で、小学生から中学生を過ごした1990年代半ばから2000年代初頭は、美術の時間数が削減されていった時代にも重なる[3]。

　当時は学習指導要領によって時間数が定められていたことなど知る由もないが、主観的印象としてこれらの教科が周辺に追いやられつつあることには薄々気付いていた。同時に、学校現場でしばしば用いられる「主要教科」や「副教科」といった言説にももやもやとした感情を抱いていた。そのため、進路の選択にあたっては、「美術(教育)には、一般的に認識されているよりも重要な役割があるのではないだろうか」といった漠然とした問いを胸に、芸術の道に進むことを決めた。芸術を学問として研究する「芸術学」という領域を初めて認識したのもその頃である。

そのような折,筑波大学芸術専門学群の芸術学専攻に「芸術支援」という特別カリキュラムが組まれることを知る。美術教育,美術館,美術論などを基盤とする芸術環境の形成支援という考え方に興味を持ち,学部から大学院までの9年間を研究に費やした。学びを深めるにつれ,それまで一教科として認識してきた「美術」の概念は大きく拡張した。とりわけ「現代美術」との出会いには衝撃を受けるとともに,美術教育の閉塞的な状態を打破する可能性を見出すようになった。もとより「芸術支援学」は学術領域として確立されていたわけではなかったため,何を研究するかと並行していかに研究するかという方法論も開拓していくこととなる。

(2) はじめてのプロジェクト

　筆者にとって,現代美術を学ぶ現場として大きな影響を受けたのが水戸芸術館である。1990年に開館した同館は,音楽・演劇・美術の三部門からなる複合文化施設であり,中でも美術部門は現代美術を専門とする公共施設の先駆けとしても認知されてきた。水戸生まれ水戸育ちの筆者は,幼少期からここに足繁く通っていた,わけではない。数少ない関わりとして,高校生の頃に美術の先生に促され,水戸芸術館の近くにあったART WORKS GALLERYにて開催された「Artless ART展」に参加したことが挙げられる。これは,ギャラリーに仮展示された作品から一点を選び,家に持ち帰ることから始まるプロジェクトである。その後,作品とともに数日間を過ごし,その日常から生み出された言葉を寄せて返却し,改めて作品と文章を並べて展示するという試みであった。これは,同時期に水戸芸術館で行われていた「カフェ・イン・水戸2004」の関連企画であったわけだが,このことを改めて知るのは数年後のことである。

　むしろ,その価値を再認識したのは大学に入ってからであった。そのきっかけとなったのが「高校生ウィーク」である。これは,同館の現代美術センターが1993年から取り組んでいる教育普及プログラムの一つである。当初は高校生を対象とする無料招待企画として始まったが,次第に高校生を主体とするワークショップへと展開し,2004年以降はギャラリー内に期間限定のカフェが立ち上がるプロジェクトへと発展した。ちょうどこの時期,筆者は水戸市内の高校に通っていたのだが,その存在に触れる機会はなかった。あるいは,情報としては目にしていても,自分とは関係ないものと認識していたのかもしれない。

　そこで,大学2年生の頃に母校の生徒と一緒に水戸のまちを散策しながら水戸芸術館に訪れるまち歩きワークショップを開催した。水戸のまちをそぞろ歩いていると,芸術館にゆかりのある作品に思いがけず遭遇することもできる。例えば,高校の近くにライオンのような形をした石像があり,体育の授業でランニングをする度に何となく気になっていた。後に,これが蔡國強(1957～)による作品であることを知った驚きも,このワークショップを構想した直接的な動機となっている[4]。道中ではそうした「作品」も鑑賞しながら,それぞれの視点でまちを捉えることを目指した。参加者は美術部員4名であったが,小さなプロジェクトへ向けた大きな一歩となった。

(3)ミュージアムのその先に

　筆者は、いわゆる「ボランティア」としてではなく、外側から企画を持ち込み、それを可能な範囲で実現する立場から水戸芸術館と関わってきた。その窓口となっていたのが教育プログラムコーディネーターの存在である。そもそも、水戸芸術館の美術部門は「現代美術センター」であり、コレクションを中心とした「美術館」ではない。こうした方針の背景には、既に市内に茨城県近代美術館が設置されていたこととの関係性も指摘できる。

　開館に先立ち、美術部門の芸術総監督を務めていた中原佑介（1931〜2011）は、当時の世田谷美術館館長の大島清次（1924〜2006）との対談を行っている。そこで大島は、ヨーロッパ近代市民社会を背景とする美術館が「モダニズムをいかに超えるか」という問いを示し、アートと人間の本質的な関わりを問い直す必要性を訴える。そして、その手段として着目したのが「ワークショップ」であった。また、その文脈において中原は「フレッシュな人間の触れあいの場となる美術館」[5]というフレーズを残している。水戸芸術館がその出発点から近代的な意味での「ミュージアム」を前提としていないという点は特筆すべきである。

　開館時より教育普及を担当してきた黒沢伸(しん)（1959〜）は、2008年に目黒区美術館で開催されたフォーラム「美術館ワークショップの再認識と再考察」において、インタビュー形式でその草創期を振り返っている。そこでも、先に挙げたように「現代美術」を扱うこととコレクションを中心とした「ミュージアムではない」ことがプログラムにも影響を与えていることが語られる[6]。こうした視点は「展覧会を逆照射できるようなワークショップ」[7]という言葉にも象徴されよう。また、同館では1992年に「美術教育ボランティア」を公募し、ギャラリートークや通信誌の発行などを行ってきた。とりわけギャラリートークについては、早い段階から知識伝達型ではない対話型鑑賞の手法を取り入れている。

　このように、水戸芸術館における教育プログラムは、一般的な「博学連携」とは異なるスタンスを持つ。ちなみに、黒沢は水戸芸術館を退職した後に、金沢21世紀美術館の立ち上げにも携わっている。そこでボランティアの人々が美術館とは無関係な企画を実践していった状況について、「美術館を自分たちの場としてどんどん使う人達が出て来て欲しい、自分たちの場として使っていっちゃう人達が街の中からでてくるといい」[8]とも語る。その意味において、筆者も自由な利用者として水戸芸術館の様々な使い方を模索してきた一人と言えよう。

　このような経験を通して、作品を鑑賞するだけではなく、地域社会における創造的な活動拠点としての美術館の現代的な役割を知るとともに、アートとコミュニティとの関係に対する関心も高まっていった[9]。そこに狭義の「学校」に限定されない美術教育の広がりを見出し、次第に「アートプロジェクト」が研究の主軸をなしていくことになる。

(4)拡張するフィールド

　2000年代の後半には、各地でアートプロジェクトや芸術祭が同時多発的に開催され始めた。

記録や記憶を辿れば,学部生の頃には,横浜トリエンナーレ2005,取手アートプロジェクト2006,越後妻有アートトリエンナーレ2006,アートカクテル2006[10],横浜トリエンナーレ2008,黄金町バザール2008,赤坂アートフラワー08,金沢アートプラットフォーム2008などに訪れている。2007年の夏には「こへび隊」としても越後妻有に赴いた。これらを参与観察する中で,地域における美術の多様な展開を同時代の現象として目の当たりにした。

　ちょうどその頃,2006年に世田谷美術館で開催された「Public Art in Japan 空間に生きるパブリックアート」という展覧会は,戦後の日本におけるパブリックアートの展開を写真や資料を通して概観する機会となった。そこでは,丹下健三(1913〜2005)の設計による《広島平和記念公園》からまちなかの野外彫刻,荒川修作(1936〜2010)とマドリン・ギンズ(1941〜2014)による《養老天命反転地》や若林奮(1936〜2003)の《緑の森の一角獣座》,越後妻有アートトリエンナーレをはじめとする芸術祭などが「パブリックアート」の名の下に提示されていた。そのカタログにおいて,酒井忠康(1941〜)は「ある意味でもっとも社会的な課題に対して,先鋭的な意志のことばを刻むことのできる造形美術の世界」[11]としてパブリックアートを捉えている。ここには「パブリック」あるいは「公共性」とは何かという問いが必然的に含まれる。

　その後も,「瀬戸内国際芸術祭」など地域振興と結びついた公共的な芸術事業は各地に広がっていく。これらをきっかけに初めて訪れた地域も少なくない。それぞれの土地で知らない風景を眺めたり,名物を食べたり,温泉に入ったり,地元の人の話を聞いたり,フィールドワークとしてはとても楽しいものであった。と同時に,大規模化する芸術祭によって地域が本質的に抱える課題がむしろ見えにくくなっているようにも思われ,若干の違和感を覚えることもあった。

　主に地域の外側に向けて発信される芸術は,観光客に非日常の体験を提供する一方で,もはや個人が認識できる地理感覚をはるかに超越している。もっと日々の実生活に根差した芸術はあり得ないのだろうか。このように悶々とした問いを抱える中で,宮沢賢治(1896〜1933)の「農民芸術概論綱要」にたどり着く。そこには,「職業芸術家は一度亡びねばならぬ」という刺激的なフレーズに続けて「誰人もみな芸術家たる感受をなせ」と記されていた[12]。このテクストは筆者の芸術観を大いに攪拌し,それを実現するプロジェクトの実践に向けて思いを新たにした。

3………誰かの「妄想」が形になる場所を目指して

(1)「妄想屋台祭り」の衝撃

　筆者がアートプロジェクトを実践する上で重視してきたキーワードの一つに「妄想」がある。この言葉を意識するようになったきっかけは,水戸芸術館の主催による企画展「カフェ・イン・水戸2008」の一環で開催された「妄想屋台祭り」への参加による部分が大きい。これは,きむらとしろうじんじん(1967〜)の《野点》[13]とともに,それぞれの「魅力の予感」を屋台に仕立て,水戸のまちに繰り出すという企画であった。

2008年3月に「高校生ウィーク2008」の一環で行われた「野点デモンストレーション」を皮切りに、複数回にわたるミーティングや散歩大会、技術相談会や制作期間を経て11月の本番に至るまで、ワークショップは8か月間にも及んだ。筆者も「妄想屋台連合」の一員としてこの企画に参加し、屋台がつくられていく現場を共有した。実際に取り組んでみると、限定解除で繰り広げられる妄想と屋台として路上に繰り出す現実との間には大きな壁が立ちはだかる。それを乗り越えたり引き返したりするために、先達者でもあるきむらとしろうじんじんや水戸芸術館のスタッフ、そして参加者同士の対話が重要な意味を持っていた。

　例えば、当初のミーティングで「挙式屋台」というアイディアを出した参加者がいた。これは、いつでも・どこでも・誰とでも挙式できるという「妄想屋台」だったのだが、スタッフが集まらないなどの理由で断念することになった。しかし、後に水戸市青年会議所のメンバーを中心とするチームがこのプランを引き継ぎ、「世界一小さなチャペル」として実現された。このように、「妄想屋台祭り」では、参加者が受講者(消費者)として楽しむだけではなく、実現の可否も含めて時に生みの苦しみも味わいながら、屋台主(表現者)として自立していく状況があらわされた。筆者は、このプロセスに衝撃を受けるとともに、ここに「ワークショップ」の本質を垣間見た。

　しかも、このプロジェクトは「カフェ・イン・水戸2008」という展覧会の一環でありながら、作者と鑑賞者の役割を固定化するような近代的な展示のシステムによって規定される枠組みには収まっていない。つくる人(演者)と見る人(参加者)の境界が曖昧かつ流動的なその状況は、本来的な意味における「祭り」であった。そして、とめどない妄想を実体化する「祭り」の実現にあたっては、教育プログラムコーディネーターの森山純子(1965～)が欠かすことのできない役割を果たしていた。記録集の中で、森山は「参加者へさまざまな判断を託することで生まれる現場の強度」に着目し、「アイデアを熟成する場所と環境があれば、人は計画を立て、協力者を募り、自ら動き出せる」ことを指摘する[14]。これは、まさしくアートプロジェクトを成立させる重要な技法と言えよう。そして、「数か月をかけて自らの妄想を丁寧に追い、考え、作り、屋台を一人が手に負える重さや大きさ、運営方法に整えることは、すなわち等身大の自分をかたちづくる作業であった」とふりかえる[15]。

　「妄想屋台祭り」は、その大部分が参加者に委ねられることによって、予測不可能な現場となっていった。当初の妄想をそのまま形にしたり、途中で大きく内容を変更したり、溢れる妄想からなかなか方針が定まらなかったり、サポート役に徹したり……このようにそれぞれの関わり方に対して限りなく開かれているという点に、アートプロジェクトのエッセンスが見出される。そして、これはこれからの美術館(もっと広く言えば公共の文化施設)の役割を考える上でも重要な視点となることを確信した。

(2) 虚構と現実のはざまに

　専門家としてのアーティストの技法を追体験するのではなく、ましてや作品の一部として使われるのでもなく、参加者一人ひとりの創造性に委ねられたアートプロジェクトの現場では、経験の差こそあれ、大人も子どもも同じラインに立っている。これは一種のユートピアなのかもしれないが、そこでは意

識的に虚構（フィクション）を設定することによって，あり得るかもしれない状況をつくりだすことが可能となる。「放課後の学校クラブ」の場合，「もうひとつの学校をつくろう」という呼びかけがフィクションとして機能してきた。

　ここで改めて時間を巻き戻し，プロジェクトが始まった経緯をふりかえる。実は，「放課後の学校クラブ」の準備段階には，「常民芸術祭」という展覧会がある（会場：ART WORKS GALLERY，会期：2010年8月24日～9月5日）。この会場は，かつて筆者が高校生の頃に「Artless ART展」に参加したギャラリーでもある。数年越しに企画者として携わることになった本展のコンセプトは，繰り返される日々の中でなされる創造的な活動を「常民芸術」の名の下に提示することにあった[16]。

　この企画の発想源の一つとなっているのは，当時フィールドワークをしていた岩手県遠野市にて見知った「常民大学」という手法である。民俗学において用いられる「常民」という概念は，今日では「生活者」とも置き換えられる。活動を牽引する後藤総一郎（1933～2003）は，「生活者の学問の理念が，『歴史』を学ぶことによって『自己認識』を獲得せよということにあり，その実践としての学び」[17]がそこにあると述べている。無論，「常民大学」それ自体はアートプロジェクトとして構想されたものではないが，システムとしての大学を掲げ，そこに暮らす人々が自らの地域を学ぶ実践はきわめて創造的である。

　これは地域に根差した研究に関する実践であるが，「常民芸術祭」ではこれを芸術の方面から捉えようと試みた。過去・現在・未来の時間軸を設定し，過去からつながるものとして，水戸にゆかりのある「農人形」や「米粒人形」といった郷土工芸の伝承者による作品や言葉を展示した。そして，未来に向けた常民芸術的な実践として発表されたのが，北澤による「放課後の学校クラブ」のイメージスケッチと企画書であった。この企画展と並行して，近隣の公立小学校でプロジェクトを実現する道筋を探っていったことから本章が始まる。

　このような文脈を踏まえると，「放課後の学校クラブ」は明確にアートプロジェクトとして構想されたものであった。しかし，既に述べてきたように，現在の参加者にとってはそれが「アートか否か」という論点はあまり重要ではない。それでもなお，この実践をアートの文脈に留めているのは，「もうひとつの学校」という共有されたフィクションである。それは，特殊な空間や特別な技法によって規定されるわけではなく，「こんな学校があってもいいかも」という一人ひとりの発想を形にする場を担保することによって成立する。ここでの発想は，先に挙げた「妄想」というキーワードに置き換えることもできよう。

(3) 私の教育実践技法

　本章では，「放課後の学校クラブ」を軸に十数年にわたる活動をふりかえってきた。改めて省察してみると，一連の実践に共通する傾向が浮かび上がってくる。まず，構想にあたっては，常にパブリックアートとの理論的な接続を意識してきたことが挙げられる。これは，ただ単に公共空間における実践という意味を越えて，「芸術は誰のものか」という議論へと展開していく。

　その上で，実践にあたっては，アートプロジェクトという手法を用いることで「もうひとつの世界」を仮

設的に立ち上げることを試みてきた。現実の社会において，凝り固まった制度を解体するのは容易なことではない。学校教育もまた然り。しかし，アートプロジェクトの現場では，あり得るかもしれない状況を一種のフィクションとして設定することで，誰もが「こんな世界があってもいいかも」を形にすることができる。子どもたちも，普段は問い直すことのない「学校」という仕組みを自由に解釈しながら，自分の場所として再構築してきた。

その結果としてつくられる「もうひとつの学校」は，それ自体がオルタナティブな学びの場となっている。しかも，それは決して特別なものではなく，日常と隣り合わせであり続ける。高校生の頃より問い続けてきた美術教育の閉塞状況を打開するには，まだまだ不十分ではあるが，一元的ではない学びのあり方を小さな実践を通して地域に実装していくことに，美術教育実践におけるアートプロジェクトの意義を見出したい。あるいは，これを以て私の「技法」と呼ぶことができるのかもしれない。

[参考情報]

Miwon Kwon, *One Place After Another: site-specific art and locational identity*, MIT Press, 2002.
現代美術における「サイト」から「コミュニティ」への関心の変化など、アートプロジェクトを考察する論点も示されている。

市川寛也、「図工のあるまち」(日本文教出版「図工のみかた」より、https://www.zukonomikata-nichibun.net/zukonoarumachi00)、2023年6月7日閲覧
本章で取り上げた「放課後の学校クラブ」をはじめ、筆者の取り組む複数のプロジェクトについて月例でレポートしている。

[註]

1) 本プロジェクトにおいて「部員」と称する際、その対象は主に参加児童を指す。ただし、アーティストである北澤を含め、そこに関わる大人もクラブの構成員であることから、「(こども)部員」に対して「おとな部員」と呼ぶこともある。
2) ここでの子どもたちの発言などを踏まえ、以下の論文を執筆した。市川寛也「参加型のアートプロジェクトによる学びの有効性に関する考察―「放課後の学校クラブ」の実践研究を通して―」『美術教育学』第36号、2015、pp.43-56。
3) 参考までに、平成元年改訂の学習指導要領において、中学校美術科の授業時数は第1学年から第3学年まで、それぞれ70・35〜70・35と示される。続く平成10年改訂の学習指導要領では、美術の授業時数は45・35・35と大幅に減少した。筆者が中学校に入学したのは、その直後となる1999(平成11)年のことである。記憶を辿れば、中学3年生の頃に新たに「総合的な学習の時間」が始まった。
4) 1994年に開催された企画展「水戸アニュアル'94 開放系」には、蔡國強によるプロジェクトの一環として水戸の風水に基いて獅子像が制作され、展示された。この作品は、会期終了後に商工会議所によって市内に設置された。
5) 大島清次、中原佑介「美術館を変えよう」『季刊 水戸芸術館』2号、1989、p.18。
6) 有限会社東京パブリッシングハウス、目黒区美術館(編)『フォーラム・連続公開インタビュー 美術館ワークショップの再確認と再考察―草創期を振り返る』富士ゼロックス株式会社、2009、p.58。
7) 同上、p.55。
8) 同上、p.60。
9) 卒業研究では、水戸芸術館現代美術センターが2002年、2004年、2008年に開催したアートプロジェクト「カフェ・イン・水戸」を対象に調査を行った。
10) 茨城県笠間市で開催されていたアートプロジェクト。アーティスト主導のもとにまちに溶け込みながら展開された。
11) 酒井忠康「パブリックアートとは何か―展覧会によせて」『「空間に生きる―日本のパブリックアート」展』「空間に生きる―日本のパブリックアート」展開催実行委員会、空間造形コンサルタント、2006、p.7。
12) 宮沢賢治の「農民藝術論概論綱要」は、1926年に記されたとされるテクストであるが、本章では以下を参照した。宮沢清六、入沢康夫、天沢退二郎(編)『新修 宮沢賢治全集 第十五巻』筑摩書房、1980、p.14。
13) きむらとしろうじんじんの《野点》は、参加者が絵付けをした器をその場で焼き、その日その時の風景を味わいながらお茶を楽しむことができる陶芸+お茶屋台であり、1995年から各地で開催されている。
14) きむらとしろうじんじん、森山純子、市川寛也、大森宏一、本間未来、横山さおり(編)『きむらとしろうじんじん「野点」2008+妄想屋台祭り 記録集』水戸芸術館現代美術センター、2009、p.63。
15) 同上、p.63。
16) 当初は企画名のプランとして、宮沢賢治の言葉から援用した「農民芸術祭」という候補も挙がっていた。しかし、現代の水戸市において「農民」は必ずしもマジョリティではないことから、「常民」という言葉を用いることとした。なお、ここで選外となったフレーズは、後に岩手県胆沢郡金ケ崎町におけるアートプロジェクト「城内農民芸術祭」として再浮上することになる。
17) 後藤総一郎(監修)遠野常民大学(編)『注釈 遠野物語』筑摩書房、1997、p.4。

教員養成を通して考えること
大学生の授業理解／主体性

相田 隆司
AIDA Takashi

1………教材研究のきっかけは生徒の声

　筆者が常勤の教諭として中学校に奉職したのは平成3(1991)年春のことである。そして,筆者は教職5年目に生徒から教職における転機を与えられたと考えている。授業中,中学校の美術の課題と自分のセンスは関係ない,と言った生徒のつぶやきが聞こえたのだ。この生徒のつぶやきが,筆者に授業とその内容への反省を迫っているように感じられた[1]。

　自分の授業のありかたについては自分なりに模索を続けていた。しかし,題材では美術(領域)が先行してしまうこと,つまり絵画で〜を,次はデザインで〜をといった発想から脱却できていなかった。美術と教育を統合するような,新鮮で,本質的な主題に筆者自身が未だたどり着いていなかったから,というしかない。現在でもたどりついているとは到底いえないが,大学生の時に,大切だと何度も聞いたはずの「人間をめぐる問い」が,自分自身の題材で不在となっていたことに気づかされた瞬間でもあった。筆者の授業実践は生徒の必然や実感からほど遠い,生徒とは関係のないもの,となっていたのであろう。

　その当時,授業改善の手立てとしてようやく考えられたことは,題材を子供の側に寄せてみるということだった。この視点で試みた題材には,生徒の日常的なエピソードをマンガ風に表現するもの,身のまわりをフィルムカメラで撮影させ,ストーリーを考えて簡素な写真集や組み写真を制作するもの等があげられる[2]。日々の生活の中にあるエピソードや小さな出来事との出会い,自分のありよう等を,やはり日常的に親しんでいる方法で表すようにすること。それらがこれらの題材に込めた主題であった。そしてこの主題を子供に委ねること,つまり「なにを」表すのかを子供に委ねることにより,子供にとって必然を感じられる,自分自身の感じ方や考え方を込めることのできる授業実践となっていくことを期待した。こうした題材は,中学生の心性とよくマッチした面があると思う。

　一方で校内研究会では,これらの題材における生徒作品の表現の未熟さについて複数の指摘を受けた。今振り返るとその理由ははっきりしている。これらの題材では,生徒が主題を「どのように」表すのかをめぐる検討がさらに必要であった。そして,作品が未熟であるとの指摘には,反省すると同時に戸惑いも覚えた。「主体的に表現する」というフレーズをめぐる素朴な理解が,筆者の中で問いへと置換されたことによるものであったと考えている。これ以降,筆者には生徒が必然を感じる

ことのできる題材や表現活動について考える必要が生じた。

2………授業理解への注目

(1) ベテラン現職教師への注目

　筆者はその後,平成10(1998)年に大学助手,平成16(2004)年に大学助教授(当時)となり,立ち位置を大学に移し教員養成を考えていくこととなった。大学助教授となった翌年の平成17(2005)年度から,平成19(2007)年度にかけて,東京都内で図画工作科の授業を参観させていただいた。そこで筆者は,ベテランの域にある現職教員の授業運営と,子供を惹きつけることのできる題材を目の当たりにした。そして,この参観経験がきっかけとなり,図画工作・美術科の教員による題材づくりの様相をめぐる研究[3]へと進んでいくこととなった。この研究で特に有益であったことは,現職教員へのインタビューである。インタビューを行った4名の教員は,自分自身が題材を吟味するプロセスにおいて,それを思いつく瞬間を,「化学反応を起こす」,「再布置」,「さりげなく絡まっている」,「判断する」等と語っていたことであった[4]。上で書いた,児童生徒に何を(教育的な意義・目標等)と,どのように(造形美術の方法等)を,いかに重ね合わせるかという,題材の質検討をめぐる実践者の実感を伴ったそれぞれの言葉でもあると理解された。題材づくりで発揮されているであろう「知」も,実践者の教科や子供をめぐる価値観に根差していると考えられた。現職教員が授業する姿からは,児童の発達過程を熟知していることが感じられたし,題材の配列にも子供への意識が張りめぐらされている(参観した美術室には,担当する先生から生徒へのメッセージ(モットー)が大きく掲示されていた)。その後,この研究を踏まえて,平成30(2018)年度から現職教員に筆者の学部授業に参加してもらうことをはじめた[5]。

(2) 大学生の授業理解と授業力を高める

　教育実習は学部生にとっておおきなイベントのひとつであろう。卒業要件であるからということもあるが,それが未知なる経験であるという点で。この教育実習までの授業で,授業づくりをする者の観点で授業を見たり,授業理解するための内容に,より積極的に触れたりさせておきたいと考えた。授業経験の少ない大学生が,教育実習において実施した授業を振り返り,それを自ら改善していくことができるようにすることが目指されるためである。そのためには,題材の要件を理解しそれをつくる機会を設定すること,授業を文書で説明(指導案作成)する機会を設定すること,模擬授業他のスタイルで実演する機会を設定することなどが考えられた。

　また,学習の主題(教えたいこと)を学習者と共有するため,という授業導入の側面について理解させたい。学部前半の学生に対し,この児童生徒に沿った授業プロセスをねらいに即してイメージし,題材や授業をつくりだすことにつながる方法としてとったのが,研究協力をいただいた現職教員に依頼し,現職教員自身がもっとも「教えたい」授業を大学生に実施してもらうことであった[6]。それに

よって、授業はそれが単なる美術や造形の方法の紹介にとどまらない、教師の価値観や教科観（そして主体性）とも深く結びついていることに体験的に気づかせることができるのではないかと考えたのである。そこで、担当する3つの授業を、実習に向かう学生の姿を思い浮かべながら再整理した。下でこの3つの授業について触れる。

3……実習前専攻科目3つの授業実践

(1) 同上授業の位置づけについて

　教育実習前に開設される美術選修・美術専攻の学部学生を対象とする専攻科目の3つについて、まずその概要について触れる。これらの授業における学生の学びについて初めから見通しを持っていたわけではなかった。しかし、上で述べたように、教育実習（必修）前に行うこの3つの授業を、実習を一つの出口と想定しつつ、その仕組みを再考することの必要が考えられた。これらの授業は①「美術科教育演習Ⅰ（1年次春学期）」、②「図画工作科基礎（1年次秋学期）」、③「美術教育基礎研究（2年次春学期）」であり、いずれも履修基準上は専攻科目、免許法上の科目に位置づく（筆者が担当するこの3つの科目の令和3年度における履修者ののべ人数は、①39名、②27名、③21名の計87名であった）。

　①の美術科教育演習はⅠ～Ⅳの4枠が1年次と2年次の春秋学期に開設されており、筆者を含めた教科教育の4名の教員が担当している。4枠はそれぞれ、美術科教育の意義や特性への理解を深めさせることを目的としているが、現段階では子供、歴史、展開、題材開発等を主軸としながら、そのⅠ～Ⅳを通して緩やかに図画工作科・美術科教育の広がりを確認させていく内容となっている。②の図画工作科基礎は美術選修・専攻の学生に対して、図画工作科の理解とその演習を扱う授業として設定されたものであり、1年次の秋学期に開設されている。③の美術教育基礎研究は、授業主題や目的に即した内容と方法を検討し授業力を高めるところにあり、2年次の春学期に開設される。現職教員に来てもらうのはこの授業である。表1に3授業の目的等を記し、次で内容を示す。

表1: 3つの授業目的と模擬授業の位置づけ

授業科目名	主たる授業目的	題材づくりや模擬授業との関連
美術科教育演習Ⅰ	美術科教育の意義特性理解	題材づくりの経験
図画工作科基礎	図画工作科の内容領域の理解・展開	題材の必要要件・導入を意識
美術教育基礎研究	授業内容・方法の検討	題材の（質的）検討へ

(2)同上授業の内容について

①美術科教育演習Ⅰ（1年次春学期）

　この授業は，教科教育に関する科目のオリエンテーションとしても位置づくと考えている。2021年度春学期はオンラインでの実施となったため，授業での演習は4課題とした。実施順に「1.自分の教育経験等に関するビジュアルレポート制作」，「2.子供の発想や行為に留意した題材づくり」，「3.子供が既製のイメージをきっかけにして新しいイメージを生み出すことを主題・活動とする題材づくり」，「4.子供に見ることに関心を持たせる鑑賞題材づくり」の4課題である。

　課題1では，自己紹介を兼ね互いの美術教育経験，ここまでのかかわりのバックグラウンドをめぐり，各自の作品例を紹介するなどして共有する。課題2では方法も材料もシンプルな活動を，子供ならではの発想や行為（へんしんする，あつめる等）といった視点からとらえ直すために行う。課題3では子供の身の回り，美術作品，映像などから，あるいは子供が親しんでいる作品や物語（キャラやコンテンツ）等を積極的に教育のきっかけとして位置付けるために行う。課題4では既製のアートカードをきっかけに新たな読み札とイメージを創作することを通して鑑賞教育への理解を深める。

　これらの4課題を通して，子供の視点への想像力を持つことを喚起しようとしている。活動はグループ活動を中心とするが，令和3（2021）年度はオンラインでの実施とされたため，参考資料として2019年度の学生の活動を紹介するとともに，図画工作教科書の関連題材を参照させ，個人での活動が主となった。

②図画工作科基礎（1年次秋学期）

　この授業は，美術科教育演習Ⅰの内容を踏まえながら，第3学年の図画工作科教科書を例に，教科の目標に連なるおおまかな構造や内容等を把握するようさせたうえで，自分たちの関心も加味しながら題材開発と模擬授業を導入に注目させながら行わせるものである。令和3（2021）年度秋学期は対面形式での授業とされた。授業は次の3つの内容を中心に構成した。「1.各自の興味や関心の所在を交流する」，「2.図画工作科への理解を深める」，「3.模擬授業の実施とその準備」である。

　内容1では，各自の携帯電話等に保存された画像データなどを提出させ，資料配付しエピソードなどを交流させた。後で実施する内容3での題材づくりに学生の興味関心の所在や，バックグラウンドが接続される可能性を担保するためである。内容2では，教科の概要を理解させるとともに，図画工作科教科書の掲載題材を用い，それらを通して育てたい力と観点から教科の内容を検討する（図1参照）。内容3では，グループごとに協議の上，題材を検討して指導案（略案）を作成し，授業実践に即して必要と考えられる掲示物やワークシート等の教材を製作し，補講期間中に集中的に短時間の模擬授業を実施し成果を交流した（図2参照）。

図1: グループ協議の様子

図2: 題材検討中の様子

③美術教育基礎研究（2年次春学期）

　この授業では、教職経験者の実施する授業を通して、その題材の工夫や授業運営をめぐる方法や知見等を体験的に学び、その経験を生かした題材づくり・模擬授業等を行う。令和3（2021）年度は、対面とオンラインを併用して実施し、3名の現職教員に来校してもらい、対面形式でその授業を受けることができた。学習成果の交流については、模擬授業の形式をとることができず、題材開発とその趣旨等の発表に縮小して行った。授業を受講した学生は、題材の要件、教師の配慮等を学んだと考えられるが、履修者の振り返りの記述をまとめると、現職教員の授業から学んだこととして、1.生徒の自己表現・主題のための配慮や仕掛け・題材名の工夫等、2.生徒の発想を促す題材の身近さ・意外性等、3.学ばせたいことやねらいと材料や素材の幅の適切さ、4.声掛けの仕方・肯定的評価と対話をつくりだす力、など4つの視点が見えてきた。学生の感想を3点取り上げたい（下線箇所は引用者による）。

　「制作の際に作品をよく見て逐一褒めて関心を示してくれることも生徒の立場だと嬉しいし、自信にもつながると改めて感じた。自分のこだわった部分を感じ取って着目してもらえるとより美術の取り組みが楽しくなると思うし、そうやって子どもたちをよく観察することそのものがより良い授業の改善へと繋がるのではないかと思う。（学生：A）」

　「実際の授業の構成について児童側と教師側の両方から学ぶことができたと思う。実際に児童の前で授業をしたわけではないため、はっきりと図画工作の授業を理解できたわけではないが、指導案を作成するにあたって重要な視点を手に入れることができて非常に有意義であった。（学生：B）」

　「自分自身が体験することで具体的に、この声掛けは嬉しかった・こういう接し方いいな・道具の指導や工夫の伝え方・魅力的な導入方法など、肌で感じ、様々なことに気づかされ刺激を受けることができた。（学生：C）」

とある（2021年7月30日提出のレポートから一部を引用転載）。

　上の①、②、③の3つの授業、とりわけこの③では、教師の教えたいこと（学生にとっては今後形成されていくと考えられる教科観）が授業にどのように構造化され可視化されているかを体験的に理

解することを通して,より深い授業理解等をめざしている。学生の声からは,教師と子供,双方の立場に立ちながら考える機会となっている可能性がうかがえた。

　この3つの授業を通し,現職教師が,授業目的,実態などの必要要件に配慮しつつ,内容や方法を検討して題材をつくり,大学での授業に際しては学習者を授業に位置付けていく様などを通して,題材・授業づくりプロセスのいわば内側で働かせている知,必要な情報や方法を,学生に気づかせ理解させようとしている。同時に,現職教員の存在は,職業人としての教師から見える風景を知るための,学生にとっての「窓」ともなるのであって,例えば教師にはどのような知識や技能や資質が必要か,社会や政治,文化等に関するいかなる理解が必要か,教職を生きるとはどういうことか,といった教育をめぐる次元の異なる問いが,どう教師のなかで折り重なっているのかを理解するための機会ともなりうるだろう[7]。

4………留意すべきこと　授業における学生の主体性

　時代の変革期にあって今日の美術教育は,どのような社会貢献が可能なのか,他教科や科学教育等とどのように連携しうるか等,多くの課題に向き合っている。授業についても,その授業が前提としている,主に教師―子供の間にある教育関係をどのように捉えようとするのかが重要となると考えられる。

　筆者はここで示してきた授業の中で,熟練した現職教員の知を学生ためのリソースの一つとして積極的に参照(再生産)させていることになる。しかしながら,この現職教員と学生とを対置してしまうと,現職教員と学生の関係性は熟練―未熟という平板な図式となり,学生は必然的に題材・授業づくりの未だできない,子供の活動を未だ予想できない,つまり未熟な存在としておかれざるをえないのだ。そのことに注意する必要がある[8]。そこで,3つの授業では一貫して学生の主体性について繰り返し検討し留意するようにしている。このことは,学生の題材づくりが,筆者の授業のなかで予測のできない活動になる可能性をも示唆するものであるが,その都度の授業における学生(グループ活動が主)の活動目標と到達地点を確認することで,活動に伴走できるように留意している。

　学生の活動の一例を示す。令和3(2021)年度に行った「図画工作科基礎」の授業(本稿3.(2)②)のあるグループの題材提案は,細長い風船(アートバルーン)を用いる小学校低学年を対象と想定した題材であった(図3参照)。筆者は当初,このグループの提

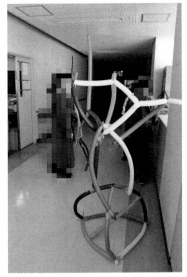

図3: 題材検討中の様子

案にいささか懐疑的であった。低学年向けの提案であるとされたこともあるが,風船をつなぐことにより活動を拡張していくのなら,風船という材料の見直し,それらをつなぐ方法の検討などが必要であると考えられたためである。しかし,このグループの最終的な提案は,あらかじめ空気の入った風船を,テープで接続しながら,より高くなるよう「立てる」こととされた。もちろん立たせるのではなく,吊るすこと等,他の可能性も検討するよう意見したし,学生グループも検討している。

　しかし,模擬授業では,風船がなかなか思い通りに接続できず,かつ,それを高くなるよう立たせるという要件に苦労しながらも,夢中になって取り組む児童役の学生の姿が,この活動を考えた学生グループのほんとうの意図を告げた。この学生グループの主題は,題材の諸要件を擦り合わせるところにあるのではなく,材料(風船)を扱うことの醍醐味を探るという探究的なところにあった。こうして,筆者が出会った自ら立てた問いに向かおうと試行錯誤し協力する学生の姿は,現職教員の知の再生産を越えたところに存在し,そこで小さな,しかし新しい知をつくりだそうとする姿なのである。それらは決して未熟な姿ではない。

［参考情報］

鹿毛雅治『学習意欲の理論　動機づけの教育心理学』金子書房,2013.
「学習意欲」や「動機づけ」に関する知識を得ることができる一冊。

小林敏明『＜主体＞のゆくえ―日本近代思想史への一視角』講談社選書メチエ,2010.
「主体」について再考する際のガイドとなる一冊。

ソーヤー(R. Keith Sawyer),森敏昭,秋田喜代美,大島純,白水始監訳　望月俊男,益川弘如編訳『学習科学ハンドブック 第二版 第1巻』北大路書房,2018.
学習科学に関する知識を得ることができる一冊。

［註］

1) 佐藤学・秋田喜代美・岩川直樹・吉村敏之「教師の実践的思考様式に関する研究(2)-思考過程の質的検討を中心に-」『東京大学教育学部紀要』第31巻,1991,pp.183-200. 佐藤らは教師の成長と熟達をめぐる考察のなかで,教師の成長の二つの契機について述べている。ひとつは「自分が行ったり見てきた授業とは全く異なった質の授業を参照したり,そうした授業観をもった人に出会ったりすること」であり,今一つは「自分で行ってきた授業形式では,子どもが思ったように動かない,行き詰ってしまうという自分の経験に対する反省である」と述べている。筆者の場合はこの後者の経験だったといえる。
2)「平成10年12月告示　平成10年版学習指導要領」の「A表現」に「表したい内容を漫画やイラストレーション,写真・ビデオ・コンピュータ等映像メディアなどで表現すること」とされた時期であった。
3)「平成22年度-24年度(2010.4-2013.3)科学研究費補助金　基盤研究C(一般)　研究課題名:芸術教科と指導者の感性知-美術教育指導者の持つ潜在的な知と力量についての研究-」
4) 相田隆司「教師が題材づくりに必要と考える力について―図画工作専科を対象とする質問紙調査の質的な検討―」『東京学芸大学紀要　芸術・スポーツ科学系』第65集,2013,pp.44-51.
相田隆司「美術教育の題材づくりに関する一考察―図画工作専科教員を対象とした題材づくりに関する質問紙調査を通して―」『美術教育学』第34号,2013,pp.1-14.
5)「平成29年度-31年度(2017.4-2020.3)日本学術振興会科学研究費補助金　基盤研究(C)(一般)研究課題名:美術の知識特性に即した能動的な学習を創出するための教員養成学部学習モデルの構築」
6) 相田隆司・立川泰史・西村徳行・大根田友萌・大櫃 重剛・濱脇みどり「熟練教員の題材をめぐる大学生の実践的理解の様相に関する一考察」『教材学研究』第30巻,2019,pp.7-18.
7) ガート・ビースタ(Gert J. J. Biesta),藤井啓之・玉木博章訳『よい教育とは何か　倫理・政治・民主主義』白澤社,2016,pp.111-112. 教育とは複合的な概念だとするガート・ビースタ(1957-)は,教育の3機能(次元)として資格化(qualification),社会化(socialisation),主体化(subjectification)をあげ,なかでも「主体化」が重要であるとしている。
8) 古屋恵太「省察的実践の矛盾を越えて　生成と他者の概念」,山本睦・前田晶子・古屋恵太編『教師を支える研修読本　就学前教育から教員養成まで』ナカニシヤ出版,2014,pp.155-174. 教育哲学者古屋恵太は,教育が発達という観点から教育実践を捉えようとする見方は,欧米の近代化を善とする発想のもとで生まれ,それと癒着しており,発達という観点のみでは人間の生の特性や豊かさを捉えきれないと述べる。古屋によれば教師が未熟から熟達へと至るという道程も発達モデルによるものである。古屋は,「生成」「他者」という観点から教育実践を捉え直していくための思索を展開し,「潜在的他者としての子どもと向き合いつつ行うことが教育を教育たらしめているのではないか(p.170)」と述べる(引用者補足:ここでの潜在的他者とは理解,コントロールできない他者存在を指す)。

疑問の解が紡いだ美術教育研究

内田裕子
UCHIDA Yūko

1………はじめに

　美術教育研究に携わる多くの人がそうであるように、私の場合も子どもの頃から美術との関わりは強かった。しかしそれは、私を見た親や周囲の大人の指南の結果であり、必ずしも自らの意志で関わった訳ではないと自覚する。昨今、個性に応じた教育の重要性が改めて言われているが、一定の年齢に達した人の中には、個性に応じた教育しかできないのを自身の経験から知る人もいるであろう[1]。

　本文では、美術教育を学び続ける人間の一つの例を自身とし、私が抱いて来た美術教育に関する疑問を軸に来し方を記す。何故なら、美術教育を学び始めるきっかけは、当人の嗜好に対する周囲からの支援であるものの、学び続ける原動力は、美術教育に対して抱く当人の疑問にあると考えるからである。

2………美術教育と出会う

(1) 契機

　戦前の女子薬学専門学校の名残から「女性が手に職を付けるには薬学部」という社会通念が未だあった頃[2]、高等学校3年生の私は、国立大学2校受験が可能になったその年、迷わず2校共薬学部を受験する予定でいた。ただ、薬剤師になって何をしたいのかまでは考えが及ばず、大学入学後に対する漠然とした不安はあったのを覚えている。折も折、薬剤師による薬剤誤投与に係る死亡事故が起こり世間を震撼させた。元来緻密な方ではない私は、この事件により途端に目標を見失う。そんな時、かつて何気なく校内模試で書いた志望分野に気付いた担任教諭が、面談の際、その進路を示唆した。

　教員養成課程美術科への進学が決まって間もなく、中学校時代、生徒会でお世話になった美術の先生と偶然出会う。その時、進路を知った先生に手渡されたのが、当時は未だ珍しかった美術科指導法に関する論文であった。「これからは教科教育の時代だ」そう仰る先生から受け取った論文には《アルノルフィーニ夫妻像》の鑑賞の授業における指導法が記されており、それまで学

習者として漫然と受けていた授業が, 指導者にはこのように明確な目標を目指す過程に見えているのかと驚いた。その後も, 私が進学した大学には, 当時, 日本初とされた美術教育専門大学院博士課程1期生の新任教員が着任していたり, 学部を卒業した直後は, 幼稚園で幼児の造形表現に関わったり, 大学院時代は「こどもの城」[3)]の造形事業部でワークショップに携わったりする等, 美術教育の知見を広げる機会を得た。但し, 私が美術教育の研究を始めたのは, 当時が教科教育学の黎明期に当たり, 大学の学部から一貫して美術教育学を修めた研究者が存在しなかったために, 上記の新任教員から「先人も先行研究も何もない。あなたが行うことが美術教育学になる」と言われたことにある。以来, 多様なルーツで美術教育に辿り着いた師資の指南を仰ぎつつ, 自身の美術教育学と私自身を形造って行くことになった。

(2) 経緯

　私が初めて美術教育への疑問を抱いたのは, 幼稚園で蟹の面を作った時である。保護者に向けてクラス全員で「猿蟹合戦」の劇を演じることになり, 各園児が自分用の蟹の面を作った。しかし, 上演当日, 手前味噌ながら良くできたと思ったその面が見当たらない。皆が自分の面を被って舞台に登場した後, 面を探して独り教室に残る私を叱責する担任の副園長に対し, 私の面がないと告げると「この袋の中から選びなさい」と(恐らく卒園児が持ち帰らなかった)どこかが欠損したボロボロの面ばかりが入った大袋を渡された。訳も分からぬまま慌ててその一つを被って舞台に登場すると, そこには私の面を被った主役の男子が立っていた。その幼稚園ではまた, ある日を境に, 色紙は一人につき1日4枚まで, 竹籤は1日2本まで等と, 造形材料の使用数に制限が設けられた。カリキュラムはなく, 個人が好きな遊びをするだけの幼稚園であったため, 工作をして毎日遊んでいた私と友人は戸惑った。後に親から, その私立幼稚園が, 当時は未だ公立幼稚園では実施されていなかった自由保育を謳い, 子どもの心を大切にすると公言して園児を集めていたと聞いたが, これらの経験は, 子どもの美術作品や遊びを大切にしない教員の姿と, 材料の使用制限の理由を説明しない幼稚園の教育方針に疑問を抱かせた。

　小学校では, 円錐形に丸めた画用紙を人形にする工作[4)]の授業に魅了されて以来, 低学年の間は取り分け, 図画工作科での制作や特別活動におけるグループ用の給食袋入れ作り等の, 造形活動のためだけに学校へ通った。またその学校には, 地方では珍しく図画工作科の専任教員がいて, 日展にも出品するその専任教員は, 土曜日の放課後に「図画クラブ」を主宰していたため, 私もそこに通い制作に勤しんだ。加えて, 母が情報を収集して来るコンクールには必ず出品し, 長期休暇中は講習会に参加する等, 図画工作三昧の小学校生活を送った。コンクールでは賞品が制作への動機付けになることもあったが, 結果については疑問も生じた。特に県が主催する「父の絵」と「母の絵」の両方のコンクールで同じ賞が授与されたことは大きな疑問であった。当時, この件について大人は, 私の絵と相性の良い選者が授賞作品を選んでいるのであろうと言ったが, この話を聞いた私は, 美術作品の評価は手本を真似る習字や綺麗に早く仕上げる運針のように一定

の規準に基づく訳ではないと感じ,それは何故かと訝った。

　その他にも,小学校では,後に長く考え続けることになる二つのことを経験する。一つは,外部講師が1年生の児童全員を対象に,講堂(体育館)で水彩画の手解きをした講習会での出来事である。学年全員が同じ道具を持つことは画一化に繋がり個性を失わせると考えていた母が,私に持たせた水彩道具はどれも学校で販売したものではなく,水入れに至っては水量が多く頑丈な方が1年生には良いとの判断からペンキの空き缶であった。運悪く,最前列で実技指導を受けていた私のペンキの缶を見付けたその講師は,その水入れを取り上げ,受講者全員に見せながら「これはダメです」と言ったが,個性を重視する筈の美術に携わる講師のそうした態度に対する疑問は元より,その講師が,その水入れが「ダメ」な理由を明確に示さなかった点にも疑問を抱いた。

　もう一つは,先の図画工作科専任教員に,ある誤解から叩かれたことである。私の学級担任は,手洗い場での雑巾の洗濯を学校が禁止したことを未だ児童に伝えていなかったが,そのことを知らなかったくだんの専任教員が,手洗い場で雑巾を洗っていた私の頭を,理由の説明もなく突然叩いたのである。この件では,個人の考えを尊重する筈の図画工作科の教員が「図画クラブ」のメンバーでもあった児童の話を聞かず,自身の解釈を疑いもせず叩く行為に及んだ点に疑問を抱いた。

　また,この小学校は,私の在籍中,美術コンクールで全国学校賞を授与されたことがあったが,受賞を目指す間中,その専任教員は,過去にそのコンクールで高く評価された学校が行っていた,竹製の割箸の箸先を親指と人差し指で軽く握り,墨汁を割箸の天に付けて,ゆっくりと輪郭線を描く方法を子どもたちに徹底させ,いかなる対象物でも画題でも,その描き方以外で描くのを許さなかった。こうした指導が罷り通った理由には,その専任教員が日展に出品していたことで,他の教員や保護者から一定の信頼を得ていたことに加え,別に一人,図画工作科の専任教員がいたものの,その教員は産休や育休等で休みがちで,誰も先の教員を批判できない状況が作られていたことがある。そのため,児童も教員も,この方法以外での表現や指導を自粛し,私自身も金科玉条の如く,自主的にコンクールに出品する場合でさえこの方法で描き続けた。このような状況から漸く解放されるのは,転校に伴い指導者が変わり,さらに中学校入学後,写実的な表現を重視する教材に出会ってからである。線がぶれたりやたらとデフォルメされたりした表現が,他校や中学校では通用しないと気付いたのがそのきっかけであった。

　中学生になると,美術部の他,顧問に誘われ入部した合唱部や放送部,生徒会等の課外活動に明け暮れたが,中でもコンクールでの入賞を目指す合唱部の練習は厳しく,習い事のある日に休む点を上級生に指摘され,一部の習い事を辞める程であった。因みに高等学校では,美術部に所属しつつ,ここでも顧問に誘われ入部した演劇部で,全国高等学校演劇大会に出場するために朝な夕な練習に励んだが,これら複数の芸術分野に関する課外活動では,各芸術の意味や方法の違い,共同制作と個人制作の意味や目的の違い,指導者とファシリテーターの意味や役割の違い等を知った。

なお,中学生の頃は画塾に通い,デッサンと油絵の個人指導を受けていたが,そこでは,自身のペースで自由に対象を選び表現する環境が保障される場の心地良さを感じると共に,表現の場には,常に穏やかで必要な知識と技術を教授できる指導者の存在と,目標以外の点は全て許容される自由な雰囲気が必要であると学んだ。他方,拙さは他の習い事と同レベルであるにも拘らず,美術に関してだけ,その拙さのまま自由に表現する行為が許されるのは何故かとも考えた。

3………美術教育を知る

(1)学習者として
　大学では,入学後間もなくから美術教育のゼミに所属し,公開講座等,教員が関わる多様な機会を手伝うことになる。その頃,上級生たちが,新しく着任したその美術教育担当教員の授業は,以前の美術教育の授業内容とは全く異なると話題にしていたが,以前を知らない私でさえ,その教員の指導内容や実践内容には興味を抱いた。
　美術教育研究に理論的研究と実践的研究があると知ったのは,大学院で修了研究の論文題目を決める際,指導教員に「この論文内容は『理論的研究』だから,単なる『研究』ではなく,そのように題目を変更すること」との指示を受けた時である。この時,学部時代に公開講座で経験した研究は「実践的研究」であったとも知るが,その「実践的研究」を初めて経験した,保育士を対象にした公開講座では,教員に対して学生が自由に意見を述べ,教員と学生が共に教材開発に携わり,指導にも携わった経験から,それまで判で押したように「情操教育」と唱えていた美術教育の目的を自ら考えて良いと知った。加えて,公開講座等のワークショップを作る一連の活動は,高等学校の演劇部で行っていた劇の制作過程に似ており,特に「脚本解釈」に近いと感じた。演劇部を続けたのも脚本解釈の面白さゆえであったが,美術教育研究も,考える人によって個々に解釈が存在し,その考える過程は一人よりも多数の方が発展もし,楽しいものと感じられた。
　こうした経験をするうち,将来は美術科の教員になろうと考えるようになったが,今度は教育実習先の中学生の姿にたじろぎ,それが難しい事態に陥る。再び指導教員に薦められ進学を決めるが,進学に関しては時代を感じる経験を幾つかした。例えば,進学準備では,人文系の大学院情報を掲載した本を探し,進学先の存在を見付ける所から始める必要があったし,受験時は,教育に力点を置いて「美術教育」を研究したいと述べる私に,面接者が「芸術学」と「教育学」の学位の違いを論す場面もあった。中でも印象深いのは,複数の人から「あなたは女性だが,結婚しなくても問題に感じない性格であると思われるから,大学院に進学するのも向いていると思う」と言われたり「女性が研究者の職を得るには男性の業績の1.5倍は最低必要」等の助言を得たりしたことである。

(2) 研修者として

　大学卒業後は一時,幼稚園の保育助手をし,その後進学した大学院の在学中は「こどもの城」の指導員を経験する機会に恵まれ,その結果,幅広い年齢の子どもや様々な専攻の美術大学生と出会ったり,桁外れの商品数を誇る渋谷の東急ハンズで材料や用具を調達して題材を開発したりする経験を得た。加えて,地方と首都圏の両方で送った学生生活は,人や地域の多様性と特性を知る経験となった。何より,保育助手や指導員といった,学習者でも指導者でもある研修者の立場は,周囲に支援されつつ指導する環境と,将来を左右する意義深い経験を与えてくれた。例えば幼稚園では,保育助手として,3歳児の20人のクラスに所属しつつアートルームで造形指導を担当する立場から,一人の幼児の所作を一定期間追跡したりクラス全員の動きを観察したりする仕事の他,教室のガラス窓一面をカッティングシートで装飾する仕事,アートルームの室内を改造し環境を整備する仕事,園庭の環境整備や園内の俯瞰図を作成する仕事等を経験し,他方「こどもの城」では,土や管,宝島等といった多様なテーマに応じて題材を開発したり,職員と共に,年齢や遊びの形態に応じて子どもを指導したりしたが,いずれも,後に指導者として独り立ちする際の有益な準備内容となった。その上「こどもの城」では,10人のメンバーの子どもに対して,材料や用具,気分等のテーマに基づいて週に1度,1年に亘って開講する「こどもクリエイティブクラブ」において,職員と指導員の二人体制で,計画から指導まで全てを担う経験をする一方,毎回異なる多数の来館者に対する造形指導を経験したが,これらの経験からは,子どもの年齢や個性によって理解の仕方や興味を持つ造形活動の種類が異なることや,指導者と学習者の最適な人数の関係,社会教育と学校教育の違い,学校教育におけるカリキュラムの意味等,その後の研究に必要となる様々な観点を得た。

4………美術教育を考える

(1) 教育実践の内容

　大学院修了後,教育学部に職を得る。ここからはその後の話である。就職後の研究を大きく分けると,概ね初めの10年は実践的研究,続く10年は理論的研究と言える。職場の地の利がこれらの研究を促した。実践的研究は主に地域貢献を目的に取り組んだが,それらは,県内にある病院から学生に依頼のあった,筋ジストロフィー病棟での絵画教室であったり,共同研究者が依頼された,旧国立青年自然の家の壁画制作であったりと,多くが地域や人との関係から展開した。学生と共にボランティアとして様々な場所に出掛け,人と造形に関わったこれらの経験は,実践的研究としては元より,後の理論的研究において,文献に記される理論を理解する上でも有益な資料となった。そうした教育実践の一部を次の表1に挙げる。

表1: 教育実践内容

No.	内　容
1	廃校を舞台に,大学院生が各自で個人の居住空間である「パオ」を造り,それを造る間の記録を映像に残しつつ,パオが完成した後は,期間を設けて地域の人々を廃校に招き,パオの他,大学院生の作品を展示し,来場者に対して造形ワークショップを行った。
2	学部生がグループ毎に,美術鑑賞をテーマにしたパッケージツアーを考案し,全学の学生に対するプレゼンテーションを行って参加希望者を募った結果,最も希望者数が多かったツアーを実施した。
3	筋ジストロフィーの患者さんに対して,学生がボランティアで行う絵画教室の立ち上げに携わり,学生の開発した教材を検討したり造形活動に資する教具を開発したりした[5]。
4	大学教員と造形作家でグループを作り,夏休み毎に場所を変え,グループのメンバーの作品展示と共に,各地域の子どもを対象にした造形ワークショップを行った[6]。
5	学部生や大学院生がグループ毎に,美術館での企画展に展示された作品から1点を選び,その作品の鑑賞を深めるためのドラマを創作し,美術館の講堂やホールの舞台で,来館者に対して,学生自らが上演するドラマライブを行った[7]。

　途中から理論的研究に軸を移した主な理由は,勤務校が地方から首都圏に変わり,学生数が増え交通量も人口も多くなり,学生と共に各地へ移動するのが難しくなったことにある。その上,卒業後すぐに多くの学生が教員になる状況や,厖大な学生数に対応する必要は,これまで学生が実践を通して修得していた内容を理論化して効率的に指導せざるを得ない状況も招いた。しかし,学習指導要領にある「共通事項」を核に,教科の目標に記される「感性」の育成の観点から美術教育を研究したこの10年の理論的研究が,美術教育における統合観[8]や自由観[9],美術教育療法に関する研究にも通じ,博士論文では結論に至らなかったこれらの課題の思索へと繋がったのは幸運であった。

(2) 研究実践の方法

　研究において肝に銘じているのは,学部時代の指導教員が言う「並行輸入業者」になってはならないという教えである。海外の研究を日本に紹介するのは興味深く思われたが,そればかりを続けていると,研究が継続できなくなるというのが理由であった。代わりに指導教員が重視したのは「問題の所在」を発見する力であり,研究方法における美術教育の独自性の確立であった。忘れもしないのが卒業研究の題目を決定するため,約1年に亘って毎週題目を提出し続けたことである。毎回却下され,それ自体辛くはあったが,その経験を通して「問題の所在」を発見するとは,解決策を導く鍵を得ることであると同時に,自身が人生を賭して解決すべき問題を明らかにすることでもあり,即ちそれは,省察し自らを知ることであると知った。

曲りなりにも研究を続けて来た中で、ブレークスルーが訪れた機会はさほどないが、それでも歳を経るに従い「ユリイカ」(分かった)経験は徐々に増えた。バラバラであった知識や経験が、何かをきっかけに統合される瞬間が人には必ず訪れる。私の場合も抱え続ける疑問が常に複数あったが、その一つがある瞬間に解ける経験を幾度かした。今、振り返ってみて、そうした瞬間が訪れるのに条件があるとすれば、それは、①美術や教育以外の多様な経験や知識を多数蓄え醸成すること、②徹底して考え続ける時期を持つこと、③焦って安易に解決したと考えず検証を重ねること、等と言える。諦めかけた時に分かるというのも、広く深く経験や知識を蓄えるというのと同じく、自身の経験で得た定石である。

5………美術教育を創る

(1) 私の研究課題

上記の通り、私が美術教育研究に関わるようになったのは、子ども時分から美術教育に対する疑問があり、その疑問が簡単に解けず、様々な方面から検討する幅を持っていたためである。ただ、そうした疑問が美術教育研究の原動力となった一方、博士論文の執筆がなければ、研究が続いたかどうかは分からない。しばしば言われる通り、自身においても、博士論文執筆時に抱いた疑問はその後に解明すべき全ての内容を含み、疑問が解決した際は、その結論が、博士論文の執筆時は留まらざるを得なかった思考の先に拓かれると感じた。また、この経験から、一時は解決困難と思われた疑問でさえ、自身が抱いた疑問であれば、解決には至らないまでも結論に近付くのは可能であると確信した。

かつての国立大学から美術教育を研究する修士課程が悉く消えつつある今日、学生にとって、私のように美術教育の楽しさや面白さに出会う機会が得難くなった点は残念でならない。せめてそうした場や機会を失くさないため、今後は、学部や教職大学院、さらには社会教育施設において、同様の経験ができるように工夫を重ね、最善を尽くす必要があると考える。

(2) 私の教育実践技法

今日の美術教育学は、各人が抱いた疑問を、各人が見付けた理論的研究や実践的研究の方法で解決した成果であるが、中でも美術科教育学会は、実践的研究の成果を礎にする学会と考えられる。それは、研究者を目指すかつての大学院生が、大学美術教育学会には理論的研究論文を、美術科教育学会には実践的研究論文を投稿したことが示す通りである。なお、この区分について、当時の指導教員は、学会の成立の背景や会員の所属が関係していると説明したが、次第にそうした区分が曖昧になり、現在は、いずれの学会も同質になって来たと感じる。恐らくそれは、実践的研究と理論的研究が切り離せない性質を持ち、また、美術教育学がある程度確立して来たからであると考えるが、これは、自身の研究においても同様であり、次第に理論と実践の往還(融

合)を頻繁に行うようになった。但し,理論と実践の往還を成立させるためには,理論と実践の各々について一定期間徹底して研究する必要があり,且つ,短い期間の実践的研究と理論的研究の往還と共に長い期間での往還が必要と考える。加えて,それらの期間においては常に疑問を通奏低音のように持ち続ける点も肝要と言える。何故なら,たとえ辛くとも問題の解決を保留し考え続ける中で,やがてフロー体験のような没入に至った時,何らかの閃きや得心がもたらされると実感したためである。

　さらにまた,若い時に抱いた疑問は生涯を賭して解決する問題になるとされるのは真理と考える。自身の経験において,造形表現を最も楽しいと感じたのは幼少期であり,その後は疑問が蓄積するばかりであったが,これは,好きな対象には,興味のない対象では気にならない点が気になるという人の習性の現れと思われた。この点を踏まえ,美術教育研究を始める方には,自身の疑問点の解決に挑むのが研究であると伝えたい。こう考えると,苦しい研究過程すら,登山のように,やがて頂上に立つ達成感の待つ楽しい経験と捉えられると思うからである。そう言えば,大学時代所属した探検部でも,山頂に立った時,無人島から帰還した時,真っ暗な洞窟から明るい視界が開けた時,いつも,そこに至る過程は忘れていた。

6………おわりに

　様々な疑問の解を求めて紡いで来た私の美術教育研究であるが,自身の研究にとって最も大きな原動力になった疑問は何かと改めて考えると,それは,私が受けた家庭教育への疑問ではなかったかと思われた。教科の学習は授業中に終え,自宅では宿題もそこそこに手伝いをする私の日課の理由を,母は,受験勉強に繋がる勉強をすると自分のために生きる人間になることが懸念され,手伝いにはあらゆる学習の可能性があるためと言ったが,子どもには理不尽にも思えるこうした教育を受けたことが,私が今も美術教育研究を続ける最大の理由と考えられた。何故なら,ここから生じた「自分のために生きるとは何か」という疑問は正義の意味を問う疑問であり,その解決には,人によって異なる正義の意味や正義の背後にある善や美の意味を考え,さらに,美的人間や多文化共生に通ずる美的人間関係の意味を考える必要があったからである。止むを得ずとは言え,この疑問の解を探さざるを得なかった私にとり,美的人間形成と美的人間関係の成立を目指す美術教育は,その疑問を考える打って付けのフィールドであった[10]。

　以上が,私のこれまでの歩みと美術教育実践である。しかし,美術教育学のみを対象に研究して来た私は他の分野を知らず,他分野の基礎を得た上で美術教育学を修めた研究者とは事情も視点も異なると思われる。ただ,かつてはなかった美術教育学を一から修める道が私の前に現れ,その道を辿る経験をした一人として,私のこうした経験の記録がこれから美術教育を始める人にとって何らかの意味を持てば幸いである。

［参考情報］

ヴィオラ(Wilhelm Viola),久保貞次郎・深田尚彦(訳)『チィゼックの美術教育』黎明書房,1999.
美術教育学の魅力を感じることができる美術教育学の入門書。

ローウェンフェルド(Viktor Lowenfeld),竹内清・堀ノ内敏・武井勝雄(訳)『美術による人間形成』黎明書房,1995.
美術教育の指導者としての自覚を芽生えさせる美術教育学の基礎文献。

マクドナルド(Stuart Macdonald),中山修一・織田芳人(訳)『美術教育の歴史と哲学』玉川大学出版部,1990.
西洋の美術教育の流れが一望できる本。

［註］

1)内田裕子「造形教育と感性:『学習指導要領』の『感性』の捉え方」『大分大学教育福祉科学部紀要』31(2),2009,pp.149-164.
2)木村友香「女子薬学専門学校の設立目的に関する研究: 東京府下に着目して」『薬史学雑誌』55(2),2020,pp.128-135.
3)国立総合児童センター こどもの城「Webライブラリーとは」2015,公益財団法人 児童育成協会,<https://kodomono-shiroweblibrary.jp/index.html>,2023年6月10日閲覧。
4)日本児童美術研究会『ずがこうさく2』日本文教出版株式会社,1979,p.23.
5)内田裕子「筋ジストロフィーの患者さんのための造形教材の開発 No.2: 筋ジストロフィー患者の描画に関する身体運動の分析(1)」『大分大学教育福祉科学部紀要』26(2),2004,pp.191-206.
6)内田裕子「工作教材における技法の取扱いに関する研究:こうさくてん『バッグ制作』における技法研究を手掛かりとして」『大分大学教育福祉科学部紀要』28(2),2006,pp.187-202.
7)内田裕子「教員養成課程における『美術鑑賞』の新しい試み:『ドラマライブ』を通しての考察」『大分大学教育福祉科学部附属教育実践総合センター紀要』26,2008,pp.157-172.
8)内田裕子「ローウェンフェルドの統合観」『大分大学教育福祉科学部紀要』21(2),1999,pp.305-316.
9)内田裕子「ローウェンフェルドの自由観」『大分大学教育福祉科学部紀要』22(1),2000,pp.333-344./内田裕子「美術教育における『自由』の解釈についての考察」『美術教育学研究』48,大学美術教育学会,2016,pp.81-88./内田裕子「造形・美術教育における自由の捉え方に関する考察: 教育技術の法則化における教材を手掛かりにして」『埼玉大学紀要(教育学部)』70(2),2021,pp.191-205.
10)内田裕子「美的人間・美的人間関係を学ぶ美術教育の在り方:『共通善』を視点にした考察」『埼玉大学紀要(教育学部)』71(2),2022,pp.191-219.

図画工作・美術の授業実践の特性とその愉しみ
研究的実践者への誘い

山田芳明
YAMADA Yoshiaki

1………図画工作科,美術科の特性

　現在,私は大学教員であるが,それ以前は別の教員養成系大学の附属小学校で図画工作科を研究教科として,日々子どもたちと図画工作の授業を行っていた。当時の附属小学校には,10年以上同校に在籍している教員が多数おり,経験豊かな教員等とともに教科の授業研究に取り組んだ。

　附属小学校では,校内研修や対外的な研究発表に向けた校内協議会など他教科の授業研究を行っている教員等と授業について議論する機会が多くある。そうした中で多くのことを学ぶことができた。今思えば,その中で培われた考え方が,現在の教育研究の礎になっているように思われる。もちろん,当時から明確なイメージや整理された理論を持っていたわけではない。始めは漠然と感じていたものが,13年という期間に附属学校で実践的研究を重ねていくうちに,次第に鮮明になり,整理されてきたものである。その一つに,図画工作の授業の他教科とは異なる特性についての考え方がある。

(1) 手放し技としての授業過程

　一般に授業は,大きく「導入」,「展開」,「終末」の学習過程で構成される。「導入」では,教師が本時の課題を提示したり、子どもたちの問題意識等を高めたりすることで,子どもたちは学習の「めあて」をつかみ,自身の取り組むべき課題を明確に持つ。そして「展開」において,その課題に取り組み,教師は「終末」では教師が,子ども一人一人の取り組みの成果を整理し,子どもたちの学習内容についての理解と定着を図る。さて,こうした学習過程そのものは,図画工作の授業においても他の教科と変わらない。ただ,各々の学習過程,とりわけ「展開」における教師の子どもへの関わり方は他の多くの教科とは異なっている。他の教科の場合,「展開」においても,いくつかの細かな作業課題が設定され,教師はそれらの作業課題について順を追って授業を進行する役割を担う。一つ一つの作業課題の学習時間と子どもたちの学習の進度を確認しながら授業を進行する。つまり,教師が学習の方向性や進度を常に軌道修正しやすい状況といえる。一方,図画工作科の場合は「導入」から「展開」に移行すると,子どもたちは各々の活動を始めることになる。一旦

活動が始まってしまうと,授業の行方は子どもに大きく委ねられることとなり,軌道修正が難しい。

この授業を進行する主体が「導入」から「展開」で,教師から子どもたちへと大きく移り変わるのが図画工作の授業の特性であり,授業をとてもスリリングなものにしてくれている。

元東京都図画工作研究会参与である横内は,このことを「題材を手渡す」と表現する[1]。「題材を手渡す」までは,教師が授業を主導しているが,教師から子どもに題材が手渡されると,子どもたちが「個々に学ぶ」すなわち,子どもが授業(学習)を主導する局面へとかわる。そして,個々の子どもが学びを深め,それが一段落した後,授業の「終末」はまた教師が主導して,それらを学び合いとして整理し価値付けるということになる。

学習指導要領(平成29年)解説図画工作編では「題材」を「目標及び内容の具現化を目指す『内容や時間のまとまり』といえる」としている[2]。その意味からすれば子どもに「題材を手渡す」ということはまさに子どもらが目標と内容をつかむことであり,且つ子ども自身が意思や意欲をもってその題材に取り組み始めるということでもある。

私は,この図画工作科の特徴である一連の授業の流れを体操の鉄棒運動に喩えて,「手放し技」と呼んでいる。私は体操競技については詳しいわけではないが,トカチェフなど鉄棒の演技中に鉄棒から手を離し宙を舞いその後また鉄棒を掴む「手放し技」は,ダイナミックで難度が高い。そこに鉄棒競技の魅力があるとも言える。

図画工作の授業では,この手を離す瞬間,つまり「題材を手渡す」瞬間はもとより,そこに向けた導入の過程が最もスリリングで楽しい瞬間である。私の手から離れて子どもたちの元へと移った題材が,どのように展開していくのかワクワクした気持でいっぱいになるからである。このような授業構造に,図画工作の授業のダイナミズムの源があるのだと思っている。

(2) 題材のタネはどこにあるのか

他の教科,例えば国語科や算数・数学科であれば,主たる教材である教科書に基づいて授業を行うことが多い。そのためであろうか,他の教科の多くが,教科書教材の解釈と,その授業の進め方,いわゆる指導法に関心が高いように思われる。

一方,図画工作科や美術科では,「題材開発」という言葉に象徴される,教科書にはないオリジナルの題材を考案することに高い価値が置かれる。全国大会や県大会,附属学校等の研究発表会においても教科書題材ではないオリジナルの題材による授業が多く公開される。もし全国大会などの公開授業の全てが教科書題材で行われていたら,参観に来られた先生方は少しがっかりするのではないだろうか。このように「題材開発」も図画工作科の特性の一つであり魅力でもある。

私が勤めていた附属学校では年間2回程度,対外的な公開授業があり,その時は新しい題材で行うという不文律のようなものがあった。また,日々の図画工作の授業でも常に新作の題材で授業を行うことが求められた。赴任当初は題材開発に追われるといった日々であった。しかし,3年ほど経過した頃から,漸くなんとなくではあるが題材を考えるコツのようなものが身につき始めた。コツのよ

うなものといったのは,それが何らかの理論に基づいたものではなく,題材の素案「タネ」となるものを思いつくことや,その「タネ」を題材化していく流れというか方法というか,そういったものが身につき始めたのだろう。

　一言で言えば身のまわりのものやことを図画工作の題材という視点で捉え直す目を養うことである。図画工作の題材という視点から捉え直すということは,すなわち,子どもたちが「面白い」と感じながら造形活動を主体的に取り組むことができるかという視点ということでもある。そうして見いだした題材のタネを,図画工作の題材として完成させるために,主となる材料や接着・接合の方法,場の設定等を考え,見直し,整理していくのである。アイデアの源である題材のタネは,生活の中で使ったり目にしたりする素材や日用品やメディアで紹介される新しい材料,生活の中で何気なく行っている造形的な行為や接着・接合方法,メディア等で紹介されている制作方法や表現方法など,子どもたちの日常的のあらゆるもののなかにある。

　たとえば,図1は,「光をあてると‥‥‥」という中学年題材であるが,あるとき,光にかざすと画用紙の裏が透けて見えるのに気付いたことから生まれた題材である。画用紙に光を当てると裏側に描かれているものが透けて見えるというのは誰もが知っていることである。ただ日光や蛍光灯にかざしたりするだけでは,子どもたちは面白いとは感じない。そこで,後ろから光を当てることで,表に描いた絵と裏に描いた絵が合わさり,それによって,絵の意味が分かったり絵の意味が変わったりすることを楽しむ題材とした。そのために,絵を吊るして,後ろから当てる光をオン・オフできるコーナーを設置した。

　図2の「のぼれ！のぼれ！」という高学年の題材は,11月クリスマスシーズンに入った百貨店で見た「クライミングサンタ」というディスプレイをヒントに生まれた。高学年の子どもたちにとって,人のポーズを描くということはとても苦手なことの一つであるが,ダンボールで等身大の学校をよじ登っている自分たちの分身をつくる,ということになれば,俄然面白がって取り組むのではないかと考えた。子どもたちは,よじ登ったり,ぶら下がったりしている時の様子を,話し合い,確かめ合いながらポーズを修正し

照明off　　　　　　　　　　　　照明on

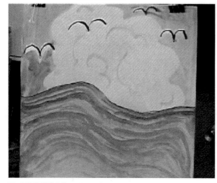 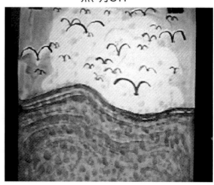

図1: 題材例「光を当てると……」

図2: 題材例「のぼれ!のぼれ!」

ていた。洋服などは描くのではなく,実際の服を着せることにした。授業中に子どもたちが校舎のベランダに設置したのだが,通りを隔てて向かい側にある附属中学の生徒(附属小の卒業生多数)らが大騒ぎしていたのを覚えている。

　ここに紹介した題材が特段に優れた題材ではないが,私たちが日常的に目にしているものやことの中に,アイデアの源,題材のタネがあり,そのタネを磨くことによって,題材化が図れる。そして題材開発を行うことがこの教科を指導する教師にとっての愉しみであり,この教科を指導する上で必要な力量の一つだと考えている。

2………実践へのまなざし

(1)授業におけるグリップとリリース

　授業実践について,「授業は生き物だ」と言われることがある。「授業はライブだ」と言った人もいる。授業はその日その時その場にいる子どもと先生の間での一期一会のできごと,同じ授業は二度とできないという意味が込められているのだろう。私たちはそのことを十分に知っているはずなのだが,つい忘れてしまうことがある。たとえば,同じ題材を複数のクラスに対して実施するときなど,教師の提案や言葉掛けなどの発話に対する子どもの応答を当て込みすぎて,気付けば子どもの主体

的な姿が影を潜めて,型にはめようとしてしまっていることがある。このことは,学生が教育実習等で行う授業では顕著に表れる。彼ら実習生の授業では,そもそも,子どもたちに「して欲しいこと」のみをイメージして,学習過程を構築する。この「して欲しいこと」に基づく学習過程は一本道で幅も狭く,子どもにその道筋に沿って学習を進めてもらうために,導入での教師からの提案や発問は,必然的に子どもたちがその道筋に沿った応答をしてくれることが前提となってしまう。しかし,先にも述べた通り図画工作の授業が子どもの主体的な学習となるように題材を手渡すことが求められていることから,教師の提案や発問は子どもの思いや意図を問いかけるようなものとなる。その結果,子どもからは教師の意図とは異なる応答が戻ってくることがしばしばあり,想定していた学習過程とは異なる方向へと進んでしまうという事態が生じてしまう。これは,教師と子どもの応答についての想定が浅く甘いために生じるわけだが,そもそも甘くなってしまう原因として考えられるのが,「して欲しいこと」のみをイメージして学習過程を構築していることにあると考える。大切なのは,「して欲しいこと」だけではなく「して欲しくない(して欲しいと思っていない)こと」をもイメージしながら学習過程を構築することである。学習内容として対象にしていること,すなわち「して欲しいこと」だけではなく,学習内容の対象にしていないこと「して欲しくない(して欲しいと思っていない)こと」をはっきりとさせることは,学習内容の輪郭を明確にする上で不可欠だと考えるからである。一般的に,教師が学習内容について想定する「して欲しいこと」は,最も理想的で代表的な活動や行為をイメージすることが多い。そのため,それに基づいて学習過程を構築した場合,学習内容の輪郭は漠然としている(図3の左図)。それに対して,「して欲しいこと」だけではなく「して欲しくない,して欲しいと思っていないこと」ことを具体的にイメージすることで,学習内容に位置付く活動の輪郭が明確になる(図3の右図)。

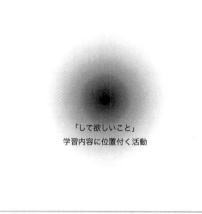

「して欲しいこと」のみで学習内容を想定している概念図　　「して欲しいこと」と「して欲しくない,して欲しいと思っていないこと」から学習内容を想定している概念図

図3: 学習内容を明確にする

また,子どもに手渡す際に子どもの主体性に委ねることがらと,そうでないことがらを明確に持てていることも重要である。私はこれを授業(学習活動)における「グリップとリリース」と呼んでいる。再三の繰り返しになるが,この教科の学習は子どもたちが主体的な活動に取り組みながらもその活動が学習内容から逸脱する「して欲しくない(して欲しいと思っていない)こと」へと向かって行ってしまわないように教師が授業をしっかりと導かなければならない。
　主材料は共通のものにするのか,子どもに任せるのか,材料のサイズは規定のものにするのかどうするのか。副材料は自由に持参させるのか,共通して準備するのか。接着・接合を共通の方法に限定するのか等々,どこまでを子どもに委ね,どこは教師が準備し定めるのか。こうしたことが,子どもたちが主体的に進める活動が先に述べた学習内容の輪郭の内側で収まる上で重要な役割を果たすのである。
　多くのことがらを教師が決定すれば,子どもたちの活動は学習内容の輪郭の中で安定的に収まるが,活動の広がりは狭く,学習過程は幅の狭い一本道へと収縮し,子どもの主体性を発揮できる部分が少なくなる。逆に,子どもに委ねすぎると,学習内容の輪郭からはみ出す活動への不安が高まる。できる限り子どもに委ね(リリース)ながら,学習内容の輪郭に収まるように教師が要点をしっかりと押さえる(グリップ),丁度よい加減を探りだすことが重要である。
　このようにして,題材の見取り図を明確にしてゆくのである。

(2) 授業＝ライブを愉しむために

　授業実践は生き物であり,二回と同じ授業を行うことができないということが,実践者を悩ませるわけだが,それこそが実践の愉しみでもある。
　教師は周到に材料・用具,場,発話内容等の準備をして授業に臨み,子どもとの応答性の中で常に先を読んで手を打ち,それに対する子どの反応をもとに次の一手を修正する。こうして,題材と子ども,そして教師との間で紡ぎ出されるのが授業であり,一期一会,ライブだと言われる所以である。子どもたちに掛ける一言の言葉や,提示する材料等の内容とそのタイミングによって,子どもたちの活動の様相は変化し,授業は異なる局面へと向かっていく。
　また,先に述べたように,言葉かけや材料の提供をするためには,子どもたちの置かれている状況を的確に捉える事が必要であり,子どもの姿やつぶやきから,こうした情報を得られるかどうかで,やはり子どもたちの活動の様相は変化し,授業は全く異なる局面を見せることになる。
　これも先に述べたように,導入での題材の手渡しはとても大切であるが,手渡した題材が全ての子どもたちの主体的な活動となり,一人一人の意味や価値をつくり出し,学習内容として設定した資質・能力が伸長するような実践となるか否かは,教師の子ども一人一人に対する適切な読み取りと支援にかかっている。
　かつてある先輩の教員が「指導案を見せてもらったときには,いけると思ったんだけどなぁ」と言っておられたことがあった。造形教育の全国大会で公開授業をされる先生に指導をしておられた時

に,事前に指導案を見たときにはよい授業になるだろうと思っていたが,実際の授業を参観すると,指導案からイメージしていた授業とは違っていたということである。指導案は,題材の目標や内容,そしてどのように授業を展開するのかということについて書き示されたものであるので,同じ指導案で授業を行えば,同じ授業が展開できそうに思える。しかし,実際には,先に述べたように授業は生き物であり,同一人物が行っても同じような展開にはならない。ましてや異なる教師が同一の指導案で授業を行ったとしても,同じような展開にはならないのである。それは,その指導案からイメージする授業展開のディテールが人によって異なっているからである。特に,先ほども述べた,導入において,題材を手渡すイメージが異なっていたとすれば,授業展開は全く違ったものとなる。

　教師間による授業イメージの違いを解消するには,授業の展開のディテールについて語り合い,他者の授業を参観することがとても大切である。互いの授業を参観し合うということも大変有意義であると思うが,第三者の授業を他者と一緒に参観し,教師の言葉かけや,材料用具の提示の仕方,場の設定の仕方などについて語り合うことで,互いがもつ授業のイメージの共有が進むことが期待できる。

3………研究的実践者への誘い

(1) 授業研究をめぐる課題を越えて

　自らの授業実践を磨き,省察することが教師の力量形成においてとても大切なことであることは同意いただけるだろう。

　しかし,1(1)でも述べたとおり,図画工作科や美術科の場合,新しい題材に高い関心が寄せられる。題材への関心が寄せられる余りに,授業へのまなざしが題材へのまなざしへと変換されてしまうことが問題だと感じている。たとえば,授業の成否が,題材の良し悪しといった視点の議論へと変貌してしまうことがある。これは問題である。もちろん,題材は,授業を構成する重要な要素であり,それ自体を議論することそのものが問題だとは思っているわけではない。ただ,いくら新しい題材への関心が高くとも,そのため,授業研究が題材開発研究に置き換わってしまってはいけないのである。

　また,子どもたちが題材に取り組んだ成果としての作品にも高い関心がよせられる。もちろん子どもにとって作品は,自らがつくり出した新しい価値であり,教師にとっては子どもの学習成果を捉え評価する際の重要な資料であることから注目しなければならない対象であることは間違いない。しかし,学習の成果の重要な資料ではあるものの学習成果の全てではない。教科の目標は作品づくりではなく,資質・能力の伸長だからである。

　この新しい題材やそれによってつくり出される作品に関心が高いという教科特有の事情からなのか,この教科では題材事例集への関心が高い傾向があると思われる。このことは大型書店の教科別教育書の書架を見たことがあれば同意いただけるであろう。教科の内容やカリキュラム,指導法に関する文献に比して,題材事例集が占める割合が高い。

また,各地の研修会でも,制作実技の研修や,新しい題材を紹介し体験するような研修会やワークショップが多く,授業について語り合う研究会は多くはないと感じている。
　こうした,この教科の特質とも呼べる題材収集や作品づくりから一歩すすんで,授業の中でのできごとに,目を向け,耳を傾けることが,授業研究のはじまりであり,研究的実践者への一歩となる。

(2) 活動の中の子どもの姿,子どもの言葉に着目する
　図画工作科は,授業の構造上,授業の進行を子どもたちに委ねる部分が大きい。また,教師の発話や問いかけと,それに対する子どもの発表や発言の応答で進行する他教科の授業と異なり,活動過程では子どもは言葉を発する機会が少ないため,子どもの意図や気持などを子どもの姿の中から読み取らなければならない。
　子どもたちの意図や気持は,その時々に見せる表情や口を突いて出てくる言葉,つぶやき,そして仕草などに表れる。たとえば,先に挙げた私の実践例「光をあてると……」では,子どもたちが活動過程で何度も光に透かして絵の重なり具合を確かめるのであるが,その時の表情や,首をかしげたりうなずいたりする仕草,友だちと作品を見せ合いながら会話している内容などに表れる。図画工作科は,他の教科以上にこうした子どもの姿に学ばなければならないと私は考えている。
　子どもは所詮子どもである。大人である教師と比べて,知らないことやできないことがたくさんある。しかし,逆に子どもだからこそ見える世界や子どもにしか見えない世界があり,大人が使わなくなってしまった感覚や忘れてしまったことがらなど,子どもにしかないものもたくさんある。
　たとえば,ある子どもが「茶色い匂いがする!」といったことがあった。匂いに色はないわけだが,妙に想像をかき立てられる表現である。大人が匂いを他者に伝えようとしたときには,自分が嗅いだことのある匂いの中で似ている匂いのもので,伝えようとする他者が想像できるようなものを選んで「腐葉土のような匂いがする」といったように表現するだろう。子どもの感覚は自在である,語彙が少ないからだといえばそうかもしれないのだが,だからこそ,諸感覚を総動員しながら感じたことを伝えようとするのであろう。
　こうした子どもの言葉は,造形活動を通して子どもがつくり出す意味や価値を,端的にそして的確に表現してくれることがしばしばある。私たち教師は,こうした活動過程での何気ない子どもの言葉から,忘れてしまっていた感覚を呼び覚まし,子どもの世界を知るきっかけとなるのである。
　そして,そのことを,他者と共有し,検討することから,実践研究はスタートする。
　大上段に構えず,授業実践を行う中で素朴に感じた疑問や,ちょっと関心を持ったことなどを,他者と語り合うことが,実践研究のスタートだろう。

(3) 自らの実践と向き合う
　教科の内容や指導について研究的視点を持って分析や考察を行い,その成果や課題を次なる指導や授業改善に役立て,授業実践力の向上をはかる。私はこのような取り組みを日々行って

いるような教師が研究的実践者だと考える。ただし，初等中等教育機関に勤める教員については，他の実践者の分析と考察や，文献等の資料収集のみ行い，自身の授業を対象とした分析や考察等を行っていない又は様々な調査や分析等の研究活動が自身の授業実践と関連していない教員は，本論では研究的実践者とは呼ばないこととする。

　研究的実践者として大切なことは，まずは自身の実践とまっすぐに向き合うことである。

　その初歩の初歩が，自身の授業を記憶に頼って振り返るのではなく，映像で記録して見ることである。授業者の記憶にのみ頼って授業の考察を行おうとした場合，情報に乏しく，また授業者自身のバイアスがかかっているため授業を客体化しにくい。分析や考察といったことはさて置き，とりあえずは自身の授業を見ることから始めたい。最初は自分の声を聞くのも恥ずかしく，直視するのは難しいかもしれない。しかし，複数の授業を映像で記録し，繰り返し見ていると，発話の仕方，視線の送り方，立ち居振る舞いなど自身の癖のようなものが見えてくる。たとえば，自身の語尾が聞きとりづらいということなどがあれば，次の授業の際には意識して修正するようにすればよい。自身で見ることになれてきたら，他者と共に見るとよい。他者が授業力の上位者であればなおよい。自身が気付けなかった問題や，新たな視点を示してもらえるだろう。

　また，現場の教員がまとめた実践研究や実践報告等の中には，実践の成果が見えやすい活動の写真や作品の写真が掲載されており，肯定的な結論にまとめられているものがある。それはともすれば執筆者や報告者にとって都合のよい肯定的な情報のみを採用し，成果の乏しい否定的な情報は割愛されているのではないかという疑念を抱かされる。たとえ実践報告であっても，情報は肯定的なものも否定的なものもすべて等しく取り扱い分析し，成果と課題としてまとめられなければならない。

　また，子どもの発言や教師の発話内容などは，その発言の主旨や意図がわかるように，可能な限り省略せず正確に文字起こしをし，省略する場合には原文の資料を参照できるように添付する等の手続きが求められる。

　このように，愚直とも思えるような姿勢で実践と向き合い，真摯に分析や考察を行うことにより，自身の授業実践の特長と課題等を明らかにすることができるだろう。強みと弱みを自覚することで，授業実践への愉しみは増すことになるだろう。

［参考情報］

下村哲夫『先生の条件―いま教師が問われていること』学陽書房,1988.

大阪教育大学教育学部附属平野小学校『子どもが創りだす学習―自己を発揮し自ら変容する子どもをめざして―』東洋館出版社,1989.

大阪教育大学教育学部附属平野小学校『学習の個性化における教師の役割―自己を発揮し自ら変容する子どもをめざして―』,東洋館出版社,1992.

佐伯胖『わかり方の探究―思索と行動の原点―』小学館,2004.

斎藤喜博『授業入門』国土社,2006.

［註］

1) 横内は,図画工作の題材について語り合う「図工夜話第三夜　題材開発四方山話」という動画配信番組の中で,「題材を考えることは,授業と子どもを考えること」として,授業の構造の説明をしている。その際に,「図画工作の『学び』の構造」を,「環境」「指導」「表現」「内面」という四つの側面に整理して説明している。そして,「題材」に出会わせるのが「指導」だとして,「指導」について,次のように述べている。
「指導で先生方は何するかって言うと,題材を子どもに提示しています。これを「手わたし」という風によく言いますけども,この「手わたす」ということがすごく大事になってきます。この「手わたし」方によって,(つまり,一番最初に言いました材・行・想の題材づくり,子どもの造形活動につながる材料から手渡すのか,場所から手渡すのか,行為から手わたすのか,それからイメージを手渡すのか,そこによって)子どもの向かう学びが違ってきますよね。そうやって子どもたち達への手わたしを先生方は工夫されているわけですけれども。そのあと,子どもたちは学びます。個々に学びます。で,それがやがて広がります。で,拡がったものを学び合いとして改めて先生方は整理されて,再度提示します。そうやって学びを深い学びにつなげていようとされています。で,個々の学びは,全体で共有されます。そういったものの中で価値付けられます。(後略)」
『図工夜話 第二夜「題材開発　四方山話」』,山田芳明,西村徳行,横内克之,斎藤和美,2020年9月25日にライブ配信(限定配信),〈https://www.youtube.com/watch?v=TwQmnQBbTec〉,2022年3月15日閲覧。
2) 文部科学省『学習指導要領(平成29年告示)解説図画工作編』,2017, p. 24.

振り返ったら研究の道が見えた

三澤一実
MISAWA Kazumi

1………自分にとって研究とは

　私の研究は実践から生まれる。面白そうだと思ったことをしてみたり,時には気乗りせず渋々取り組んだことから思いがけない発見をしたり,結果として次の研究のヒントが生まれてくる。若い頃はこのような"THE"研究と言えないような行き当たりばったりの実践は研究と呼べないのではないかと思っていたが,行動を通して得た経験と知見は新たなチャレンジをするたびに,徐々に点から面,面から立体へと立ち上がり,やがて重層的な理論大系がうっすら見えてきて,今では美術教育を俯瞰する研究につながってきたと思える。そして問いを持ち続け,考え,アクションを起こし続けることが自分の研究スタイルであると納得している。とにかく"やってみる","行動してみる",そして"考える"が,自分の研究を開いていくと考えている。

　もう一点,行動にこだわる理由がある。それはいかに優れた理論を構築できたとしても,目の前の子どもたちに成長が見られなければ意味が無いと考えているからだ。行動の結果,何が起きたか,その変化をつぶさに捉え,検証し,変化を起こした要因を探ってみる。検証の方法は,インタビューやディスカッション,記録の作成などである。それを自身の体験と比較し,そこで何が起きていたのかを客観的に探ってみる。そして時たま気になった本を読む。

　実践研究の場合,記録は重要である。簡単なものでも良い。たとえば,活動の記録をブログやフェイスブックなどに蓄積し,形にしたい気持ちが湧き上がったときに記録集をつくったり,雑誌投稿や論文にまとめたりする。そこまでしなくても日頃の実践で生まれたものを保存しておくとよい。たとえば,20年以上前,私の中学校勤務最後の授業で全生徒から記念にもらった制作カードが,今,研究の資料として役に立っている。また,その時々に撮影した写真も過去の記憶を呼び覚ましてくれる。

　記録は個人で残すだけではない。例えばSNSを使った記録ではプロジェクトメンバーが自由に書き込めるようにしている。小中学校などを訪問し行う鑑賞授業「旅するムサビプロジェクト」[1]のブログでは参加した学生が活動の様子を振り返り記事を書く。美術教育の新たな領域開発である「造形実験」のプロジェクトではフェイスブックで非公開のグループのチャンネルをつくり,そこに参加教員が各校の実践を書き込み,質問や意見を投稿していく。実践を検証しながら研究を深めて行くには,複数の目の参加は出来事を広がりと深まりを持って捉えさせる。客観性を担保するために

研究調査としてインタビューやディスカッションを重ねていく意味はそこにあるのだろう。
　実践研究が果たす役割は知の共有である。例えば優れた教師の知見や熟達した指導技術は全ての人が享受できるものではないし、まして個人のスキルは引退と共に消えゆく運命にある。そのためにもメディアに残していく必要があるだろう。新たな挑戦的な取り組みも、その教育的な意義を文字や映像にして相手に伝わるようにしないと広がりはしない。意味や価値をつくり出すという点で研究者は作品制作に向かうアーチストと同じである。それは新たな題材を開発したり、実践を美術教育理論と結び付け誰もが質の高い美術教育の実践を図れるようにしたり、理論を更新したりしていくことがアーチストの制作と同じだと私は感じるのである。研究の面白さは、一個人が、面白いと思った事、大切だと感じた事を、研究の成果をもって、日本及び世界の子どもたちや教師を繋ぐことができる点だ。私の場合、その様な実践研究の魅力にはまっている。
　ここでは筆者の拙い今までの研究の過程を紹介し、これからの未来を創造する読者の参考にして欲しい。

2………中学校教諭としての実践

(1)中学校教員としてのスタート　荒れた中学校で美術の意味を考える

　平成3(1991)年、正規の美術教師として採用された中学校は市内でもトップクラスの荒れた学校であった。チャイムとともに始まる授業は5分も経てば教室の後ろ三分の一の生徒が脱走し、廊下を走り回る彼らによって授業妨害の非常ベルが鳴らされる。とにかく生徒を教室に縛り付けておくのが最大の任務であった。そのために面白い授業、分かる授業が求められ「授業で勝負」と常に先輩教員から言われ続けた。また、「実技教科から崩れる、また実技教科から立ち直る」とも言われた。とはいえ、初任者の美術教師として授業経験の無い自分は、自身が体験した過去の授業を繰り返すだけで、今から思うと作業的でつまらない授業だったと、当時の生徒たちに懺悔するしかない。点描や、篆刻、とにかく教室に縛り付けておくために余り考えずに無心で集中出来るような作業の題材を探し求めていた。
　その中学校は今から思うと幸いなことに美術科教員が3名いた。全学年で27学級のマンモス中学校だったことと、当時は必修と選択の授業を合わせて現在のほぼ倍の授業数があった。困った事や相談があればひとまわり上の先輩教師に聞くことが出来る。
　ある日、他学年の主任をしていた先輩教師の一人が、生徒の心を耕すために鑑賞の取り組みをしないか?と私たちに持ちかけてきた。平成4(1992)年当時、ほとんどの学校が制作中心の美術で、市内はおろか県下でも鑑賞の取り組みは行っていなかった。多分全国的にそうであったと思う。よって参考にする先行事例など無いに等しい状態であった。先ずは3人でどの様な活動が考えられるか、研究主題を考えることから研究がスタートした。
　荒れた学校で考えた研究テーマは「生徒が主体的に学ぶ鑑賞指導の研究」である。具体的

な研究課題は「鑑賞授業の年間指導計画の作成と鑑賞授業の工夫」と「鑑賞の機会を増やすための掲示環境の整備」とした。

　学校には研究に充てる潤沢な資金など無い。そこで、2年間、市の教育委員会の研究委嘱を取り付け、年間20万円だったと思うが予算確保をした。学校はすべての予算が使用目的と紐付けられ決められている。教材費以外の研究にあてる予算などない。そこに自由に使えるお金が入ることは嬉しいものである。それがたとえ研究という紐付きであってもだ。大学では研究費は自分で獲得することが当たり前であるが、小中学校の教員にそのような意識はほぼない。当時の私もそうだった。今から思うと、資金を調達する醍醐味はここから学んだのかもしれない。

　さて、その得た研究費は掲示板の制作費や、教材づくり、管外視察、そして研究誌の制作ですべて無くなった。その中でも良かったことは紀要として文字に残せたことだ。冊子は、ワープロで出力した文章や、写真を網掛けして手作業で版下を作成し印刷所に出した。表紙だけはこだわって学校の紀要では見たこともない光沢のある鮮やかな山吹色にした。自分たちのお金なのでプチ贅沢をしたのだ。

　ともかく、この研究から現在の私の研究がスタートしたことは間違いない。そして、当時の研究成果が、今でもなお鑑賞活動の理論構築に確固たる基盤として生きているのである。そのような点では、答えは現場に在るのだろう。

(2) 自画像の実践から　自分自身の（〜しなくてはならない）縛りを外す

　教師になって7年目、勤務2校目の2年目の頃である。ある程度教師としての経験も積み重ね、それなりの授業展開が出来るようになり、市の展覧会などでも評価される実践も増えてきた。一方で、自分がわくわくするような題材や緊張感をもって授業に臨む授業が無くなってきた。慣れや習慣が自分を支配しはじめたのである。そんなある日、NHKの日曜美術館で衝撃的な映像を見た。それは日本画家の岡村桂三郎氏へのインタビューだった。テレビ画面に制作風景が流れ、そこで彼は自分の描いた作品をカッターで穴を欠けたり、またバーナーで燃やしたりしていた。それは自分の知っている日本画の制作風景とは大きく異なっていた。当時の衝撃を言葉にすると、大きな張り扇で頭を思いっきり叩かれ、目の前でフラッシュがたかれ、心臓の鼓動が激しく高鳴った、そんな感じである。考えてみれば、大学時代の制作では当たり前に行っていた、"今の自分を越えたい""新しい表現を生み出したい"という表現への挑戦、自己実現への探求の姿がそこにはあった。当時の自分は、いつの間にか"中学校美術"という枠組みを勝手に作り、中学生らしい美術、中学生の表現という枠の中で授業をして、生徒には「美術は自由だ」などと指導していたのである。

　久しぶりに大学時代の自分自身を思い出し、早速自画像の授業にガスバーナーを買い、電動ドリルを用意した。そしてそれらの大工道具が使える様に、全生徒に一律画用紙を配付することをやめ、シナベニヤ板、カラーボード、ダンボールなど、多様な材料を準備して生徒に選ばせ、「自画像―自分探しの旅」を中学校3年生2学期の題材としてスタートさせた。「自分探しの旅」としたの

は，当時流行っていたその言葉を通して，自画像の追究で自分自身を見つめることと，自画像の表現そのものを追究させたいと考えたからだ。

2年生では，「あかりは空間演出家」に取り組んだ。この題材は，照明のデザインである。先ずは自分が置きたい場所を考えさせ，そこをどのように演出したいか構想し，それに合う照明をつくるというもので，そのため電球も含め材料などすべて自分で用意させた。「今回の授業は，私は何も用意しないので各自で揃えて下さい」と言ったときの生徒の一瞬困惑した顔を見て，大丈夫かなという不安と，出来るだろうという期待感，もう言ってしまったから後戻りできないぞという高揚した緊張感を味わった。但し，電気屋や雑貨屋を巡っても必要な材料が手に入らない生徒のために教材カタログも用意して電球や材料の発注を手伝った。この二つの授業で，生徒たちは今までになく積極的に動き出し思いもつかない発想で私を驚かせ楽しませてくれたのである。そしてそれらの実践は県の中学校美術学習指導書に掲載することとなった。

題材研究はとても楽しい。それは短時間で結果が出る実験であるからだ。でも，生徒はモルモットではない。こちらが真剣に題材で育てる力を考えて，子供たちが自ら挑戦していく環境づくりをしなくてはならない。そのためには学習目標を設定し，生徒の実態をリサーチして，戦略を立て，実践していく。そしてその成果を分析して考察する。まさに題材開発は研究という言葉がふさわしいと思っている。

教員になって8年目，それまでの実践を振り返り整理する時間が欲しいと考え，埼玉県長期研修教員の試験を受けて，埼玉大学と埼玉県教育センターで1年間学ぶこととなる。ここでの学びが自分自身を大きく変えていく大切な時間となった。教員は日々授業や雑務に追われとても忙しい。そのような状況では研究をまとめる時間など無い。そこで思い切って1年間の長期研修を選んだ。というと聞こえがよいのだが，実際は，ちょっと現場を離れてもう一度作品制作をしてみたいと思ったのだ。ところが面接試験で私の目論見は見事に見透かされ，「大学院まで出たのだから今さら母校に戻って学ぶ必要があるのか？」と聞かれ，マズイ，研修先を変えないと研修に出られないかもしれないと，とっさに「いえ，ほかに良いところがあれば」と，言葉を濁した。そして母校以外の研修先を調べ埼玉大学の榎原弘二郎先生の下で学ぶこととなった。この研修先の変更が自分にとってその後の自分を決定づけた。それまで実践しか行ってこなかった私にとって，その実践を，時間をかけて実践から理論を導き出す貴重な機会になったのである。長期研修の1年間という時間は，それまで当たり前だと思っていた教師の時間を振り返らせ，忙しいという一言で学ぶことを避けてきた自分自身を露わにしてくれた。題材開発は日々の授業でも出来る。しかし，その基盤となる理論についてはじっくり考えをまとめる時間が必要である。たとえば同じ作品でも，一瞥した状況と，1週間じっくりと見続けるのでは得られる情報が全く異なる。一瞥は現場の教師の姿であり，1週間は長期研修の私の姿であった。一方，日常に流れている時間という概念についても考えさせられた。午前10時，コーヒーを手にゆっくりと大学に向かう道すがら見た空の青さは未だに忘れられない。空ってこんなに青かったんだと。長期研修に出なかったら，多分，それからも教室で，解放された空の青さに気付いていな

いだろう。現場を離れることで、それまで見ていながら見えていなかったもの、気付かなかったことに気付いていく自分がいた。これは美術教育についても同様で、感覚だけで実践を積み重ねてきた自分にとって、それまでの実践にちょっとだけ言葉で理論を添えるだけで、授業の意味付けがより強くなることに気付く時間となったのである。

　教員も、7年も続けていくとこれでいいのだろうかという問いが生まれてくる。毎日自宅と学校の往復だけでは、その頭を持ち上げてきた自分自身への問いに上から蓋をして、日々のルーティーンをこなす中で問いに気づかないふりをして過ぎていく。私にとって、7年目は分岐点であったのだろう。そのまま続けていくと、「これでいいのだろうか」という問いは「これでいいのだ」という変化を拒む頑なな自己暗示に変わっていったと思うのである。

　長期研修では榎原先生と相談し研究テーマを「生徒が主体的に学ぶ題材と開発」とした。そして、前年度に行ったバーナーと電気ドリルを使った自画像の実践を、生徒の主体性という視点から分析してみた。この1年が、20年後、大学教員として現在取り組み始めた研究の礎石となっていく。研修成果は長期研修内でまとめることができず、その後1年をかけてまとめた報告書が、未だに研究を進める上で自分自身の貴重な基礎研究の資料となっている。当時はそのようなことも考えずに、カッコイイ報告書を出したいと思っていただけだった。

3………大学教員としての実践

(1) 旅するムサビプロジェクト　立場を生かしたコラボレーション。双方向的な学びから見えてくるもの
　長期研修で大学に通っていた時、教授に、大学教授って普段は何をしているのですか?と聞いたことがある。その時に恩師は、「大学教員は研究者だ。研究したことを学生に教えるんだよ」と話してくれた。当時中学校教師だった私にとって「美術教育の研究者」という言葉にピンとはこなかったが、今その立場になると確かに研究者であると感じる。研究とは、どこかにあって誰かにあてがわれるものではなく、自分自身の問いによって生まれ、自身で追究してくるものである。よって、研究テーマは多様であり、その研究方法も百人百様である。私の場合はその問いは実践から生まれ、実践での気づきや経験の蓄積により理論がうっすら見えてきて、その"うっすら"を先行研究や文献、既存の理論を引用して確固とした理論に育て上げる手法をとっている。よって、時間がかかる。でもそれが楽しい。

　2008年春、文教大学から武蔵野美術大学に移ってまもなく、ある一人の中学校美術科教員が私を訪ねてきた。話を聞くと、NHKの「ようこそ先輩」[2]みたいに大学の先生が作品を持参して中学校に来てくれないかという。当時「ようこそ先輩」が放送されていて、硬直した学校現場を解放していく画期的な番組であった。私は、着任したばかりで他の教授陣とほとんど面識がなかったので紹介もできそうもない、どう断ろうかと必死に考え、「大学の教員に中学生に伝わる話が出来るだろうか。ま

た,とても忙しい先生方なので難しいでしょう」と言うと,「ならば,学生さんでもいいです。作品を持って中学校に来てもらえないでしょうか」と迫られた。そこで教職を履修する学生なら現場を知る切っ掛けにもなると考え,学生が作品をもって中学校の美術の鑑賞授業に参入することとなった。

　授業当日,生徒より緊張した学生が,必死に自分の作品を説明する言葉を探している。その時,学生にとってこの鑑賞活動は大きな学びが得られる取り組みであることを直感し,そこから「旅するムサビ」が始まった。そして今年で15年経った。この「旅するムサビ」は小学校,中学校,高校,教育委員会,美術館などで,今まで29都道府県と海外2箇所で実施し,延べ件数は500件を超えた。この活動は,学生,生徒,教員,それら全ての関係者がそれぞれの視点で学べる点に特徴がある。例えば,学生は学校現場とファシリテーションについて学び,児童生徒は鑑賞活動を深めて思考力,判断力,表現力を伸ばしていく。そして美術教師は授業づくりの視点から,大学教員は活動の教育効果を測り活動自体の価値付けを行える。そして,旅を楽しみながら今日まで長年にわたり活動を続けていたら,この旅するムサビという活動から研究の種がいっぱいこぼれ,科研費研究[3]として芽を出し成長していた。

（ここで,名誉のために書き添えておくが,本学の教員は決して中学生に分からない話をするのではない。むしろワークショップなどに盛んに取り組み次世代を担う子供たちの教育に熱心な方が多い。ここでも美術という接着剤が大人と子ども,また立場や考え方の異なるもの同士をダイレクトに結びつけるメディアとなっている。）

(2) オムニバス授業「造形と批評」　研究者同士のぶつかり合いと学び合い

　旅するムサビは鑑賞研究の種を蒔いた。その1つが対話による鑑賞である（旅するムサビでは対話型鑑賞と呼び,2022年からは対話鑑賞とした）。

　対話型鑑賞では学生の作品を見た子供たちの発言に学生が十分な返答ができない場面が多々あった。例えば,子ども「すごーい」学生「……」。子ども「きれい」学生「そうだね」。子ども「これなに?」学生「なんだろうね……」これは極端な例ではあるが,一問一答を繰り返すだけで,鑑賞を深める兆しが無いまま時間が過ぎていく。この状況に対して,学生にファシリテーションの仕方を助言し,「どこが?」とか「どうして?」とか聞き返すとよいと指導したが,問題はそれでは解決しなかった。聞き返すことはできるのだが,子どもの言葉を自分なりに翻訳してわかりやすく周囲の子どもたちに返す場面で,翻訳ができないのである。この問題は,学生は絵を描くことはできるが,鑑賞活動として今まで造形的な視点を持って言語化してこなかったことに原因があるのではないか?批評する力が育っていないのではないか?と,研究に繋がる問いが生まれたのである。

　これは美大としては由々しき問題だと考え,日頃話し合っている他学科の教員と,造形と批評を考えるオムニバス授業を立ち上げた。それは「造形と批評」という授業で,異なる研究領域をもつ7名の教員に参加してもらいオムニバスで学ぶ。それぞれの研究領域は「哲学」「数学」「美術史」「映像」「彫刻」「プロダクトザイン（車）」そして私が担当する美術教育である。この授業ではそれ

ぞれの専門領域から「批評とは何か」をテーマに授業を展開した。

　この異なる専門を持つ研究者とのコラボレーションは，今まで捉えていた課題意識とは違う角度から問題の所在に気付かせてくれた。そして研究を進めていく上で重要な示唆となった。例えば，授業発足当初から，対話しながら作品鑑賞をする活動の対話の位置づけについて，活動の呼称を「対話型鑑賞」なのか「対話による鑑賞」なのかそれとも対話を入れずに「鑑賞ワークショップ」とすべきとか，様々な視点から各研究者の主張が交差し議論を深めていった。その議論によって，今までの対話型鑑賞が，"対話"の持つ意味をより意識した活動に変容し深まっていったことも成果の1つである。このように異なる立場の意見は個人の研究ではなかなか得られない学びの時間となっていくのである。2013年から始まったこの授業も今年で10年目に突入する。当初の鑑賞や批評に関する考え方もだいぶ洗練されてきた。

(3) 現場との共同研究
①「朝鑑賞」の取り組みと成果からデジタル朝鑑賞へ

　旅するムサビからこぼれ落ちた種の1つが「朝鑑賞」[4]である。平成28 (2016) 年1月に埼玉県所沢市立三ヶ島中学校で行った「旅するムサビ」の鑑賞授業で，校長から学力向上の相談を受けた。その授業の際に感じた生徒の印象は，発する言葉は元気があるが稚拙で単調で，深く考えていそうもないなあ，であった。そこで朝鑑賞の提案をしてみた。朝鑑賞発案の源は，先に述べた長期研修教員時代に遡る。

　平成10 (1998) 年の秋に川村記念美術館で行われていた企画展「なぜこれがアートなの」の関連イベントで，対話型鑑賞の体験と，ニューヨーク近代美術館 (MoMA) のアメリア・アレナス氏のレクチャーを聴いた事である。豊田市美術館，水戸芸術館と巡回したこの企画展は，日本に対話型鑑賞を広めるきっかけとなった。アメリア・アレナス氏のレクチャーはVTS (Visual Thinking Strategy)[5]についての説明と，その根拠を示すものであった。当時，中学校で鑑賞の実践を重ねていた自分にとっては，対話型鑑賞の体験は，対話を日本の学校に入れるためには，対話のきっかけとてして一旦書かせたりするなど一工夫必要だと感じた程度で，すでに取り組んでいる鑑賞とさほど違いが無いと思った（今では必ずしも書かせる必要は無いと思っている。書いている時は作品を見ていない）。だが，レクチャーでは興味深い発言が彼女からあった。それは，対話型鑑賞をすると学力が上がるという話である。ニューヨークとメキシコで週1回1時間の鑑賞を行った結果，行わないクラスと比較して大幅な語彙の獲得と他の学力にも向上が見られたと彼女は言った。そこで私はすかさず「その根拠となるデータを見たい」と発言したら，「私に一杯おごってくれたら教えてあげるわ」と切り替えされてしまった。今の私なら，「じゃあ，行こう!」となるのだが，当時の私は美術館に車で向かったことを理由に返事が出来なかった。でも，本当の理由はアレナス氏の迫力と，英語が苦手で戦う前に撃沈したのである。

　このアレナス氏とのやりとりの場面を，校長との話の中で急に思い出し，週に1回対話型鑑賞をや

ろうよと持ちかけたのである。学校ではアメリカの事例のように週に1時間の捻出は難しい。話をしていくうちに10分程度なら週に1回確保できそうだとなり、2016年の5月から朝読書の時間に学生の作品を使った鑑賞を全校で取り組み始めた。この朝鑑賞を始めると同時に、大学の共同研究費を取得し中学校と共に朝鑑賞のシステム作りと成果の検証を始めた。

この朝鑑賞の取り組みが十分に研究の対象となり、そして何らかの成果が出るということは、過去の中学校での鑑賞授業や、その後の旅するムサビの積み重ねから確信していた。あとはその成果をどのように言語化、数値化し、客観的な事実として公表できるようにするかが課題となった。一方、成果を導き出すには時間がかかる。中学校では日常の教育活動が行われている。研究のためには教職員の協力なくしては成立しない。幸いなことに三ヶ島中学校の沼田芳行校長は、私が初任時の荒れた中学校で同学年を組んでいた同僚である。当時からお互いにアイデアを出し合い荒れた学校の立て直しに必死に取り組んだ仲間である。今回もその戦友的な決断で"即、やろう"となったのである。

中学校の教員は日々の業務に加えて更に研究を担うのであれば負担が増える。その場合、関わる人たちにも何らかのメリットが無いとWIN-WINの関係は築けない。共同研究は協働研究なのである。自分の都合だけで進めても協力は得られない。かつて中学校勤務時代、保護者の話を聞いてその内容が生徒のためになるので講演をしてもらえないかとお願いしたことがある。その時、「話をするのはかまわないが、その時間、私は自分の仕事を休んで来なくてはならないのだよ。」と諫められた経験がある。自分の都合だけ押しつける研究は迷惑行為になる。自戒しなければならない。

さて、その朝鑑賞であるが、1年後に国語の書く力が伸び、2年目には学校に対する保護者からのクレームがなくなった。そして3年目に偏差値が上がり市内で最下位から平均レベルまで上昇した。

この朝鑑賞の成果については、奥村高明[6]氏も科研費研究「ルーブリックを使った鑑賞の効果測定」で関わり、研究結果として朝鑑賞にはメタ認知を高める効果があることを証明した。たまたま研究会の帰りに乗った新幹線で奥村氏と一緒となり、三ヶ島中学校の朝鑑賞のことを話したら興味を持ち調査対象にしてくれたのである。

朝鑑賞の実践は三ヶ島中学校以外でも埼玉県坂戸市立桜中学校で学校研究「学び合いによる学力向上」の一環として取り組んだ。そこでは3年間の取り組み成果として、学力の向上ほか、三ヶ島中学校と同様に自己肯定感が育つという成果が得られた。先日、朝鑑賞開始当時から桜中学校に在籍していた教員に朝鑑賞についてのインタビューを行った。「初めは朝鑑賞に否定的だったが今ではその効果を実感している」と、当時、朝鑑賞に最も反対していた先生が答えてくれた。量的な数値で表せない成果はインタビューなどの質的な評価で補完していく必要があろう。美術にとっては量的な測定はなかなか難しい。そして取り組みの成果はすぐには現れない。週1回10分の朝鑑賞では少なくても2年はかかる。その間、先生方とは良好な関係を築いていく必要がある。そのためにも協力者との対話が重要と感じた。

これらの成果が明らかになってきたときにコロナウイルス感染症が世界を変えていった。人と人が

密になる活動は抑制され、朝鑑賞もその一環として休止せざるを得なくなった。しかしこの禍はデジタル朝鑑賞という次へのステップにも繋がっていく。コロナ禍は国のGIGAスクール構想を前倒しさせ、全国の小中学生の手元にタブレットやPCを配布させた。このことによりデジタル画像を使った個別最適化された鑑賞方法が次の研究課題となっていく。考えてみると初任の中学校教員時代から取り組んだ鑑賞活動が一つの水脈としていまだに続いている。時には地上に川として現れ、また時には干上がった川の地下を静かに流れている。そう考えると一つの研究は長い時間をかけて確かめていくものだと改めて感じている。新たなデジタル朝鑑賞は所沢市立向陽中学校と取り組みを始めている。学生作品をデジタル化した画像は、現在、日本語教育を教える海外の大学の教員14名を含め、70件の学校等とリンクを張って鑑賞用の画像として提供している。

②学習指導要領へ新たな提案「造形実験」　現場教員と研究する知識を実感的に学ぶ取り組み

　私の研究にはもう一つの水脈があった。この川も暫く地下に潜りその伏流水はなかなか地表には出て来なかった。改めて地上に現れたのは平成29 (2017) 年である。その3月に新たな学習指導要領が告示された。筆者は今回、『中学校学習指導要領美術編解説』の作成協力者として指導要領解説をつくる現場を体験した。この平成29年度版の学習指導要領では、新たにそれまでの〔共通事項〕が美術の「知識」として位置づけられ、その学び方は「実感的に理解できるようにする」と示された。筆者はかねてより鑑賞活動を深めるために造形的な言葉の獲得が必要であると感じていたが、その造形的な言葉の獲得は鑑賞活動だけでは達成できないと考えていた。造形的な言葉とは、色彩や形が持つ性質や感情、バランス、空間、動勢や量感、材料の質感などのイメージや造形に関わる視点のことであり、それは表現と鑑賞に共通して私たちのイメージを喚起する重要な造形的な視点となる。

　〔共通事項〕自体は平成20年の学習指導要領で設定され、表現と鑑賞の双方に共通して働く資質能力とされたが、指導要領解説の文言が「A表現及びB鑑賞の指導を通して指導する」となっており、その指導はそれまでの表現と鑑賞の指導の範囲を超えずに〔共通事項〕を意識した指導レベルに止まっていた。それが平成29年の指導要領では、図工・美術の「知識」と位置づけられ、学力を示す三つの柱の一角を担うこととなり、「知識」として〔共通事項〕の習得を目標に活動することが可能となった。そこで浮かんだのが先述の20年前の実践、〔自画像〕の取り組みの中で行った表現の実験過程である。

　「造形実験」は生徒が思いつくままに材料や技法を創意工夫して表現の実験を行い、そこで得た発見を知識としてその後の作品制作に生かしていく学習活動である。実験を通した発見には必ず生徒個人の美的な価値判断が伴っている。その思考判断の結果としての発見が経験値として知識に変化していく。私はこの「造形実験」のプロセスに〔共通事項〕を学ぶ新たな学習活動の提案ができるのではないかと考えた。この仮説を実証するためには検証が必要である。早速、知り合いの教師に声をかけパイロット授業を行ってもらい、その結果をもとに更に全国各地の中学校教師10名ほどに声をかけて検証授業をお願いした。実践の様子はフェイスブックでメンバーのみの

非公開グループを作成し,随時実践の様子を見ることができるようにした。非公開としたのは生徒の個人情報保護のためである。そして年に2回ほどzoomによる報告会を開催し,各自が取り組んでいる様子をメンバーで共有していった。今年で4年目になるが,ネットを使った情報共有は共同研究の重要なツールである。そして,今までの研究過程を研究ノートとして授業者と共に論集[7]に投稿した。中学校の現職教員にとって学会等の論文投稿はかなりハードルが高いが,共著として投稿経験を積むことで次世代の実践研究者を育て,研究の種を蒔くことができると考えている。そして造形実験の取り組みは,本著が出版される頃に『造形実験』という本になり武蔵野美術大学出版局から出ているはずである。自分で言うのも何だが,なかなかよい。本著の続編的な位置づけとして9人の執筆者が書いている。執筆者は全て中学校美術科教員。但しそのうち2名は元中学校美術科教員であるが。

　実践研究を進めて行く上で大切なことは仲間である。たとえば美術教師は美術教育に携わる同じ目的を持ち,似たような悩みを抱え,共に学び合いながら教師としての能力を身に付けていく同志と言えよう。今日の情報化社会では地域を越えて全国,全世界にいる同志とネットを介していつでも出会える。その同志に巡り会うためにも,自らの情報発信が今まで以上に重要な時代となってきた。20年前,美術館勤務時代に研修で招いた講師が「これからの時代は情報とお金は集まるところに集まる時代になる。集めるには情報を発信することが重要だ」と言っていた。いみじくもネット社会のインフルエンサーの出現と重なる。美術教育研究では一朝一夕にインフルエンサーにはなれない。日々の実践や研究を校内研修や地域の研究会,そして全国大会や学会で自らの実践を公開し,情報発信していくことから始める必要があろう。研究の種は日常にあふれている。実践者はその研究の種を蒔き,日々の教育活動で育て,検証していけばよい。芽が出たら,水を与え,陽に当て,風を送ればよい。時間はかかるが,きっとその人にしか育てられない実を結ぶと思うのである。

[参考情報]

中村雄二郎『共通感覚論』岩波書店,1979.
人々がもっている共通感覚について考察をする一冊。

渡邊淳司『情報を生み出す触角の知性』化学同人,2014.
触覚と情報との関係性を探る一冊。

渡邊淳司,伊藤亜紗,ドミニク・チェン,緒方壽人,塚田有那,ほか『情報環世界』NTT出版,2019.
「環」という閉じた世界の中で情報をどの様に扱って行くか考えるための一冊。

西山圭太著,冨山和彦解説『DXの思考法』文藝春秋社,2021.
デジタル的な思考とはなにかについて考察ができる。

レベッカ・フィンチャー—キーファー『知識は身体からできている』新曜社,2021.
身体と認知の関係に関わる本が多数紹介され,美術科の「知識」についての理解が進む。

佐々木正人『岩波科学ライブラリー234　新版　アフォーダンス入門』岩波書店,2015.
我々が日常的に感じているという事はどの様なことか。思い込みをくつがえす一冊。

土谷尚嗣『クオリアはどこから来るのか』岩波書店,2021.
人間の意識についての研究。リアリティーを考察する一冊。

[註]

1)旅するムサビプロジェクト。2008年から開始し2023年現在で29都道府県,海外2カ所,のべ実施件数500件を超える。学生が自作品を持ち込み児童生徒と鑑賞する対話鑑賞,黒板にチョークで絵を描く黒板ジャック,滞在して造形ワークショップなどを行う旅ムサステイなど,学生が教育現場などと関わる多様な活動を展開。2017年にはグッドデザイン賞を受賞。〈https://tabimusa.exblog.jp〉,2023年10月23日閲覧。
2)著名人が自分の母校を訪ねて子どもたちと交流する授業。1998年から2016年まで放送された。
3)基盤研究(C),課題番号25381216「造形批評力の獲得を目指した校種間交流プログラムの開発とシステム作り」2013〜2015.
基盤研究(C),課題番号20K02804「Society 5.0に向けて学校運営で朝鑑賞に取り組む効果測定とシステム開発」2020〜2023.
4)始業前の朝の10分間に朝読書に代えて週1回絵画鑑賞を行う取り組み
5)VTS(Visual Thinking Strategy)1980年代中頃,アメリカのニューヨーク近代美術館の教育部部長フィリップ・ヤノウィンによって開発された美術の鑑賞法。日本では対話型鑑賞と訳され,観察力や批判的思考力,言語能力といった「複合的な能力」を育む効果がある。とされている。
6)元文部科学省教科調査官。日本体育大学教授
7)三澤一実,小西悟,大黒洋平「中学校美術における共通領域『造形実験』の提案」『日本美術教育研究論集』No.55,公益社団法人日本美術教育連合,2022, pp. 101-108.
三澤一実,「造形実験の理論—造形実験が生まれるまで—」『日本美術教育研究論集』No.56,公益社団法人日本美術教育連合, 2023, pp. 179-188.
三澤一実,「造形実験の理論—造形実験が生まれるまで—」『日本美術教育研究論集』No.56,公益社団法人日本美術教育連合, 2023, pp. 179-188.

III 海外教育者インタビュー

織物職人の心をもつ美術教師

サミア・エルシェイク
聞き手：
直江俊雄
ELSHEIKH, Samia ……… Interviewer: NAOE Toshio

1……… はじめに

図1: 左からビラル・マクレッド, サミア・エルシェイク, 直江。マクレッドの個展会場にて（2023年, カイロ市内）。マクレッドはエルシェイクの夫で版画家, ヘルワン大学教授。

サミア・エルシェイクは, 織物の制作をライフワークとしながら美術教育研究に携わり, 母国エジプトだけでなく広くアフリカ・中東地域で多くの美術教員を育て, また国際美術教育学会（International Society for Education through Art, InSEA）で副会長を務めるなど国際的に活躍してきた。直江とはこれまでカナダでの研究会[1]その他の国際大会等で交流の機会があったが, 今回のインタビューを通して, エルシェイクの美術教育実践者としての姿とその哲学に一歩深く迫りたい。インタビューは2022年の夏に電子メールで始まり, 2023年春には直江がカイロのヘルワン大学やエルシェイクのアトリエ等を訪問して対話を重ね, 協議の上, 原稿を完成した。

2……… 美術教育者への道

［直江］　2023年, あなたには二つの国際賞, すなわちUSSEA（United States Society for Education through Art）による国際エドウィン・ジーグフェルド賞（International Edwin Ziegfeld Award）と, InSEAによるマフムード・エルバシオーニ賞（Mahmoud El-Bassiouny Award）が贈られました。受賞おめでとうございます。

［エルシェイク］　ありがとうございます。InSEAには, 学会の歴史に功績ある人物の名を冠した賞が3つあり, そのうちの一つにはエジプト人であるエルバシオーニの名がつけられていることを知っていただきたいと思います。彼は, 学会創設メンバーの一人であり, エジプトは早くから美術教育の国際

的発展に重要な役割を果たしてきました。

[直江] このインタビューを通して、エジプトの美術教育についても理解を深めていきたいと思います。まず、あなたのことから始めましょう。あなたは、どのようにして美術教育の世界に進んだのですか。

[エルシェイク] 美術を教えることは、1960年代、私が小学生の頃からずっと好きでした。美術の授業と美術の先生が大好きで、放課後、家に帰るとチョークを使って美術の先生の真似をしたものです。

[直江] 先生の絵の真似をして描いたのですか？それとも教えることを真似したのでしょうか？

[エルシェイク] まるで美術の先生になったように、教えることを真似していました。私は公立学校に通いましたが、そこでは芸術科目が大事にされており、今振り返っても、とても優れた実践が行われていました。
　私が中等学校を卒業する年、美術の教師が、美術を学ぶことの素晴らしさを話してくれたことが忘れられません。その教師に「美術教育学部では、美術や工芸のすべてを学ぶことができる」と言われ、私はここが自分の進むところだと心に決めました。そして1978年に美術教育学部に入学し、1982年に優秀な成績で卒業し、その年にアシスタント教員として採用されたのです。

[直江] 「美術教育学部」とは、あなたが今教えているヘルワン大学のことですか。美術教育の分野だけで総合大学の一つの学部を構成しているのでしょうか。

[エルシェイク] そのとおり、これはエジプトの中でも特別な例です。ヘルワン大学美術教育学部の淵源は、1930年代に設立された教員養成機関の絵画部門にさかのぼります。それが1960年代には美術教育高等教育機関に発展し、1975年のヘルワン大学創立時には、一つの学部として編入されました。同大学の他の教科の教員養成部門は教育学部の中にあるのですが、美術教育だけが一つの学部として独立しているのです。学士課程は5年制で、1学年あたり150人から200人が在籍しています。

[直江] 日本では考えられない規模です。エジプトでは、それほど多くの美術教員の職があるのでしょうか。

[エルシェイク] 学校の美術教員だけではなく、美術館教育のほか、民間のスポーツクラブでも美術教室を設けることが多いので、多様な進路があります。それに、エジプトでは人口が増加してい

るのです。また、アフリカや中東諸国には、美術教員の養成機関が整備されていない所も多いので、エジプトの学生だけではなく周辺諸国からの留学生も学んでいます。

［直江］　エジプトの美術教育の層の厚さや国際的な役割を垣間見る気がします。
　ところで、あなたが織物を専門とするようになったのは、どういうきっかけなのですか。

［エルシェイク］　私が学生の頃、織物はエジプトでも時代遅れと思われていて、人気がありませんでした。でも私はこの分野が好きで、修士課程に進む時にこの道を行くと決めたのです。その後、博士課程に進みましたが、在学中の1992年にアメリカとの連携プログラムで2年間留学することができ、そこでの研究成果をもとに、帰国後に博士号を取得しました。

［直江］　私も日本の博士課程に在学中、1993年からイギリスに1年間留学し、帰国後に博士論文をまとめたので、同じ時期に同様の経験をしたとも言えます。このアメリカ留学が、あなたの国際人としての基礎を作ったのでしょうね。

［エルシェイク］　実は、アメリカ留学が私の織物とのつながりをさらに決定的なものにしたのです。奇妙なことに、エジプトは織物発祥の地であるにも関わらず、当時は伝統的な機織り機というものが存在しませんでした。文化が断絶してしまっていたのです。アメリカの大学院で織物を専門とする指導教員の紹介で、私は初めて手織りの機織り機というものを購入することができ、それをエジプトに持ち帰りました（図2）。
　この機織り機の話については後日談があります。私がヘルワン大学に戻って、本格的な機織り機を使った制作をしていることを知ったある人物が、エジプトでも機織り機を製造したいと、指導助言を依頼してきたのです。それからその人物は試行錯誤を繰り返し、ついにエジプト製の機織り機を完成させることができました。今では中東や西洋諸国に輸出するまでになっています。

［直江］　はるかな時代を超えた工芸文化の逆輸入とは、興味深いですね。現代においてエジプトの機織りの新たな歴史を作ったとも言えるでしょう（図3）。ところで、博士論文は織物に関するテーマだったのですか。

［エルシェイク］　織物工芸の集団学習における個性の発達をテーマに、実験授業を行って博士論文にまとめました。このアメリカ留学により、私は、織物職人の心をもった美術教師というアイデンティティを得ることができたと思います。

図2: アメリカ留学時から愛用している機織り機。エルシェイクのアトリエにて。

図3: エルシェイクのデザインした織物による衣服の提案。サミア・エルシェイク『手織りとファッションデザイン』(2006)[2)]より。

3………ヘルワン大学美術教育学部での教育実践

[直江]　あなたが教えるヘルワン大学美術教育学部は、学生たちで活気にあふれていましたね。訪問した彫刻、絵画、版画、デザインなどの教室では、学生と教師が熱心に取り組んでいる姿を見ることができました。絵画の教室では、スポーツクラブで開設している美術教室の子どもたちに教えるための教材準備の成果を学生が見せてくれました。私が講演を行ったときも、質問や発言を積極的に行う学生たちの姿が印象に残っています。

[エルシェイク]　私の行っている国際交流プロジェクトに参加している学生もいるので、そうした学生たちは特に、自分の意見を表明したり、英語で議論したりすることに抵抗がありません。彼らの質問や議論に全部答えていたら、あなたはいつまでたっても帰れなかったでしょう!

[直江]　それでは、あなた自身の大学における教育実践について紹介していきましょう。

[エルシェイク]　私のクラスには、美術教育と美術の授業の理論を学ぶ20歳代の学生30名が在籍しています。彼らは、卒業後は美術教師になります。在学中、一つのセメスター(学期)は小学校・中等学校で教育実習を行います。

[直江]　クラスの学生30名は、織物を専門にする学生ですか。何年生の時に教育実習を行うのでしょう。

［エルシェイク］　彼らは織物専門ではなく、美術教育全般を専攻する学生です。4年生と5年生で教育実習に行きます。第1セメスター（10月から2月）では週に1日、その次のセメスターでは3月にフルタイムで学校での実習を行います。

図4：ヘルワン大学美術教育学部では、織物の課題（手織りによる自画像）に取り組む学生たちが自作を紹介してくれた。

　私の教育実践では、学生たちが教育実習で取り組めるアイデアを共有し、彼らの授業実践の助けとなる機会をもつようにしています。問題は、そのアイデアをいかにして小学校や中等学校の子どもたちに合うように転換させていくか、ということです。それを学生たちが前もって体験し、どのように計画を立てるか学んでおく必要があるのです。

［直江］　あなたの織物の授業ではどのような実践をしているのか、教えていただけますか。

［エルシェイク］　私の大学では、織物実習のシラバスは、教える技術によって規定されています。そこで、私は次のような方針を用いて、毎年、異なった方法で教えることにしています。
1. 学生のこれまでの織物制作の経験を尋ねる。
2. 彼らが学ばなければならない技術について共有する。
3. 「風景、植物、自撮り写真、宇宙の写真、地図」など、デザインのカテゴリーを示して彼らに選ばせることにより、最もよい実習にすることができる。通常、彼らの作品の展覧会を開催し、自分の作品を展示することがどれほど素晴らしいかを教える。

［直江］　毎年、異なった方法で教えるとは、具体的にはどのように行っているのですか。

［エルシェイク］　例えば今年、カイロ市内のイスラム美術館で行った学生作品の展覧会では、あるエジプトの現代作家の作品について研究し、その作品の特徴を学生たちが自分のアイデアで翻案して、パッチワークの織物作品で表現した成果を発表しました。このように、ある技術を教える際に、前と同じ課題設定を繰り返すことなく、常に新しいことに私自身が学生と一緒に挑戦するということです。

4………社会における美術教育実践

［直江］　あなたはまた、大学以外の場での美術教育実践や、大学と社会を結ぶような国際的なプロジェクトにも数多く取り組んできましたね。

[エルシェイク]　私は教師としてこれまで,学校制度の内外に関わらず指導に携わってきました。学校とそれ以外の場所での教育には多くの違いがあります。また,子どもや学生のレベル,あるいは教育の機会を失っている人などによっても違いがあります。研究とは,指導のレベルを切り替えて,それぞれの状況で成果をもたらすための力を私に与えてくれるものだと思います。

[直江]　そうした,様々な場での教育実践を貫く原則はあるのでしょうか。

[エルシェイク]　教育実践において,私たちは3つの異なる目標を用いています。すなわち,技術目標,認知目標,感情目標です。教師は,これらの目標をしっかりと念頭に置く必要があります。私が何か教育プロジェクトを始めるとき,これらの目標をすべて使って,効果的な指導を目指します。私の指導教員が,こんな言葉を私に教えてくれたことがあります。
　「教育の成果は,作品の中ではなく,生徒の中にある。」
　まさに,その通りではないでしょうか。

[直江]　あなたが携わった数々の社会的プロジェクトから,いくつかを紹介していきましょう。

(1) ベドウィンへの織物指導(2008年から2009年)
[エルシェイク]　私はエジプト国内の様々な地域でベドウィンの人々と仕事をしてきました。彼らはとても高い学習能力をもっています。私は,彼らの織物技術を向上させるためのトレーニングを行いました。

[直江]　ベドウィンは,中東から北アフリカにかけての砂漠地帯などで,多くの場合,遊牧をして暮らしてきた人々ですね。サウジアラビアのベドウィンと暮らした日本の民族学者の記録によると,定住ベドウィンだけでなく移動ベドウィンのテントの中にも,ミシンや織り機があったそうです[3]。

[エルシェイク]　ベドウィンとの交流は,優しさや心理的な支え合いなどの感情が重なり合い,心温まる状況をもたらしてくれます。私は,彼らの質素な食べ物を分けてもらい,彼らの誇りを尊重することを学びました。彼らは,実際にやって見せることによって学び,その独特な経験を分かち合うことができます。その教育活動の中では,私も彼らから学ぶのです。文化,色,素材,技術を学び,質素な生活を学び,幸福とは何を所有するかではなく,何を与えることができるかにある,ということを学びます。

(2) フリークエンシーズ(Frequencies)(2015年, 2017年)
[エルシェイク]　フリークエンシーズ・プロジェクトのアイデアは,イギリス在住の南米人アーティスト,オスカー・ムリーリョからもたらされました。それは,若い生徒たちの机の上の落書きを通して,彼らの

図5: モロッコの教室でのフリークエンシーズ・プロジェクト（撮影：エルシェイク）

表現を写し取ることです。一つの学期の間、生徒の机をカンバスで覆ったままにして、字を書いたり、絵を描いたり、決まりを設けずに彼らの望むように何でもさせます。私は、エジプト、レバノン、モロッコで、このプロジェクトを実施するためのコーディネートを行いました。現在、ロンドンには、生徒たちが描いた絵の膨大なアーカイブがあります。

[直江]　このプロジェクトは、日本でも実施され展示されました（あいちトリエンナーレ2016）[4]。私も日本と海外でこの展示を見た記憶がありますが、あなたが重要な役割を果たしているとは知りませんでした。世界の様々な学びの場における子どもたちの思いについて、想像を広げさせてくれるプロジェクトですね。

　あなたが特別編集者として関わったInSEA発行のオンラインマガジンIMAG第6号（アフリカ・中東の美術教育特集）[5]には、フリークエンシーズ・プロジェクトに関する記事もあります。スタッフや子どもたちとともに、学校の机にカンバスを取り付けているあなたの姿が生き生きと写っていますね。

(3) アートジラ123（ARTgila 123）（2017年から2022年）

[エルシェイク]　アートジラ123は、InSEAが主催したプロジェクトで、世界中の教師たちによる小さな陶芸作品の「旅する展覧会」です。この展覧会には、100点以上の作品が展示されました。1インチ（約2.54cm）×2インチ×3インチ以内の小さな陶芸作品を、背景の異なる様々なアーティストから集めるという、とても創造的なアイデアでした。様々な文化が、私たちの思いをかきたてるような、本当に小さな陶芸作品の中に凝縮されたのです。

[直江]　同展の作品集には、その経緯が述べられています。InSEA元会長のテレサ・エーカ（ポルトガル）と陶芸作家ジェニファー・ウィックス（カナダ）は、InSEAのネットワークを使い、陶芸制作と陶芸教育を愛する人々の共同展覧会を開きたいと考えました。しかし作品を集め、国際的な巡回展にするには、運搬、保険、税関などの多種多様な問題が発生します。そこで、前述の1×2×3インチサイズに収まるミニ作品に限ることを考えついたといいます[6]。

　なお、ARTgilaの「gila」の語を辞書であれこれ探したのですが、ポルトガル語で「粘土」をargilaと言うらしいですよ。

[エルシェイク]　エジプトでは、アートで国際的な活動をすることは難しいのです。作品を送るのも、

持って旅するのも,非常に費用がかかります。この旅する展覧会は,それを容易にしてくれました。この展覧会は,大邱(テグ・韓国),エジプト,スペイン,チェコ,イギリス,ポルトガルに巡回しました。幸運なことに,次の開催地まで作品を自分のバッグに入れて運んでくれる仲間がいたのです。教師たちにとって大成功の展覧会となりました。

[直江] 2017年,大邱で開かれたInSEA世界大会での第1回展示のあと,あなたが作品をエジプトに携えて帰り,第2回の展覧会をカイロ市内の宮殿で開催したそうですね。作品集を見ると,エジプトからの出品者が非常に多く,小さな作品の中に個性的な表現がうかがえます。

(4) テキスタイル・カートグラフィー(Textile Cartography)(2021年から)
[エルシェイク] テキスタイル・カートグラフィーは,私が現在も取り組んでいる最新のプロジェクトです。この参加型アートベースド・リサーチ(art-based research)は,刺繍や織物などの素材やテキスタイル技術を用いた芸術制作が,人々の生活の質に与える影響を明らかにすることを目指しています。

プロジェクトの期間は2021年1月から36か月で,表現・視覚コミュニケーション教師協会(Association of Teachers of Expression and Visual Communication)の研究グループがコーディネートしています。適用される方法論は質的研究で,アートやテキスタイル・デザインを通して語られる物語に立脚した,民族誌的方法と参加型アプローチをとっています。

[直江] 「カートグラフィー(cartography)」とは,「地図作成」を意味する語ですね。2023年4月に発行された同プロジェクトの報告書によると,英語で「地図」を意味するmapの語は,ラテン語で布切れを意味する「mappa」に由来するそうです[7]。

このプロジェクトでは,地球環境のサステイナビリティについて,それぞれの参加者が様々な物語を,布や糸によって紡ぎ出される地図として10センチ四方の布に表現します。その作品群が,プロジェクトに参加するグループからグループへ,国から国へと送られて,それぞれの地域で展示されていきます。報告書を見ると,アメリカ,ブラジル,メキシコ,ポルトガル,スペイン,ナミビア,南アフリカ,エジプトなどからの参加メンバーが掲載されていますね。

図6は,あなたの学生たちによる作品の例ですが,これらについて紹介していただけますか。

[エルシェイク] 私の教える織物芸術のコースの学部生で,プロジェクトに興味をもった31名の学生が参加しました。彼らが自分たちと「道」との日常的なつながりへの思いについて話し合い,道の配置を織物作品に転換したらどんな表現ができるか,取り組んだのです。

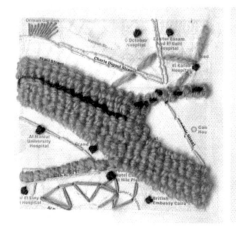 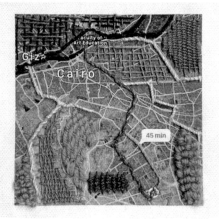

図6: カートグラフィー・プロジェクトに参加したエルシェイクの学生たちの作品

5………世界の美術教育実践者に向けて

[直江] あなたは,どのようにして美術教育の実践力をつけてきたのでしょうか。

[エルシェイク] 私は自分のしていることに信念をもっています。教えることを心から愛しています。そして,私の教える学生たちの心の中にこそ,何か影響を残していかなければならないと思っているのです。私は,様々な技能への扉をノックするのが好きで,あらゆる扉が私たち,つまり私と学生たちのために新しい世界を開いていきます。

　また,役割にとらわれずに情報を広めていかなければならないと思っています。情報は自由な流れであり,他人への流れを妨害すれば,自分のところにも流れてこなくなります。だから,私は自分の知っていることをすべて教え,さらに多くのアイデアを受け取りたいと思っているのです。

　教育は,単に情報や技能だけの問題ではありません。それはまた,自分と相手とのコミュニケーションであり,見ること,聞くこと,行うこと,考えること,話すことなど,さまざまなことが複雑に絡み合い,その結果,効果的な指導ができるのです。だから,私たちは,後に何を残していくか,気をつけていかなくてはならないと思っています。

[直江] 美術教育者としての課題や挫折,あるいはまた喜びや誇りを感じた経験はありますか。

[エルシェイク] 学生たちからの成功の知らせはいつも,私の指導がどのように彼らの役に立ったかという嬉しいコメントとともに届きます。それが私の誇りであり,喜びなのです。職務環境により異なる様々な問題に直面することはあるでしょう。ですが,美術教育では,教えるために多くの資金は必要

ありません。必要なのは,創造性だけです。私は砂漠のベドウィンたちを教え,彼らはその土地から材料を集め,彼らの羊の毛で最高のカーペットを織り上げました。

　世界的に共通する唯一の問題は,政府からの支援をどのように獲得するかということでしょう。私たちは,芸術が人々の教育にいかに重要であるかを,いまだに明確に示すことができていません。この点は,教育者の責任だと思います。芸術がいかに重要であるかということに関心を集めるため,もっと努力しなくてはなりません。

[**直江**]　あなたはInSEAの元副会長として活躍され,様々な国際連携プロジェクトを指導されてきました。国際的な視点から見た美術教育についてご意見をいただけますか。

[**エルシェイク**]　世界各地の様々な大会に参加する中で,地域や国によって美術教育が異なっていることを認識しました。それを大きく分類すると次のようになります。
　1. 教育が学習者とその行動に与える影響を重視する美術教育者。
　2. 美術を行う方法を知るという技能を重視する美術教育者。
　3. 授業で何を教えたかよりも,美術作品としての成果を重視する美術教育者。
　私の考えでは,1と2を組み合わせることが重要です。1の視点では,学習者に焦点が当たっており,彼らをいかに教育し,人格を向上させるかを目指しています。2の視点では,学習者にアーティストとして美術の技能を身につけさせ,自己肯定感を高めさせることに焦点が当たっています。

[**直江**]　あなたにとって,芸術と教育実践と研究とは,どのような関係にあるのでしょうか。

[**エルシェイク**]　研究とは,美術教育実践の精神だと思います。私にとって,研究とは絵画全体の中の背景であり,建物を構築するための大地なのです。
　教育実践と芸術の関係とは,創造性です。創造的な教師こそ,アーティストなのです。

［参考情報］

Samia ElSheikh（ed）, *IMAG*, No.6, International Society for Education through Art, 2018.
〈https://www.insea.org/imag-6/〉
InSEAが発行するオンラインマガジンのアフリカ・中東特集号。

Teressa Torres de Eça（ed）, *Catalogue of the InSEA Project ARTgila 123*, International Society for Education through Art, 2022.
〈https://www.insea.org/wp-content/uploads/2022/08/Artgila.pdf〉
InSEAによる小さな陶芸作品の「旅する展覧会」プロジェクトカタログ。

Teressa Eça, Ângela Saldanha, Célia Ferreira（eds）, *Textile Cartographies: Two Years of a Project 2021-2022*, APECV, 2023.
〈http://apecv.pt/cartografias/cartografias-texteis-2023.pdf〉
テキスタイルによる国際的参加型アートベースドリサーチの報告書。

［註］

1）エルシェイクと直江は2017年にモントリオールのコンコーディア大学で開かれた、教育における視覚芸術研究の国際動向に関する研究会（Provoke: International Perspective of Visual Arts Research in Education）の講演者として同席した。
2）حنان العمودي　النسجيات اليدوية وتصميم الملابس　سامية أحمد الشيخ　2006
（サミア・エルシェイク『手織りとファッションデザイン』ハナン・アムーディ社, 2006）
3）片倉もとこ『アラビア・ノート　アラブの原像を求めて』筑摩書房, 2002.
4）「あいちトリエンナーレ2016アーティスト派遣事業を実施します　オスカー・ムリーリョ　frequencies プロジェクト」
〈https://aichitriennale2010-2019.jp/2016/news/2016/000366.html〉, 2023年7月30日閲覧。
5）Samia ElSheikh（ed）, *IMAG*, No.6, International Society for Education through Art, 2018.
〈https://www.insea.org/imag-6/〉, 2023年7月30日閲覧。
6）Teressa Torres de Eça（ed）, *Catalogue of the InSEA Project ARTgila 123*, International Society for Education through Art, 2022.
〈https://www.insea.org/wp-content/uploads/2022/08/Artgila.pdf〉, 2023年6月5日閲覧。
7）Teressa Eça, Ângela Saldanha, Célia Ferreira（eds）, *Textile Cartographies: Two Years of a Project 2021-2022*, APECV, 2023.
〈http://apecv.pt/cartografias/cartografias-texteis-2023.pdf〉, 2023年6月7日閲覧。

芸術家と教育者としての省察

グレン・クーツ
聞き手：
直江俊雄
COUTTS, Glen ………Interviewer: NAOE Toshio

1………はじめに

図1: グレン・クーツ(左)と直江。
美術科教育学会弘前大会(2024年3月)にて。

　グレン・クーツはスコットランドにルーツを持ち，フィンランドの大学で教えてきた美術教育者であり，国際美術教育学会(International Society for Education through Art, InSEA)では会長として世界の美術教育者のネットワークを発展させている。

　クーツとテレサ・エーカが編集したInSEAによる『芸術による学習(Learning through Art)』[1]叢書の第1号に直江も著者として参加した頃から，このインタビューの前段階が始まっていたように感じる。2017年に韓国の大邱(テグ)で開かれたInSEA世界大会の移動バスで一緒になり，クーツが当時取り組んでいた版画制作などについて会話したことも懐かしい。その続きとも言える今回のインタビューでは，クーツの芸術家としての側面と教育との関わりについて，さらに深く触れることができた。

　このインタビューは2022年の夏から電子メールを通して行われ，途中，互いの多忙のため何度か中断を挟んだものの，2年以上をかけてようやく完成した。その間に開催された第46回美術科教育学会弘前大会(2024年3月，InSEA70周年記念行事)では，特別講演者としてクーツを招聘し[2]，日本の美術教育者たちと直接交流を深めることもできた。同講演でも，当時編集中であった本書のこのインタビューに触れ，自身について語ることの少ないスコットランド人にとって，芸術と，芸術による教育を通して自分の歩みを振り返る興味深い経験であったと語ってくれた。

2………芸術家・教育者として生きること

[直江]　あなたはこれまで，教育者として，また芸術家として，どのように歩んでこられましたか。

[クーツ]　私はスコットランドのグラスゴーで生まれ育ちました。街の東端にあるウェルショット小学校とイーストバンク・アカデミー（中等学校）に通いましたが，どちらも公立の「総合制（comprehensive）」[3]の学校でした。小学校（5歳から11歳）では，素晴らしい先生に初めて美術の授業で励ましてもらい，ずっと感謝しています。中等学校には充実した美術科があって，そこで私はドローイング，ペインティング，デザイン，彫刻，版画の基本を学びました。かなり伝統的なカリキュラムでしたが，とても幅広く，新しいことに挑戦する機会も豊富でした。

[直江]　普通の公立学校で，優れた教師との出会いから豊かな美術教育を受けられたことは幸せでしたね。その後，美術の専門の道に進まれたのですね。

[クーツ]　私は，グラスゴー美術学校とストラスクライド大学を卒業しました。グラスゴー美術学校では壁画デザインとステンドグラスを学びましたが，版画を含むミクストメディア的なアプローチに非常に興味があり，1979年に卒業する前にグラスゴー・プリント・スタジオに学生として参加しました。その後，コミュニティ・アーティストとして短期間活動した後，スコットランドの中等学校で約10年間，美術・デザインを教えました。1991年から2010年まで，ストラスクライド大学教育学部（旧ジョーダンヒル教育大学）で，初任者教育（中等教育の美術・デザイン教師およびコミュニティ・アーティストの養成）に携わりました。

　2010年からは，フィンランドのラップランド大学で応用視覚芸術教育の教授として勤めました。近年は，ミクストメディアや版画に取り組み，またデジタル技術も活用しています。ドローイング，ペインティング，写真，コラージュを組み合わせることで，アイデアを表現し，「個人的な物語を語る」ことができるようになったのです。

[直江]　グラスゴー美術学校は，ヨーロッパでとても伝統のある美術大学ですね。1997年にInSEAのヨーロッパ大会が開かれた時に，私も訪れたことがあります。エリオット・アイスナーがハーバート・リード賞受賞記念の講演を行った大会でした。

　プリント・スタジオと呼ばれる，芸術家たちが版画制作のための設備や道具を利用できる公共の版画工房は英国の各所にあって，私も英国留学時代（1993〜94年）にバーミンガムの工房などを訪れたことがあります。芸術家たちが作品制作を続けていくための施設やコミュニティが地域にあることを羨ましく思いました。

[クーツ]　私がグラスゴー美術学校で学んだプログラムは，ファインアートとデザインの間にある境界領域の可能性を見出すのに役立ちました。それは非常に革新的なコースだったのです。その学位プログラムは，専門家としての省察の重要性を教えてくれました。当時は芸術家として，そして後には教育者として。

美術学校を卒業後、コミュニティ・アーティストとして私が経験したことは、豊かで多様性に満ちていました。私は、人々と「共に」働くことの重要性、（芸術家としての）コントロールを緩めること、自分が働いている特定の文化的・社会的状況に対応することを学びました。また、いわゆるデザインと美術との境界が、ますます曖昧になってきていることにも気づきました。多くの点で、そのプロセスはよく似ているのです。徹底的な検証、すなわち研究や調査に始まり、要素や表現媒体を試し、何かを作り、最後に振り返りや評価の時間を取るのです。つまり、ファインアートとデザインの過程は、私の中では非常に似ているのです。ただ、デザインの場合、解決すべき問題は、通常、ビジネス上の要求やクライアントなど、他の誰かが設定したものであるという点が大きく異なりますね。

［直江］　ファインアートとデザインのプロセスの相違と類似は、社会における美術の面からも、学校における美術学習の面からも重要な点ですね。
　あなたが携わっていた「コミュニティ・アーティスト」は、日本ではあまり一般的ではありませんが、地域のコミュニティや文化財団などに所属して地域住民のために芸術活動を行う職業ですね。地域によって、アーティストは雇用される例もあれば、活動ごとに報酬を受け取る場合などもあるようです。その体験や、そこからどうして学校の教師になったかについて、話していただけますか。

［クーツ］　美術学校に通っていた時も卒業した後も、一番やりたくなかったのは教師でした！若かったし、デザイナーや芸術家になりたいという、ちょっとナイーブな気持ちもありましたね！私が卒業後に最初に就いた仕事は「タウン・アーティスト」あるいは「コミュニティ・アーティスト」というもので、とても気に入っていました。ところが自分でも驚いたことに、その仕事の中で最も好きだったのは、美術やデザインのプロジェクト実践の中で人々と一緒に働くこと、つまりコミュニティをベースとしたアートだったのです。アーティストとしての私の役割と「専門知識」が、他の人のために役立てられるのです。何かを作るのを見せたり指導したりする「専門家」から、他の人が作るのを手助けするという「ファシリテーター」への役割転換。そのような経験をもっとしたいと思い、教職に就くことを決意しました。そして当時ヨーロッパ最大の教員養成機関だったグラスゴーのジョーダンヒル大学に入学したのです。

［直江］　美術、デザイン、そして教育への道が、コミュニティの人々をファシリテートする中でつながってきたことが印象深いですね。しかし、芸術家から教職の世界へ移行していく中には、葛藤もあったのではありませんか。

［クーツ］　コミュニティ・アーティストとしての経験は、決して挫折ではなく、私にとって真の転機であり、学びの経験でした。そして有給の仕事を辞め、収入もなく1年間教職課程の学生に戻るというのは、確かに大きな決断でした。私はこの方向転換を、挫折や失敗だとは思っていません。むしろこの経験から、自分が将来、本当にやりたいことの方向性をつかむ事ができたと思います。今思うと、

様々なコミュニティのグループと一緒に美術やデザインに関連する活動をした経験は、とても貴重なものでしたし、教室での正式な教育とは異なるコミュニティの中での活動のあり方は、本当に魅力的でした。インフォーマルな文脈での活動のあり方と、学校の教室や美術学校の実習室のような、よりフォーマルな文脈とを融合させたハイブリッド・モデルの可能性からは、学ぶべきことがたくさんあると、私は今でも思っています。

[直江] 美術教育と研究という観点から、あなたの経験を話していただけませんか。

[クーツ] 私がグラスゴー美術学校で学んでいた頃は、主に技術を学ぶことに重点を置いていました。そこでは研究とは二つのことを意味していました。一つは、自分が取り組んでいる特定のデザインやアートプロジェクトに関連する研究です。もう一つは、美術に広く関連する興味あるテーマについて調査し（当時は「リベラルスタディーズ」と呼んでいました）、論文にすることでした。

当時の私は、今ほど研究というものを意識しておらず、それはプロジェクトの一部として統合されていたのだと思います。その後、教職課程で教育学者たちについて紹介され、省察的実践者という考え方に触れましたが、それは私にとっては、多くの美術大学生と同じように、自分たちがいつもやっていたことのように思えました。プロジェクトが完了したら、次のプロジェクトをより良いものにするために、デザインにおける解決策や美術作品の長所と短所を評価し、振り返るのは当然のことでした。

私は、美術と研究とを分けて考えたことがありませんでした。後に、それらを区別するようになりましたが、それは、ある場所で芸術家としての訓練を受け、それから別の場所で教師としての訓練を受けるという考え方と関係があるのではないかと思っています。一方では、社会学や言語学、数学など、他の分野の教師になるために学んでいる人たちと一緒に教員養成大学にいることはとても良いことですが、他方では、美術大学で行われていたような、自分の分野に没頭することから切り離されてしまいます。これが、私が訓練を受けた制度でした。その後の経歴を積む中で、すべての国でこのような方法をとっているわけではないことを知り、創造的な実践者としての訓練と、教育者としての訓練を分けるという考え方に疑問を持つようになりました。

スコットランドでは、中等学校の教師になるためには、最初に美術大学で学位を取得し、その後、教職の訓練を受けるために教員養成大学や教育学部に通わなければなりません。美術・デザインの教師になるには、美術大学で4年、大学の教職課程で1年、その後2年間は教師としての試用期間があり、最低でも7年間はかかるのです[4]。私はキャリアを通じて、幸運にも他国の制度の中でも働くことができましたが、デザイナーや芸術家になるための学習と、教えるための学習を分けるこの制度は、私の意見では、最良のモデルとは言えません。

ヨーロッパの多くの国ではこのような分離はなく、美術教師は美術大学や大学の美術・デザイン学部で養成され、これは並行型（concurrent model）と呼ばれています。私は幸いなことに両方の制度を経験しましたが、少なくとも美術教育者にとって分離型（separatist）あるいはエンドオン（end on)制度が最もよいとは思っていません。例えば,私が教えたフィンランドのラップランド大学では学生たちが美術・デザイン学部在学中に教職課程をとり,美術教育を学びながら彼らの専門である美術や工芸の制作に取り組めるとても優れたシステムを提供しています。スコットランドの制度に深く埋め込まれたエンドオン制度のもたらした結果の一つは,教職に就いた後も美術制作を続ける美術教師が非常に少ないということです。

［直江］　まさに,あなたが言及した別の制度を採用している国の一つとして,日本では美術大学在学中に教職課程を同時に履修します。私は1990年代の英国留学時から美術教員養成について調べる中で,美術大学をすでに卒業した人が教職課程に進学する英国の制度の方が,学生の教職への動機がより真剣であるため効果的な訓練ができるかも知れないと考えていました。美術の専門を学びながら同時に教職について学ぶという日本の制度の利点についても,考えてみるべきかも知れません。

［クーツ］　その通りですね。中等学校で,そしてその後,教員養成課程で教えていた時には,私はいつも,学習をできるだけ「現実的」で,今の社会で直接的に意味のあるものにするよう努めました。
　つまり,どんなプロジェクトやデザインの課題でも,「現実の生活」の要素を持たせる必要があるということです。中等学校でも大学でも,学生たちはプロジェクトの方法（how）だけでなく,その理由（why）を考えることができなければなりません。
　私の考え方は,ヴィクター・パパネック[5]とユハニ・パルラスマ[6]から,「現実世界」の状況へのつながりや,素材との間の「実践的な体験」の重要性などの観点で大きな影響を受けています。さらに,アルトゥール・クロプレイ[7]やケン・ロビンソン[8]らの創造性の教育という側面は,私にとって常に重要でした。しかしそれは,悲しいことに少なくとも西洋では,私たちの学校制度が,しばしば軽視している側面なのです。私が書いたある本の章[9]には,そのような「実生活」のプロジェクトの優れた例と,芸術と教育の接点についての議論が含まれています。

［直江］　教えることと芸術との関係について,あなたはどのようにとらえているのでしょうか。

［クーツ］　芸術を教えること自体が一つの芸術だと思うのですが,いかがでしょうか。
　美術の教員としては,美術の制作にも積極的取り組むことが必要だと思う反面,それが非常に難しいことだということは知っています。私は中等学校教員時代には自分の作品制作をほとんど行わず,教員養成課程で教えていた頃にはさらに制作しませんでした。おそらく中等学校でも教員養成大学でも,制度やカリキュラムが過密に構築されていたためだと思います。もちろん,私の時間管理が下手だったからという見方もあるかもしれませんが,幼い子どもを育てていましたし,私の同世代の多くは同じような経験をしたと思います。

私は,授業をデザインすることは,デザイナーとクライアントがデザインの企画書を共有する関係と,ほとんど同じではないかと考えています。教師は,学習者の興味を喚起するような問題や状況を明確に共有し,学習者がその問題や課題に本気で取り組めるようにしなければなりませんが,同時に個性や予想外の反応を受け入れる余地は十分に残さなければなりません。これはエリオット・アイスナーの言葉だったと思いますが,「何があっても指導案に忠実であることが,地獄に落ちる最も確実な方法である」ということです!

[直江]　明確な授業プランの提示と,学習者による予想外の反応を受け止める態度の両立は,美術の授業実践の要ですね。本書の中の他の章でも,そのことを取り上げている著者がいます。それをデザイナーとクライアントとの関係にたとえたことは興味深いです。

[クーツ]　私は,生徒たちから学び,特定の課題,プロジェクト,一連の授業に対する彼らの反応を考慮するように努めています。おそらく,コミュニティ・アーティストとしての経験から,途中で方向性を変えることは問題ない,むしろ時には必要である,ということを学んだのだと思います。教師としてのキャリアをスタートさせた最初の2,3年で,紙の上では良い計画でも,教室では必ずしも効果的な学習体験にならないことをすぐに学びました!教師として,一連の授業の中で適応し,変化し,発展させるための自信を持つことは非常に重要ですが,それをスキルとして身につけるには時間と経験が必要です。私はいまだにそれに取り組んでいるのです。

3……教育実践のハイライト

[直江]　あなたの美術教育実践の中から,ハイライト(特に注目できるもの)をいくつか紹介していただけますか。

[クーツ]　私が重要だと思うプロジェクトを二つ取り上げたいと思います。ハイライトと言えるかどうかは分かりませんが,私にとって非常にパワフルな学習体験であり,私のキャリアにおけるターニングポイントのようなものでした。
　一つ目は,私が中等学校でのキャリアをスタートさせたばかりの頃,その大規模校で芸術家たちを私たちの美術科に招き,一緒に活動したことです。このプロジェクトでは,多くの芸術家が滞在し,最初は彫刻や視覚芸術のプロジェクトとしてスタートしましたが,最終的には音楽やダンスなど,より多くの分野を巻き込んでいきました。それは本当に予想もしない成果でした。

[直江]　私は英国留学時に訪問した中等学校で,アーティスト・イン・スクールの実践例を見ました。あなたの学校では,そうした先駆的な実践を行っていたのですね。

[クーツ]　毎年6月になると、通常の学校のカリキュラムは一時中断されます。その時期には、いつもとは違う学習活動を生徒は選べるのです。例えば、1週間ゴルフに行くとか、修学旅行に行くなどです。私の勤めていた美術科には6人の美術教師がいて、1週間全部を芸術家やデザイナーと一緒に活動し、この分野に浸りきるという機会を生徒たちに提供したいと考えました。初めての試みで、生徒が参加してくれるかどうか不安でした。でも心配は無用でした。多くの生徒が美術・デザインのワークショップを選んで参加し、実際、その大多数の生徒たちがゲストの芸術家やデザイナーと一緒に活動するために、始業時間よりずっと早く登校してきたからです。

[直江]　やりましたね!

[クーツ]　「アクティビティ・ウィーク」と呼ばれたこの活動は5年ほど続き、毎年異なるテーマを設定しました。テーマは彫刻や壁画のデザインなど、その年ごとに異なる芸術家を招き、生徒たちに彼らの仕事ぶりや、若い芸術家やデザイナーとしてどうやって生計を立てているかなどを説明してもらいました。私にとっては、美術・デザイン科で私たちが教えていたことを、まさに実践に落とし込んだものだと言えました。

[直江]　社会で生きる美術やデザインの風が、学校の中に入ってきたようですね。

[クーツ]　その通りです。その週間は月曜日の朝から始まり、ゲストのデザイナーや芸術家が自分の作品について短い話をし、作品の例を見せ、美術やデザインを通してどのように社会に貢献したかを話すというものでした。ほとんどの生徒にとって、本物の芸術家やデザイナーに会うのは初めての経験であり、驚きでもありました。

　この導入段階の後、デザイナーたちは1週間の集中ワークショップを行いました。月曜の午後から金曜まで、すべての彫刻や壁画を金曜の午後という期限までに完成させるための集中期間です(図2, 3)。驚いたのは、ワークショップに参加した若者の中には、それまで学校に対してあまり積極的でなかったにもかかわらず、とても朝早くから授業時間が終わった後まで活動している生徒がいたことです。私たちが招いたデザイナーや芸術家の中には、教師としての訓練を受けた人はいませんでしたが、若い人たちとコミュニケーションを取る能力があり、素材や芸術に対する彼らの熱意が伝わってきたという意味では、とても幸運でした。また、普段の先生とは違うということも、生徒たちにとっては魅力的だったのでしょう!

　振り返ってみると、私は同僚たちやデザイナー、芸術家たちが、若者たちに、学校で経験した他の多くのことが遠い過去になってしまった後でも、彼らの記憶に長く残るような体験(私はそう確信しています)をさせてくれたことを、とても誇りに思っています。

図2:「アクティビティ・ウィーク」で彫刻の公開制作を行う芸術家　図3:「アクティビティ・ウィーク」で完成した壁画(テーマは音楽とスポーツ)

[直江]　生徒たちの人生の記憶に長く残る美術体験を引き起こしたい、というのは美術教師の永遠の願いですね。
　二つ目の実践例は、どのようなものですか。

[クーツ]　二つ目のハイライトは、教員養成課程での指導で、「フォーマル」と「インフォーマル」の両者[10]が、「パッシング・プレイス(Passing Places)」という共通の課題に取り組んだことです。環境芸術やエコロジカル・アートの原則に基づき、学部生のグループが個人または小グループで、場所をベースにしたアートプロジェクトに取り組みました。この「パッシング・プレイス」プロジェクトの概要については、附録をご覧ください。私は、学校や大学といった伝統的な教育の場を超えた空間、つまり建築物や自然が持つ、学習の場としての環境の可能性に常に関心を持ってきました[11]。

[直江]　環境に対する深い認識をアートと他の人々との関わりを通して育もうとするプロジェクトからは、大地の上で深く息を吸い込んで視界が開けるような空気を感じます。

[クーツ]　その後、私は幸運にも多くの優れたアーティストやデザイナー、教師たちと一緒に働き、学ぶことができました。私の二つの主要な関心事である、美術教育と環境、あるいはコミュニティをベースとした美術教育は、最近の私の出版物の大部分を形成しています。例えば、『芸術による学習(Learning through Art)』シリーズ[12]や、『リレイト・ノース(Relate North)』シリーズ[13]などです。

4………国際的な視点から見た美術教育

[直江] あなたはInSEAの会長やその他のプロジェクトで世界の美術教育に貢献されてきました。国際的な視点から見た美術教育について、あなたの考えを聞かせていただけますか。

[クーツ] 私は長年、国際美術教育学会(InSEA)に携わってきましたが、2019年から会長を務めることになり、大変光栄に思っています。その間、私は、世界のさまざまな国で、視覚芸術教育が若者やコミュニティの生活を豊かにしている素晴らしい事例を数多く目にする機会に恵まれました。「芸術家としての教師」として活動する方々の創造性と機知に、私はいつも驚かされます。

COVID-19で世界が封鎖された2020年、InSEAの世界評議会の小さなグループは、学校と教育の目的を再検討し、2050年へ向けてのビジョンを打ち出そうとしました。これは、「教育の未来(Futures of Education)」と呼ばれるユネスコの協議に応えたものです。私たちからの応答は、学校は何のためにあるのか、未来に学校は本当に必要なのか、そして学習はどのように構築されうるのかを想像することでした。学校の目的とは何か？　学校はどのようなものであるべきか？　未来では、学習をどのように促進するべきか？　これらの問題が、コールマンら[14]、そして私たちの著作[15]によって探究されています。

[直江] この「InSEAの2050年ビジョン：教育の未来」では、ハーバート・リードの『芸術による教育』の思想とInSEAの使命に基づき、学びの脱植民地化(decolonizing learning)、協働的で参加型の共同デザインによる学び(collaborative and participatory co-designed learning)、革新的な学びの場(innovative learning spaces)、創造力と想像力(creativity and imagination)という四つのテーマを提言しています。

[クーツ] 私は、アートを取り入れた方法を使えば、ほとんど何でも教えることができるという考えを常に持っています。例えば、中等学校で教えていた頃、通常は実習室で20人ほどが私の授業を受けていました。その中で、美術の道に進んだのはせいぜい1人か2人でしょう。しかし、この授業を受けた一人一人が、何らかの形で美術やデザインの消費者として育っていくのです。美術教育、あるいは芸術による教育とは、若い人たちが自分の周りの世界を理解し、自分には変化をもたらす力があると感じられるようにすることだと、私は考えています。

教育理論の専門的な知識はなくても素晴らしい人間観と本物の芸術的スキルを持った創造的な人々が率いる、アートに基づいた取り組みやプロジェクトの素晴らしい例が、可能な限り最高の方法で人々に知識を与え、人々を鼓舞し教育する姿を私は見てきました。私は、これらのプロジェクトを見ることができ、時には体験することもできる恵まれた立場にあることを強く意識しています。

国際美術教育学会は、研究と教育における優れた実践を促進し、共有するために存在し、出

版物という形で世界中の全会員に事例を広めることによってそれを実現しています。InSEAの目的の優れた要約は「InSEA マニフェスト」[16]に示されており、多数の言語でダウンロードできます。

5……… 若い美術教育者への助言

[直江] これからの美術教育者が教育や研究を進めるためのアドバイスをお願いします。

[クーツ] 私は,若い教師たちが専門家として成長する過程で,例えば画家,版画家,デザイナー,テキスタイル・アーティストなどとして,自らの芸術実践を継続するよう努力してほしいと願っています。これは易しいことではありません。幼児教育,初等教育,中等教育,あるいは大学で教えることの要求は重く,時間を要するものです。私自身の経験でも,芸術家としての活動を続けることができず,教えることだけに集中しなければならないことが何度かありました。そのため,芸術活動のパターンは不均一で,忙しく充実した時期もあれば,その間に長い空白期間ができたことも少なくありません!若い芸術家としての教師が,2つのアイデンティティ,すなわち自分の芸術的ビジョンと美術教育に対するビジョンを確立するために努力を続けることを望みます。

　また,教員養成に携わる人たちが学生たちに,教室や実習室の壁を越えて外を見渡し,他の国で起こっていることに関心を向け,異なる文化や異なる状況における優れた実践について学ぶよう,勧めてくれることを願っています。私は,こうした経験が私自身の教育観を豊かにしたと確信していますし,それが私を教師として成長させてくれたのだと思っています。

　私は,すべての美術教師,特に若い美術教育者がInSEAに会員として加わり,自分の専門的な実践を豊かにしたり検証したりすべきだと思います。それが,世界中の芸術による教育に関する経験や知識を得る近道なのです。

Website　　　https://www.glencoutts.com
X（Twitter）　@glencouttsart
Instagram　　@glen_coutts_artist
LinkedIn　　　https://www.linkedin.com/in/glencoutts
ORCID　　　　0000-0001-8541-4701

附録

グレン・クーツがデザインした学生プロジェクトの例

グレン・クーツによるこのプロジェクトの一例は、Allan Richards & Steven Willis（eds）, *Global Consciousness through the Arts: A Passport for Students and Teachers*, Kendall Hunt, USA, 2018.に掲載されている。

プロジェクトのタイトル：パッシング・プレイス？

図4: パッシング・プレイスの標識、シェットランド諸島、スコットランド。
撮影:Glen Coutts

プロジェクトについて

スコットランドでは、2台の車が通行できるように、他の道路より少し広くなっているところを「パッシング・プレイス」（図4）と呼ぶ（日本語でいう「待避所」）。高地や島には、「単線（single track）」道路と呼ばれる、孤立した長い道路が多数ある。このプロジェクトでは、それをタイトルとして借用しているが、むしろ、その場所をただ通過する（passing places）だけでなく、一歩立ち止まって特定の場所をよく観察することを求められる。教師はいくつかの問いを投げかけるかも知れない。その場所にはどんな特徴があるのだろう？　誰が（あるいは何が）そこに住んでいるのか？　風景や街並みはどのようなものか、それは何でできているのか？　その場所の歴史について何か知っていることはあるか？　もし、その場所について美術作品を作るように言われたらどうするか、そしてどのような作品にするか？

留意事項：これは、ただ何気なく見るのではなく、注意深く「観察」し「調査」することである。

プロジェクトの実施場所

このプロジェクトは、スコットランドのグラスゴーにあるストラスクライド大学とフィンランドのラップランド大学で、何年にもわたり多くの学生とともに実施された。私は、このプロジェクトとそのバリエーションを、あらゆるレベルの大学生の多くのグループと実施した。大学での講義や演習の課題として導入され、大学のキャンパス内やその周辺、あるいは農村部や都市部の選ばれた場所でフィールドワークが行われた。

このプロジェクトは、ほとんどすべてのレベル（幼少期を除く）で実施可能だが、フィールドワークが含まれる場合は、ある程度の体力が必要である。参加者のスキルや知識に応じて、期待できることや必要条件などを調整する必要があるが、私がこれまでこのプロジェクトを実施した対象は、8歳から80歳までに及んでいる！

目的

このプロジェクトは、参加者が次のようなことをできるように支援する。
— 芸術と環境問題に対する基本的な理解を深める
— 新鮮な目で(通常は地元や身近な)場所を調査する
— 場所を「マッピング(mapping, 地図制作)」する方法について学ぶ
— 参加者の調査に基づいて、小規模なアートワークを制作する

図5〜8: 学生の作品例「場所への応答」,スコットランド。撮影: Glen Coutts

プロセス

学生たちは,次の5つのプロセスで活動を進める。

1. 芸術と場所についての講義と演習
2. 場所への訪問
3. 場所のマッピング(下記参照)
4. 小規模な作品の制作あるいは介入の実施(図5〜8)
5. 作品や記録を仲間に発表(図9)

マッピング:物理的・文化的マッピングを始める

　研究者,芸術家,デザイナーにとって,ある場所や土地の心象風景や「地図」を思い描くことは重要なステップであり,多くの芸術作品がそこから発展していく基準線である。この作業には様々な方法があり,決まったルールはないが,以下の質問は,その場所の詳細なイメージを確立するのに役立つだろう。その場所を真に研究するために必要な最も重要なスキルは,「観察力」である。それを,その場所を訪れたことのない人に,その場所を分析し,記述し,解説することだと考えてみよう。このマッピング演習は,物理的側面と文化的側面の2つに大別される。報告書や説明文は,あなたの好きな方法で作ってよい―絵,写真,ビデオ,音声記録,パワーポイントなど。まず,あなたが説明しようとしているのは「プレイス(place,意味のある場所)」なのか「サイト(site,物理的な地点)」なのか,自問してみよう[17]。場所の名前,写真,地図などを載せるとともに,なぜそれが「プレイス」または「サイト」だと思うかを述べよう。

　以下は,マッピングを始めるための質問の例である(あなた自身で,他にもたくさん思いつけるだろう)。

物理的マッピング

　その場所の一般的な性質は何か,どのような素材や風景か?
　自然か,建築物か? 産業用か,景観用か?
　どんな光景,音,匂い(味も)が感じられるか?
　特定の色,パターン,形,質感はあるか?

その土地はどのような位置にあるか?—露出しているか,囲われているか,など
気象条件によってどのような影響を受けるか?
目立つ特徴やランドマークはあるか?
特徴的なルート,建物,オープンスペース,地名,境界線はあるか?

文化的マッピング
誰がその場所を使用しているか? いつ,どの部分を,何のために?
そこではどのような活動が行われているか?
その場所の歴史は?
その場所は人々にどう思われているか—メディアや地元紙でどう伝えられているか?
その場所の遺産は何か?
その場所は安全か,危険か?
その場所が記念する記憶はあるか?—銅像や記念碑など,何か証拠があるか?
どのエリアがよく使用され,どのエリアが無視されているか—その理由は何か?
さあ,あなたの地図を作ろう![18]

プロジェクトにおける評価
　この課題の目的は,授業で提起された芸術と場所に関する重要な問題について,あなたの考えを確認することだ。講義や演習では,事例研究についての議論や,参考文献の紹介などがあった。評価は2つのパートからなり,1つ目はプレゼンテーション,2つ目は制作する作品についてのレポート執筆である。これらを演習の授業で仲間を前に発表する。レポートには,イラスト,スケッチ,写真などを使用すること。
　学生は,他の学生や教員と共有するために,パワーポイントのプレゼンテーションを用意するか,他の形式の記録(ビデオなど)を用いる。プレゼンテーションとレポートでは,この授業で指示されたリストから適切な文献を読んだことを示さなければならない。
　各学生の持ち時間は10分で,その後5分以内の質疑応答を行う。

パッシング・プレイスを理解するための資料
Tim Cresswell, "Defining Place," in Tim Cresswell, *Place: A short Introduction*, Blackwell, UK, 2004, pp. 1-14.
Timo Jokela, Glen Coutts, Maria Huhmarniemi and Elina Härkönen (eds), *COOL – Applied Visual Arts in the North*, Publications of the Faculty of Art and Design of the University of Lapland, Finland, 2013.
Environment, Community and Art 〈http://ace.ulapland.fi/yty/english.html〉
Art, Community and Environment (ACE) Project archive 〈http://ace.ulapland.fi/Site_files/page2.htm〉

図9: 互いの作品について現地で議論する学生グループ(スコットランド)。
撮影:Glen Coutts

［註］

1）Glen Coutts and Teresa Torres de Eça (eds), *Learning Through Art: Lessons for the 21st Century?* InSEA Publications, Portugal, 2018.〈https://www.insea.org/wp-content/uploads/2021/12/Learning-through-art-lessons-for-the-21-century.pdf〉2024年1月1日閲覧。
2）講演「アートベースドヒューマニティ：芸術による学習を国際美術教育学会(InSEA)とともに」(2024年3月2日,弘前大学)。講演の概要は「美術科教育学会通信」第116号、2024年6月21日、pp.16-17. に掲載。〈https://www.artedu.jp/file/653〉、2024年11月1日閲覧。
3）英国では学力などによって入学者を選別しない総合的な中等学校をComprehensive School（コンプリヘンシブ・スクール、総合制中等学校）と呼ぶ。このインタビューでは、小学校も含めて、選別されたエリート校ではない全ての国民が通える学校という意味で「comprehesive」と述べている。
4）現在では、スコットランドにおける教員の試用期間は1年になっている。
5）Victor Papanek, *Design for the Real World: Human Ecology and Social Change*, Thames & Hudson, USA, 1971.
6）Juhani Pallasmaa, *The Thinking Hand: Existential and Embodied Wisdom in Architecture*, Wiley, UK, 2009.
7）Artur Cropley, *Creativity in Education & Learning: A Guide for Teachers and Educators*, Kogan Page, UK, 2001.
8）Ken Robinson, *Out of our Minds: Learning to be Creative*, Capstone, UK, 2001.
9）Glen Coutts, "Applied Visual Arts: Learning for the Real World?" in Timo Jokela, Glen Coutts, Maria Huhmarniemi, & Elina Härkönen（eds）, *Cool: Applied Visual Arts in the North*, 2013, pp. 22-31.〈https://www.insea.org/wp-content/uploads/2022/10/COOL_Applied-Visual-Arts-in-the-North_verkkoon.pdf〉、2024年1月1日閲覧。
10）参加したのは、中等学校の美術・デザイン教師を目指す学生（formal）とコミュニティ・アーティストを目指す人々（informal）の二つのグループである。
11）Glen Coutts and Timo Jokela(eds), *Art, Community and Environment: Educational Perspectives*, Intellect books, UK, 2008.
12）Glen Coutts and Teresa Torres de Eça（eds）, 2018, *op. cit.*
Glen Coutts and Teresa Torres de Eça（eds）, *Learning Through Art: International Perspectives*, InSEA Publications, Portugal, 2020.〈https://www.insea.org/wp-content/uploads/2021/12/LTA2.pdf〉、2024年1月1日閲覧。
Glen Coutts, Gabriella Pataky, Jonathan Silverman, LiYan Wang, Yungshan Hung, Sunah Kim(eds), *Learning Through Art: International Pictures of Practice*, InSEA Publications, 2022.〈https://www.insea.org/wp-content/uploads/2022/10/LTA3_Complete_book.pdf〉、2024年1月1日閲覧。
13）Timo Jokela and Glen Coutts（eds）, *Relate North: Distances*, InSEA Publications, Portugal, 2021.
Glen Coutts and Timo Jokela（eds）, *Relate North #9*, InSEA Publications, Portugal, 2022.
毎年刊行のシリーズは次のリンクから閲覧・ダウンロード可能。〈https://www.insea.org/insea-publications-2-2/〉、2024年1月1日閲覧。
14）Kathryn Coleman, Jonathan Silverman, Glen Coutts, Mira Kallio-Tavin, Teresa Eça, Gabriella Pataky, Samia ElSheikh, Patsey Bodkin and Sahar Khalil, "InSEA's vision of 2050: Futures of Education. Response to the UNESCO Futures of Education Consultation," 2020.
InSEAによるこの文書は、英語版の他、日本語、中国語、ポルトガル語の翻訳をダウンロードできる。日本語版「InSEAの2050年ビジョン：教育の未来」は、美術科教育学会国際局の翻訳によるもの。
〈https://www.insea.org/insea-member-white-papers-reports-and-essays/〉、2024年1月1日閲覧。
15）Glen Coutts, Kathryn Coleman, Jonathan Silverman, Mira Kallio-Tavin , Teresa Torres Eça, Gabriella Pataky, Samia ElSheikh, Patsey Bodkin, Sahar Khalil, 'Innovative learning spaces: Visions for the future(s) of education', *International Journal of Education through Art*, Special Issue: 'Celebrating 20 Years of IJETA', 20:1, 2024, pp. 117-131.
16）InSEA, "InSEA Manifesto," 2018.〈https://www.insea.org/our-manifesto/〉、2024年1月1日閲覧。
17）プレイスとサイトの区別は、人文・文化地理学者らによって示されている（Cresswell, 2004; Tuan, 1974）。簡潔に説明すると、「サイト」は物理的な場所であり、地図上の座標であるが、「プレイス」は人間の存在や活動、社会的・文化的歴史などによって意味が吹き込まれた場所である。
18）地図作りの行為は様々な形で可能である−それは参加するグループによる。通常は、紙に絵で描いたり、立体で作ったりというよう単純な造形素材を用いるが、それは常にその場所の物理的,文化的側面の解釈を含む。可能な場合には、写真、音声、アニメーション、文字などのデジタル・メディアも含む。よくある例として、学生たちは小グループで協力し、彼らの「地図」を紙の上に表したり、パワーポイントなどを使って表現したりする。

執筆者一覧（担当章順）

秋田喜代美（あきた きよみ）
学習院大学・教授，東京大学・名誉教授
生年: 1957年
略歴: 東京大学大学院教育学研究科博士課程単位取得退学，博士（教育学）
立教大学助教授，東京大学大学院教授等を経て，現職
研究テーマ: 教育心理学，学校教育学，保育学
[主要著作]
- 『授業の研究・教師の学習』（キャサリン・ルイスと共編著，明石書店，2008）
- 『学びの心理学』（左右社，2012年）
- 『社会情動的スキル―学びに向かう力』（共監訳，明石書店，2018）
- 『これからの質的研究法―15の事例に見る学校教育実践研究』（共編著，東京書籍，2019）
- 『色から始まる探究学習――アートによる自分づくり・学校づくり・地域づくり』（共編著，明石書店，2019）

直江俊雄（なおえ としお）
筑波大学・教授
生年: 1964年
略歴: 筑波大学大学院博士課程芸術学研究科単位取得満期退学，博士（芸術学）
公立学校教諭，宇都宮大学助教授，筑波大学准教授等を経て，現職
研究テーマ: 日本と英国における中等教育の美術カリキュラム，美術教育方法とその歴史，アートライティング教育
[主要著作]
- 『20世紀前半の英国における美術教育改革の研究―マリオン・リチャードソンの理論と実践』（建帛社，2002）
- "An Organic and Multilayered Conception of Art: Dialogues between Read and Art Educators," *Learning Through Art: Lessons for the 21st Centry?*（分担執筆，InSEA Publications, Portugal, 2019）
- "Barrier or Catalyst: Cross-Cultural and Language Issues for Doctoral Researchers in Japan," *Provoking the Field: International Perspectives on Visual Arts PhDs in Education.*（分担執筆，Intellect, UK, 2019）
- "Japanese Arts and Crafts Pedagogy: Past and Present," *The International Encyclopedia of Art and Design Education.*（分担執筆, Wiley-Blackwel, USA, 2019）
- 『美術教育学　私の研究技法』（責任編集，学術研究出版，2022）

栗山 誠（くりやま まこと）
関西学院大学・教授
生年: 1967年
略歴: 大阪市立大学大学院生活科学研究科博士後期課程総合福祉・心理臨床科学講座単位取得満期退学，博士（学術）
研究テーマ: 描画過程における身体性，物語性の研究，乳幼児の造形あそびと育ちの関連，紙素材を中心とした教材開発
[主要著作]
- 『描画を楽しむ教材と実践の工夫』（単著，明治図書，2002）
- 『図式的表現期における子どもの画面構成プロセスの研究－視覚的文脈と物語的文脈に着目して－』（単著，風間書房，2017）
- 「初期描画活動における幼児の思考と言葉の関連～vigotskyの混同真性に注目して～」『生活科学研究誌』vol.7, 2008
- 「図式期における子どもの描画過程にみられる「動きのイメージ」～視覚的文脈と物語的文脈に注目して」『美術教育学』第34号, 2013.
- 「子どもの造形表現過程における夢中になる体験」『教育学論究』第9号-2, 2017.

小口あや（こぐち あや）
茨城大学・講師
生年: 1979年
略歴: 茨城大学大学院，修士（教育学）
研究テーマ: 鑑賞教育，美術科授業づくり
[主要著作]
- 「児童の鑑賞行為に見られる内なる視点と外なる視点－感情移入の視点と批評の視点－」『美術教育学』第34号, 2013.
- 「児童の発達に伴う視点の上昇に基礎を置く鑑賞指導－内の視点の段階から批評の段階へ－」『美術教育学』第36号, 2015.
- 「美術鑑賞における中学2年生からの自己の転換－観念の自己から現実の自己への転換－」『美術教育学』第40号, 2019.
- 「美術鑑賞における小学校1年生と大学生の思考の軌跡－観念的思考と現実的思考の表れ－」『美術教育学』第41号, 2020.

●「美術教師としての意識の萌芽を目指した美術教育実践 —画家としての大学教員とその絵画作品から中学校美術科教育の授業を展開する—」『美術教育の理論と実践』第2巻(共著・分担執筆,学術研究出版,2022)

藤井康子(ふじい やすこ)
大分大学・准教授
生年:1981年
略歴:東京学芸大学大学院連合学校教育学研究科芸術系教育講座,博士(教育学)
研究テーマ:図画工作・美術科授業研究,他教科等との横断・融合型学習,スペインの美術教育
[主要著作]
●藤井康子「スペインの学校」『世界の学校 グローバル化する教育と学校生活のリアル』二宮皓著・編集,学事出版,2023年.
●藤井康子,岩坂泰子,樋口和美,水城久美子「図画工作科と外国語活動の融合型授業の開発と実践の考察—アルファベット文字の形と音から主題を生み出す絵に表す表現—」『美術教育学第』43号,2022年, pp.173-188.
●藤井康子「図画工作科と他教科等がつながる学びの創造」『初等教育資料』6月号, No.1021,文部科学省MEXT64, pp.76-79.
●『色から始まる探究学習—アートによる自分づくり・学校づくり・地域づくり』,「地域の色・自分の色」実行委員会+秋田喜代美 著・編集,明石書店,(共同執筆)pp.75-83,(単独執筆)pp.220-225,2019年.
●「第14章 国内外の美術教育研究の動き」『小学校図画工作科教育法』山口喜雄・佐藤昌彦・奥村高明 編著,建帛社,(単独執筆)pp.162-172, 2018年.

更科結希(さらしな ゆき)
弟子屈町立弟子屈中学校・教諭
生年:1976年
略歴:北海道教育大学大学院教育学研究科教科教育専攻美術教育専修修了
釧路町立富原中学校,釧路町立遠矢中学校,北海道教育大学附属釧路義務教育学校を経て2024年より現職
研究テーマ:協働的な学びを実現する授業や美術と地域社会が結びつく授業展開,ICTを活用した授業の在り方
[主要著作]
●「『表現』と『鑑賞』の一体化を図る中学校美術の題材の研究—美術館と連携した『Answer Art』の実践を通して—」『美術教育学』第41号,2020
●「地域の美術館施設と連携した鑑賞教育の実践研究」『釧路論集:北海道教育大学釧路校研究紀要』第43号,2011
●「中学生の表現を地域に発信する展覧会活動の実践研究—全校生徒作品を展示する『Art and We』展の実践を通して—」『北海道教育大学紀要 教育科学編』第71号,2020
●『中学校美術の「学び合い」題材&授業プラン』,(単著,明治図書出版,2023)

片桐 彩(かたぎり あや)
女子美術大学・非常勤講師
生年:1969年
略歴:横浜国立大学大学院教育学研究科修士課程修了,教育学修士,新潟大学大学院現代社会文化研究科博士後期課程人間形成研究専攻修了,博士(教育学)
神奈川県公立中学校・高等学校教諭を経て2023年より現職
研究テーマ:協働学習と映像メディア表現の教育的効果,異文化間における協働授業の研究
[主要著作]
●「目標志向性が美術の学習行動に及ぼす影響」(共著,『女子美術大学研究紀要』第47号,2017)
●「高等学校における協働学習に基づいた映像メディア表現の教育的効果(Ⅰ〜Ⅲ)」(単著,『美術教育学』第40〜42号,2019〜2021)
●「モバイルムービーの実践と高校生の学習行動の関係〜『学校CMプロジェクト』の報告より」(単著,『日本美術教育研究論集』第52号,2019)
●"Looking Through a Multicultural Lens at Students' Works Using Digital Photography,"(共著,柳沼宏寿編,SCREEN LITERACY- Education Through Visual Media Expression-,vol.2,新潟大学大学院現代社会文化研究科,2022)

森田 亮(もりた りょう)
明星大学・准教授
生年:1983年
略歴:筑波大学大学院修士課程教育研究科教科教育専攻修了,修士(教育学)
筑波大学大学院人間総合科学研究科博士後期課程芸術専攻在学
千葉県公立高等学校講師,千葉県公立特別支援

学校教諭,筑波大学附属桐が丘特別支援学校教諭を経て現職
研究テーマ: 肢体不自由特別支援学校の図画工作・美術科指導,教育目標・評価に関する研究
[主要著作]
- 「肢体不自由特別支援学校の図画工作・美術科指導に関する研究動向と教育実践上の課題—国内文献レビュー—」『美術教育学』第44号, 2023.
- 「重複障害児の図工・美術科における表現する力の育成を目指した目標設定システム構築の試み-『逆向き設計』論に基づく単元設計に着目して-」『教育目標・評価学会紀要』第29号, 2019.
- 「肢体不自由に知的障害を併せ有する生徒の美術科指導におけるPDCAサイクルに基づく指導目標設定の試み-「ルーブリックに基づく授業設計シート」の開発と活用による指導実践を通して-」『美術教育学』第40号, 2019.
- 「重複障害のある生徒の美術科指導における目標設定の方法に関する質的研究（I）～実践に対するSTの認識に着目して～」『日本美術教育研究論集』第51号, 2018.
- 「肢体不自由児が"自分でできる"美術の授業づくり-《美術の実態表》と《目標の段階表》による,個別の題材目標と手立ての設定を方策として-」『教育美術』No.890, 2016.

市川寛也（いちかわ ひろや）
群馬大学・准教授
生年: 1987年
略歴: 筑波大学大学院人間総合科学研究科博士後期課程芸術専攻修了,博士（芸術学）
豊島区学芸員,筑波大学助教,東北芸術工科大学講師を経て,2019年より現職
研究テーマ: コミュニティ型アートプロジェクトの理論と実践,妖怪を中心とする地域文化資源論
[主要著作]
- 「創られる妖怪たち 地域に根差した物語再生への試み」『進化する妖怪文化研究』（分担執筆,せりか書房, 2017）
- 「『コミュニティ・スペシフィック』概念の有効性に関する一考察-美術と場所の関係性を巡って-」『美術教育学』第39号, 2018
- 「『農民芸術』概念の現代的解釈をめぐって-地域芸術論としての側面を中心に」『美術教育学研究』第51号, 2019
- 「ポストミュージアム概念に基づくアートプロジェクトの類型学-地域社会における教育的意義を中心に-」『美術教育学』第42号, 2021
- 「怪異に学び戯れる人々-妖怪文化を育む虚構の共同体に着目して」『怪異と遊ぶ』（分担執筆,青弓社, 2022）

相田隆司（あいだ たかし）
東京学芸大学・教授
生年: 1965年
略歴: 東京学芸大学大学院教育学研究科修士課程修了,教育学修士
公立中学校美術教諭,東京学芸大学附属大泉中学校教諭を経て1998年より現所属
研究テーマ: 教師の実践知を活かした教員養成のあり方,子供のありようを意識した授業題材について研究中
[主要著作]
- 「美術教育の題材づくりに関する一考察 -図画工作専科教員を対象とした題材づくりに関する質問紙調査を通して-」（美術教育学第34号, 2013）
- 教科教育学シリーズ8 図工・美術科教育（分担執筆,一藝社, 2015）
- 美術教育ハンドブック三元社（分担執筆,三元社, 2018）
- 「大学生が授業理解を深めるための図画工作科・美術科の単元づくりに関する一考察-中学校美術科教員を対象とする質問紙調査結果をきっかけとして-」（分担執筆,「東京学芸大学紀要 芸術・スポーツ科学系第71集」, 2019）
- 小学校・中学校における安全教育（分担執筆,培風館, 2020）

内田裕子（うちだ ゆうこ）
埼玉大学・教授
生年: 1969年
略歴: 筑波大学大学院芸術学研究科博士課程芸術学専攻修了,博士（芸術学）
大分大学教育学部（教育福祉科学部）を経て現職
研究テーマ: V. ローウェンフェルドの造形美術教育論,「造形的な見方・考え方」の指導法,美術教育療法
[主要著作]
- 「形の学習プログラム開発に向けた『奥行』認識に関する研究」『美術教育学研究』第50号, 2018.（共著）
- 「造形・美術に関する教科教育が育む『生きる力』についての一考察:ストレスコントロール力に着目して」

『美術教育学研究』第51号, 2019.
- ●『明日の小学校教諭を目指して 子どもの資質・能力を育む図画工作科教育法』(分担執筆, 萌文書林, 2019)
- ●『美術教育の理論と実践 第2巻』(分担執筆, 学術研究出版, 2022)
- ●「教科書をひらいて授業を創る(8)」『指導と評価』2022年12月号(図書文化, 2022)

山田芳明(やまだ よしあき)
鳴門教育大学・教授
生年: 1965年
略歴: 大阪教育大学大学院教育学研究科(修士課程) 修了, 修士(教育学)
公立学校教諭, 大阪教育大学附属平野小学校教諭, 鳴門教育大学助教授等を経て現職
研究テーマ: 図画工作科の授業, 教科内容としての「造形遊び」, 図画工作科授業における教員の力量とその形成 等
[主要著作]
- ●「教科書題材に見る「造形遊び」の変遷:昭和52年告示の学習指導要領とそれを受けて出版された教科書の分析をもとに」,『鳴門教育大学研究紀要』第37巻・2022(共著)
- ●「教科内容としての「造形遊び」の認識に関する一考察 〜教員及び学生へのアンケートをもとに〜」,『美術教育学研究』第51号, 2019(共著)
- ●「小学校図画工作科のデジタル教科書とその活用に関する考察-小学校教員への聞き取り調査を基に-」,『美術教育学研究』第49号, 2017(共著)
- ●『かくたのしむひろがるクレパスのじかん』, (共編著, サクラクレパス, 2021)
- ●『おもしろショートワーク絵あそび編』, (明治図書出版, 2019)

三澤一実(みさわ かずみ)
武蔵野美術大学・教授
生年: 1963年
略歴: 東京藝術大学大学院美術研究科修士課程彫刻専攻修了, 修士(芸術)
埼玉県の公立中学校美術科教諭, 埼玉県立近代美術館主査, 文教大学教育学部准教授を経て, 2008年より現職.
研究テーマ: 美術教育, 題材開発論, 鑑賞教育, 社会との連携「旅するムサビプロジェクト」

[主要著作]
- ●『美術教育学の歴史から』(共著, 美術科教育学会叢書 第2号, 2019)
- ●『美術の授業のつくりかた』(共著, 武蔵野美術大学出版局, 2020)
- ●「『朝鑑賞』の取り組みと成果報告」『日本美術教育論集』第51号, 2017
- ●「中学校美術における共通領域『造形実験』の提案」(共著)『日本美術教育論集』第55号, 2021
- ●「造形実験の理論-造形実験が生まれるまで-」『日本美術教育論集』第56号, 2022

サミア・エルシェイク(Samia Elsheikh)
ヘルワン大学(エジプト)・教授
生年: 1959年
略歴: ヘルワン大学大学院博士課程修了, PhD
研究テーマ: 織物工芸と教育, アフリカ・中東地域の美術教育
[主要著作]
- ● النسجيات اليدوية وتصميم الملابس 2006 (『手織りとファッションデザイン』ハナン・アムーディ社, 2006)
- ●*IMAG*, No.6 (特別編集, International Society for Education through Art, 2018)
- ●*Catalogue of the InSEA Project ARTgila 123.* (共著, International Society for Education through Art, 2022)
- ●"Cairo: Helwan University," *Textile Cartographies: Two Years of a Project 2021-2022* (分担執筆, APECV, 2023)

グレン・クーツ(Glen Coutts)
国際美術教育学会会長, ラップランド大学(フィンランド)・元教授, アーティスト
生年: 1957年
略歴: ストラスクライド大学大学院修了, 修士(MSc)
コミュニティ・アーティスト, 中等学校教員, ストラスクライド大学准教授, ラップランド大学教授, 英国美術・デザイン教育学会会長等を歴任
研究テーマ: コミュニティ・環境芸術と教育
[主要著作]
- ●*Art, Community and Environment: Educational Perspectives* (共編著, Intellect books, UK, 2008)
- ●*Learning Through Art: Lessons for the 21st Century?* (シリーズ共編著, InSEA Publications, Portugal, 2018)
- ●'Innovative learning spaces: Visions for the future(s) of education', *International Journal of Education Through Art,* Special Issue: 'Celebrating 20 Years of IJETA', 20:1, (共著, Intellect, UK, 2024)
- ●*Relate North* シリーズ (共編著, InSEA Publications, Portugal, 2013-2023)

[著者]（担当章順）
秋田喜代美
直江俊雄
栗山 誠
小口あや
藤井康子
更科結希
片桐 彩
森田 亮
市川寛也
相田隆司
内田裕子
山田芳明
三澤一実
サミア・エルシェイク
グレン・クーツ

[編者]
美術科教育学会　美術教育学叢書企画編集委員会
（第3号・第4号担当）
直江俊雄　委員長・責任編集
山木朝彦
佐藤賢司
宇田秀士
大泉義一

[編集協力]
新井哲夫
石﨑和宏
金子一夫
福本謹一

［美術教育学叢書......❹］
美術教育学　私の実践技法

2025年1月31日　第1版第1刷発行
美術教育学叢書企画編集委員会編
責任編集……直江俊雄
発行者………美術科教育学会
発行所………学術研究出版
　　　　　　〒670-0933　兵庫県姫路市平野町62
　　　　　　［販売］Tel.079(280)2727 Fax.079(244)1482
　　　　　　［制作］Tel.079(222)5372
　　　　　　https://arpub.jp
装丁…………西岡 勉

©Bijutsukakyouiku Gakkai 2025, Printed in Japan
ISBN978-4-911008-34-8

乱丁本・落丁本は送料小社負担でお取り換えいたします。
本書のコピー、スキャン、デジタル化等の無断複製は著作権法上での例外を除き
禁じられています。本書を代行業者等の第三者に依頼してスキャンやデジタル化することは、
たとえ個人や家庭内の利用でも一切認められておりません。